I0876742

STUDIA ROMANICA
Band 216

Herausgegeben von
Marc Föcking
Robert Folger
Sybille Große
Edgar Radtke

SYBILLE GROSSE
CLAUDIA SCHLAAK
VERENA WEILAND (éds./eds.)

Contrôle et escalades verbales

Politique et régulation au moyen de la langue

Control y escaladas de tensión políticas

Política y control a través de la lengua

Universitätsverlag
WINTER
Heidelberg

Bibliografische Information der Deutschen Nationalbibliothek

Die Deutsche Nationalbibliothek verzeichnet diese Publikation
in der Deutschen Nationalbibliografie;
detaillierte bibliografische Daten sind im Internet
über *http://dnb.d-nb.de* abrufbar.

ISBN 978-3-8253-6998-9

Imprimé en Allemagne · Printed in Germany
Umschlaggestaltung: Klaus Brecht GmbH, Heidelberg
Druck: Memminger MedienCentrum, 87700 Memmingen

Gedruckt auf umweltfreundlichem, chlorfrei gebleichtem
und alterungsbeständigem Papier

Den Verlag erreichen Sie im Internet unter:
www.winter-verlag.de

Índice del contenido/Table des matières

Introducción

La comunicación política se determina, por un lado, por actos de habla controlados y, por el otro, por conflictos o escaladas, así como por las reacciones necesarias a las mismos. La defensa de la excepción cultural en Francia es un ejemplo de una comunicación política controlada. En cambio, tras los ataques terroristas en Madrid, en 2004, la comunicación política del gobierno central español ante el público se caracterizó por reacciones rápidas. En este sentido, bajo "control" se entiende el control consciente de la agenda política y de un área temática expresados por medios lingüísticos, o un determinado debate político llevado a cabo por actores políticos. Sin embargo, cuando se producen escaladas de tensión políticas, no es posible controlar ni la comunicación pública ni las acciones resultantes, es decir, las reacciones, sino que se suelen producir impulsos muy breves e incontrolados. En este contexto, la relación entre la política y los medios de comunicación públicos juegan un papel muy importante, ya que existe una estrecha simbiosis entre ambos, en tanto que los medios de comunicación asumen el papel de transmisor o mediador de mensajes políticos. Cuando se producen tensiones o conflictos políticos, la comunicación pública por parte de los políticos se realiza con el fin de tranquilizar a la población o de darle instrucciones, indicando que todo se tiene bajo control. No siempre se puede reconocer cuáles de las declaraciones corresponden a la verdad o cuáles al deseo de ocultamiento.

Para ello, en esta antología, presentamos diferentes enfoques lingüísticos del discurso. ¿Qué nos muestran los análisis de estos discursos en los niveles morfológico, sintáctico y léxico-semántico?, ¿qué dificultades lingüísticas genera la categorización de los fenómenos específicos del discurso?, ¿qué pueden considerarse parámetros de evaluación del discurso político que van más allá del análisis puramente léxico-semántico?, ¿cómo se pueden extraer conclusiones en un nivel más abstracto a partir de los datos? Estas son sólo algunas de las preguntas que tratamos en la conferencia: *Control y escaladas de tensión políticas en los países de lengua románica: Política y control a través de la lengua* que tuvo lugar en mayo de 2017 en la Universidad de Heidelberg y que constituye la base de las contribuciones aquí incluidas. Como lingüistas del discurso, politolingüistas, lingüistas de contacto y de variación o lingüistas de los sistemas analizamos y estudiamos desde diferentes perspectivas el uso de la lengua en la representación de procesos, así como de acontecimientos políticos y sociales: ya sea en discursos y opiniones políticas, que representan los actos de habla primarios, en reportes de los medios de comunicación como actos de habla secundarios o en los debates que resultan del ámbito civil como actos de habla terciarios.

El objetivo de esta antología es presentar y discutir diferentes tipos de análisis politolingüísticos y discursivos, situados en el contexto de la comunicación política. Se discutirán diferentes formas de estudio y procedimientos para el análisis de los discursos políticos, y, en especial, se compararán, en un nivel teórico, los problemas y desafíos de los modelos de la lingüística del discurso. En este marco, los ejemplos de casos deberán servir para ejemplificar enfoques y métodos innovadores.

Las diversas áreas temáticas están agrupadas en 3 bloques. En el primer bloque "Teoría y práctica de la lingüística del discurso: Política y control a través de la lengua“

trataremos la temática desde una perspectiva teórica y metodológica, teniendo en cuenta ejemplos de la Romania y de Alemania.

En su artículo "Hugo Chávez: los modos discursivos de conmover, movilizar y encauzar en el último tramo de su gobierno", Elvira Narvaja de Arnoux presenta, en primer lugar, cómo a partir de las emociones enunciadas en los discursos de Hugo Chávez se desencadenan los procesos identificatorios y las estrategias movilizadoras. Luego, aborda algunos modos de exposición de las emociones centradas en diferentes objetos. Considera, a continuación, algunos segmentos narrativos significativos y cómo opera la matriz de los relatos patrióticos ejemplares. Finalmente, plantea cómo la figura del "ardimiento", en el último tramo de la vida de Chávez, condensa la esperanza y señala las condiciones de una continuidad posible de su proyecto.

Dominique Maingueneau, en su contribución "Catastrophe et énonciation remédiante", se centra en la gestión, a través del discurso, de lo que podría llamarse una "crisis". Esta se define de la siguiente manera: es un proceso regular en el que se produce una discontinuidad. En este artículo se aclaran varios enfoques lingüísticos, en particular a la luz de los atentados de París en 2015. Entre la multitud de declaraciones correctivas que se produjeron en las horas posteriores a estos trágicos acontecimientos, Maingueneau contrasta dos extremos. Por un lado, el discurso del Presidente de la República, y por otro, el de las redes sociales y el universo mediático, que han asegurado la difusión de algunas de las llamadas frases virales, en particular "Yo soy París".

El artículo de Paula Bouzas, "Transmisión de contenidos políticos en textos informativos: el uso de verbos de cognición como expresión de facticidad", se centra en aquellos enunciados periodísticos en los que se introducen citas con contenido político mediante el uso de ciertos verbos de percepción intelectual activados como verbos de habla. Se analiza concretamente el papel que desempeñan los verbos de percepción intelectual cuyos objetos adquieren una carga semántica [+factual] y que implican la consecución de tres procesos por parte de la instancia periodística: a) una evaluación con respecto al acto de habla descrito, b) la atribución de un proceso intelectual al sujeto de la enunciación trasladada y c) la atribución del elemento semántico [+factual] a la declaración reproducida. Como ejemplo, se utilizan textos de noticias publicadas en *El Mundo* y *El País* que tratan la crisis que tuvo lugar dentro del PSOE a raíz de los resultados electorales de 2016 y que llevó a la destitución de su secretario general, Pedro Sánchez.

Katharina Jacob, en el artículo "Pratique communicative de décision parlementaire. Mécanismes de contrôle de la politique énergétique après une escalade technologique", señala el proceso de toma de decisiones parlamentarias como una forma comunicativa de control político. El discurso parlamentario sobre las energías renovables en Alemania se sitúa en el centro del análisis para determinar cómo se vinculan el enfoque del riesgo y la toma de decisiones. El objetivo es, en este contexto, presentar una tipología lingüística y la puesta en evidencia empírica de las especificidades comunicativas de los procesos de toma de decisiones a través de diez categorías de análisis. Este proceso se enmarca en la conjunción metodológica de la pragmática funcional y la lingüística del discurso utilizando el término esquema como ejemplo para presentar el contexto lingüístico de la tipología.

En el segundo bloque, que lleva por título "La lingüística discursiva entre medialización y digitalización", varios ejemplos demuestran análisis lingüísticos del discurso como parte de la medialización y digitalización.

El primer artículo de esta sección fue escrito por Margarita Porroche Ballesteros y se titula "El uso del lenguaje en la nueva política española. El caso de Podemos". Se ocupa del uso lingüístico del partido Podemos en España que representa una nueva forma de hacer política. Porroche Ballesteros explica por qué nos encontramos ante una política que se hace en los medios de comunicación y en las redes sociales más que en los parlamentos. Intenta poner de manifiesto que una parte importante del éxito de Podemos se debe a cómo utiliza el lenguaje y a cómo, a través de esta utilización, ha impuesto sus marcos conceptuales. Se concede especial importancia a mostrar cómo las palabras se reinventan, se redefinen o se dotan de nuevos significados en un nuevo marco discursivo para tiempos de crisis que los adversarios políticos aceptan con facilidad.

Seguidamente Gabriela Hoffmann-Oziemblo dirige la atención a Venezuela, en el marco del artículo "Control sobre el discurso público, medios de comunicación y libertad de expresión –El caso *Radio Caracas Televisión* en el discurso político chavista". Estudia la no renovación de la concesión de transmisión del canal de televisión privado más antiguo de Venezuela –Radio Caracas Televisión– por decisión del gobierno chavista, a través de textos de Chávez y otros miembros del Gobierno de alto rango. En este contexto, analiza diferentes estructuras del discurso, con el objetivo de develar cómo poder y dominación política se manifiestan a través del control de acciones discursivas, y cuáles son sus consecuencias para la libertad de expresión.

En su artículo "Formes de contestation dans la sphère numérique. Une analyse de commentaires dans un forum de discussion concernant la réaction de François Hollande après les attentats de Paris en 2015", Nadine Rentel destaca la perspectiva de los ciudadanos. El estudio pretende identificar las estrategias lingüísticas con las que los miembros de la comunidad discursiva del foro www.forum-politique.org comentan la reacción del ex presidente de la República Francesa, François Hollande, tras los atentados parisinos del 13 de noviembre de 2015. Tras una clasificación de los actos de comunicación en el corpus, se analizan los medios lingüísticos seleccionados para realizar los comentarios. También se discuten conceptos clave como los tipos y la función de la participación política, la construcción de la identidad en Internet y la función del intercambio de experiencias en el contexto digital.

En la contribución "Control y escaladas de tensión políticas: El uso mediático de las locuciones preposicionales sin duda, al parecer y con certeza en el contexto político-periodístico" Verónica Böhm y Anja Hennemann analizan, desde el punto de vista mediático-comunicativo, el uso de las locuciones preposicionales del tipo [preposición + sustantivo], como *sin duda*, *al parecer* y *con certeza*. Al hacerlo, se centran en la interacción de estas locuciones preposicionales con otros medios lingüísticos que aparecen en la misma proposición y observan sus diferentes posiciones sintácticas y los diversos significados que resultan de ellas, así como sus diversos usos en el contexto mediático-político. El tipo de análisis del corpus es predominantemente cualitativo, cuyos ejemplos han sido tomados de textos políticos de periódicos y revistas.

En el tercer bloque, "Estrategias multimodales para el análisis del control y de la escalada en algunas áreas políticas", nos dedicaremos a investigar enfoques multimodales sobre el análisis del control y escalada lingüística en determinados campos políticos.

Esta parte comienza con una contribución del área lingüística francófona de África, más concretamente de Costa de Marfil: Adou Amadou Ouattara presenta un estudio lingüístico de una carta abierta de Anaky Kobena del año 2010 a las autoridades francesas en el marco del juicio del antiguo Presidente de la República de Costa de Marfil, Laurent Gbagbo. La contribución lleva el título "Violence verbale dans le discours politique ivorien : analyse de la lettre de Anaky Kobena à François Hollande", ya que presenta las manifestaciones enunciativas y discursivas de la violencia verbal y su carácter argumentativo. Para lograr esto, se basa en la teoría de la cortesía lingüística de Brown y Levinson, por un lado, y en el análisis argumentativo de Ruth Amossy, por el otro.

A continuación, dos contribuciones sobre el italiano: En el artículo "Climax e anticlimax. Il discorso politico in *blob*", Silvia Verdiani estudia un caso de medios de comunicación de masas en Italia. *Blob*, un tipo particular de sátira política en televisión, es uno de los primeros testimonios de que la multimodalidad del contexto comunicativo es un hecho que se tuvo en cuenta mucho antes de la digitalización de la comunicación, e incluso parece anticiparse a muchas de las formas que actualmente impregnan la escritura participativa online. Este programa se presta bien para ser analizado a la luz de la perspectiva teórica de la iconolingüística (*Bildlinguistik*) y de la teoría de la constitución interactiva del significado (*Interaktive Bedeutungskonstitution*).

El último artículo, "Tra compromesso storico e compromesso linguistico: Enrico Berlinguer e la semantica del Cristianesimo", es de Elisa Manca. El objetivo de la siguiente contribución es esbozar la presencia de la semántica del cristianismo en los discursos políticos del secretario del Partido Comunista Italiano (PCI) de 1972 a 1984, Enrico Berlinguer y, por lo tanto, de las influencias semánticas recíprocas entre el mundo comunista y el mundo católico. El análisis lingüístico se centra en lo que se llaman "ecos bíblicos" (*echi biblici*) y rituales cristianos en el léxico berlinguerense y tienen el objetivo de proponer un análisis articulado no sólo de la semántica, sino también de las estructuras sintácticas, morfológicas y retóricas que aparecen en los discursos del secretario comunista.

Queremos mostrar nuestro agradecimiento a todos los autores[1] de esta obra y a todos los participantes de la conferencia *Control y escaladas de tensión políticas en los países de lengua románica: Política y control a través de la lengua* por su inestimable colaboración, a la *Deutsche Forschungsgemeinschaft* por su apoyo financiero, así como a los revisores de los artículos, a la casa editora y a los editores de la colección por su contribución a la publicación de esta antología.

Sybille Große, Claudia Schlaak & Verena Weiland

1 En la medida de lo posible, los editores han procurado localizar a todos los titulares de derechos de autor. Póngase en contacto con los editores, si considera que algunos derechos no se han tenido en cuenta.

Introduction

Exercer un contrôle au moyen de la langue signifie que les acteurs politiques opèrent une gestion réfléchie de l'agenda politique, des thématiques en cours ou des débats menés par différentes personnalités de la vie politique. En cas d'escalades au sein du discours politique, ni la communication publique ni les actions qui en résultent ne sont, en règle générale, prévisibles, mais se définissent par le caractère impromptu de leur manifestation. La défense de l'exception culturelle française peut être considérée comme l'exemple d'une communication politique soigneusement contrôlée. En revanche, les attentats terroristes à Madrid en 2004 ont donné lieu, de la part du gouvernement espagnol, à une communication politique particulière, marquée par la pression de l'opinion publique qui revendiquait des réactions politiques immédiates. La relation entre la politique et les médias joue ici un rôle prépondérant car il existe une véritable symbiose entre ces deux types d'acteurs dans la mesure où les médias assument la fonction de médiateurs entre les messages politiques et le public. En cas d'escalade, la communication des hommes politiques à l'égard du public vise souvent à calmer et à instruire. Le degré de véracité n'est cependant pas toujours évident car il semble que nombre d'énoncés servent plutôt à dissimuler des informations.

L'un des objectifs du colloque sera d'élaborer et de discuter différentes approches du domaine de l'analyse du discours pour analyser de tels phénomènes linguistiques. En quoi les analyses grammaticales, lexicales et syntaxiques contribuent-elles à rendre les discours en question plus saisissables ? Quelles autres possibilités existe-t-il pour trouver des catégories qui dépassent le niveau purement linguistique ? Quelles catégories d'évaluation des discours politiques qui dépasseraient l'analyse exclusivement lexico-sémantique pourraient-on définir ? Ces questions, qui ne représentent qu'une partie des questions que nous avons pu nous poser durant le colloque *Contrôle et escalades verbales dans les pays de langues romanes : Politique et régulation au moyen de la langue* à l'Université de Heidelberg en mai 2017 constituent la base des contributions de ce recueil. Nous nous intéresserons à la communication politique d'un point de vue discursif et linguistique. S'y mêlent par exemple des intérêts spécifiques à la linguistique de contact et vibrationnelle ou à la linguistique systémique. Nous étudierons alors sous différents angles l'utilisation du langage qui constitue en grande partie la présentation des événements politiques et sociaux – par des discours politiques ou des prises de position (actions langagières de premier plan), par les rapports des médias (actions langagières de second plan) et par les débats qui s'ensuivent dans l'espace public en tant que réactions aux actions langagières des deux premiers acteurs (actions langagières de troisième plan).

L'enjeu de cette anthologie est de présenter et de discuter différents types d'analyses linguistiques et discursives dans le contexte de la communication politique. Différentes approches et démarches pour analyser des discours politiques y seront discutées et certains problèmes et défis seront comparés au niveau théorique. Nous nous baserons sur des exemples de cas pour présenter des approches innovantes.

Les différents domaines thématiques sont regroupés en trois parties. Dans la première partie, intitulée « Questions théoriques et pratiques en analyse du discours : Politique et régulation au moyen de la langue », nous aborderons le sujet d'un point de vue théorique et méthodologique, en prenant en compte des exemples dans les pays de langues romanes ainsi qu'en Allemagne.

Elvira Narvaja de Arnoux, auteure de l'article « Hugo Chávez : los modos discursivos de conmover, movilizar y encauzar en el último tramo de su gobierno », débute par une analyse des processus d'identification et des stratégies de mobilisation qui se déclenchent à partir des émotions exprimées dans les discours d'Hugo Chávez. Pour ce faire, elle distingue différents modes d'expression émotionnelle en les mettant en relation avec des segments narratifs qui sont de haute importance dans ces discours. S'en suivent une représentation des récits patriotiques exemplaires et l'usage linguistique de Chávez qui sert à créer une figure « de passion » dans la dernière phase de sa vie, de condenser l'espoir et de souligner les conditions d'une éventuelle continuité de son projet.

Dominique Maingueneau, dans sa contribution « Catastrophe et énonciation remédiante », se concentre sur la gestion, par le discours, de ce qu'on pourrait appeler une « crise » et surtout à cette modalité particulière de la crise qu'est la *catastrophe* : un événement inattendu et brutal qui affecte l'ensemble d'une communauté. Seront ensuite clarifiées différentes approches linguistiques, notamment à la lumière des attentats de Paris en 2015.

Parmi la multitude d'énonciations « remédiantes » qui virent le jour dans les heures qui ont suivi ces événements tragiques, deux extrêmes peuvent être mis en contraste. D'une part la réponse « étatique », l'allocution du Président de la République, d'autre part celle des réseaux sociaux et de l'univers médiatique, qui ont assuré la diffusion de quelques phrases dites virales, en particulier « Je suis Paris ».

L'article de Paula Bouzas, « Transmisión de contenidos políticos en textos informativos : el uso de verbos de cognición como expresión de facticidad », se concentre sur des textes journalistiques dans lesquels des citations à contenu politique sont introduites par l'utilisation de verbes de perception intellectuelle *utilisés tels des verbes de parole*. Le rôle des verbes de perception intellectuelle dont les objets acquièrent une charge sémantique [+factuelle] et qui impliquent la réalisation de trois processus par l'instance journalistique : a) une évaluation de l'acte de langage décrit, b) l'attribution d'un processus intellectuel au sujet de l'énoncé transféré et c) l'attribution de l'élément sémantique [+factuelle] au texte reproduit. A titre d'exemple, des textes d'actualité publiés dans *El Mundo* et *El País* sont utilisés pour traiter la crise qui s'est produite au sein du PSOE à la suite des résultats des élections de 2016 et qui a conduit à la destitution de son secrétaire général, Pedro Sánchez.

Dans son article « Pratique communicative de décision parlementaire. Mécanismes de contrôle de la politique énergétique après une escalade technologique », Katharina Jacob présente le processus de décision parlementaire comme une forme communicative de contrôle politique. Le discours parlementaire sur les énergies renouvelables est mis au centre de l'analyse afin de déterminer le lien entre la manière d'aborder les risques et la prise de décision. L'objectif consiste à présenter une typologie linguistique et à mettre en relief de manière empirique des spécificités communicatives des processus de décision à l'aide de dix catégories d'analyse. Ce procédé est encadré par la conjonction méthodologique de la pragmatique fonctionnelle et la linguistique du discours à l'exemple du terme de *schéma* afin de présenter le contexte linguistique de la typologie.

Dans la deuxième partie, « L'analyse du discours entre médiatisation et numérisation », nous nous consacrerons à l'étude des approches multimodales de l'analyse du contrôle linguistique et de l'escalade dans des domaines politiques spécifiques.

Le premier article de cette section, intitulé « El uso del lenguaje en la nueva política española. Le cas de Podemos », a été écrit par Margarita Porroche Ballesteros. Il traite de l'usage linguistique du parti *Podemos* en Espagne, qui représente une nouvelle façon de faire de la politique. Porroche Ballesteros démontre à quel point nous sommes confrontés à une politique qui se fait davantage dans les médias et les réseaux sociaux que dans les parlements. Elle nous explique qu'une part importante du succès de *Podemos* est due à l'usage linguistique des députés et comment il a pu imposer, par le moyen du langage, ses propres cadres conceptuels. Il est particulièrement important de montrer la manière dont les mots sont réinventés, se redéfinissent ou se dotent de nouvelles significations acceptées facilement par les adversaires dans un nouveau cadre discursif en temps de crise.

Ensuite, Gabriela Hoffmann-Oziemblo se tourne vers le Venezuela, dans le cadre de l'article « Control sobre el discurso público, medios de comunicación y libertad de expresión – El caso Radio Caracas Televisión en el discurso político chavista ». Elle étudie le non-renouvellement de la concession de radiodiffusion de la plus ancienne chaîne de télévision privée du Venezuela – *Radio Caracas Television* – par décision du gouvernement Chávez, à travers des textes de ce dernier et d'autres membres de haut rang du gouvernement. Hoffmann-Oziemblo analyse différentes structures de discours, dans le but de révéler comment le pouvoir politique et la domination se manifestent à travers le contrôle des actions discursives, et démontre quelles sont leurs conséquences sur la liberté d'expression.

Dans son article « Formes de contestation dans la sphère numérique. Une analyse de commentaires dans un forum de discussion concernant la réaction de François Hollande après les attentats de Paris en 2015 », Nadine Rentel met l'accent sur la perspective des citoyens. L'étude se propose d'identifier des stratégies linguistiques avec lesquelles les membres de la communauté discursive du forum www.forum-politique.org commentent la réaction de l'ancien Président de la République, François Hollande, après les attentats parisiens du 13 novembre 2015. La classification des actes de communication dans le corpus sera suivie d'une discussion sur les moyens linguistiques sélectionnés pour réaliser les commentaires. Sont abordées également des notions centrales comme les types et la fonction de la participation politique, de la construction identitaire sur internet ainsi que la fonction du partage d'expériences (le sharing) dans le contexte numérique.

Dans « Control y escaladas de tensión políticas: El uso mediático de las locuciones preposicionales *sin duda*, *al parecer* y *con certeza* en el contexto político-periodístico », Verónica Böhm et Anja Hennemann analysent, du point de vue de la communication médiatique, l'utilisation de locutions prépositionnelles du type [préposition + nom], comme *sin duda*, *al parecer* et *con certeza*. Ce faisant, elles se concentrent sur [...] Le type d'analyse du corpus est essentiellement qualitatif, dont des exemples ont été tirés de textes politiques parus dans des journaux et des magazines.

Dans le troisième bloc, « Approches multimodales : Contrôle et escalades verbales dans quelques domaines politiques particuliers », nous nous consacrerons à étudier les approches multimodales pour analyser le contrôle et l'escalade linguistique dans certains domaines politiques.

Adou Amadou Ouattara présente une étude linguistique d'une lettre ouverte d'Anaky Kobena de 2010 aux autorités françaises qui fut écrite dans le cadre du procès de l'ancien président de la République de Côte d'Ivoire, Laurent Gbagbo. La contribution s'intitule « Violence verbale dans le discours politique ivoirien : analyse de la lettre de Anaky Kobena à François Hollande ». Ouattara a pour objectif de discuter les manifestations déclaratives et discursives de la violence verbale et sa nature argumentative. Pour ce faire, il s'appuie d'une part sur la théorie de la courtoisie linguistique de Brown et Levinson, d'autre part sur l'analyse argumentative d'après Ruth Amossy.

S'ensuivent deux contributions en langue italienne : dans l'article « Climax e anticlimax. Il discorso politico in blob », Silvia Verdiani étudie un cas de communication de masse en Italie. Blob, une sorte particulière de satire politique à la télévision italienne, témoigne du fait que la multimodalité du contexte communicatif a été pris en compte bien avant la numérisation de la communication, et semble même anticiper plusieurs des formes qui imprègnent actuellement l'écriture participative en ligne. Le programme Blob est analysé à la lumière de la perspective théorique de l'iconolinguistique (*Bildlinguistik*) et de la théorie de la constitution interactive du sens (*Interaktive Bedeutungskonstitution*).

Le dernier article, « Tra compromesso storico e compromesso linguistico : Enrico Berlinguer e la semantica del Cristianesimo », fut rédigé par Elisa Manca. Son objectif est de démontrer la présence de la sémantique du christianisme dans les discours politiques du secrétaire du Parti communiste italien (PCI) de 1972 à 1984, Enrico Berlinguer, et donc des influences sémantiques réciproques entre le monde communiste et le monde catholique. L'analyse linguistique se concentre sur ce que l'on appelle les « échos bibliques »/(ital. :) « echi biblici » et les rituels chrétiens du lexique berlinois. Manca propose des analyses non seulement sémantiques, mais également syntaxiques, morphologiques et rhétoriques des discours du secrétaire communiste.

Nous tenons à remercier tous les auteurs[2] de cette anthologie ainsi que tous les participants à la conférence *Contrôle et escalades verbales dans les pays de langues romanes : Politique et régulation au moyen de la langue* financée par la *Deutsche Forschungsgemeinschaft*. Nous adressons également nos remerciements à la maison d'édition pour le soutien de la publication.

Sybille Große, Claudia Schlaak & Verena Weiland

2 Autant que possible, les éditeurs se sont efforcés de localiser tous les détenteurs de droits d'auteur. Veuillez contacter les éditeurs s'il apparaissait que certains droits n'ont pas été pris en compte.

Teoría y práctica de la lingüística del discurso:
Política y control a través de la lengua

Questions théoriques et pratiques en analyse du discours :
Politique et régulation au moyen de la langue

Hugo Chávez: los modos discursivos de conmover, movilizar y encauzar en el último tramo de su gobierno

Elvira Narvaja de Arnoux

1 Introducción

El "mover" retórico incluye los objetivos de conmover y movilizar al auditorio, para lo cual el discurso debe exponer las emociones legítimas que encaucen los comportamientos. Aquellos objetivos se articulan en la medida en que toda acción, inmediata o mediata, que alcance una dimensión colectiva –en el campo político, por ejemplo– implica subjetividades motivadas para realizarla. Pero, también, el "mover" exige una orientación clara que lleve al cumplimiento de las metas trazadas por lo cual se impone cierto esquematismo y reiteración que faciliten el control de los movilizados. Los discursos de los que asumen la función de liderazgo, asentada o no en una autoridad institucional, intervienen en ese sentido con estrategias diversas.

En esta ocasión me referiré a los últimos discursos de Chávez, entre el triunfo electoral y la intervención quirúrgica en Cuba[1], que se dan en el marco de reuniones televisadas, en las que el auditorio primero está compuesto por ministros, funcionarios y, en algunos casos, periodistas pero el que también integran responsables o beneficiarios de los emprendimientos estatales, a los que se les da la palabra desde los lugares en los que desarrollan su actividad. El corpus trabajado está compuesto por los segmentos en los que se acentúan los aspectos emocionales tanto dichos como mostrados o como posibles de ser derivados gracias a esquematizaciones claramente orientadas (Micheli 2014).

En los discursos de Chávez se condensan estrategias movilizadoras ancladas en su trayectoria y en la representación que sus partidarios han construido de él. Pero al mismo tiempo la proximidad de la muerte desencadena algunas imágenes con fuerte carga emotiva, particularmente en relación con el fuego, que han atravesado la cultura occidental con sus diferentes y contrapuestos valores. La necesidad imperiosa de dar continuidad a su proyecto explica la insistencia en algunos tópicos, el intento de impulsar la autocrítica, la preocupación por relevar los logros en el campo de la producción e impulsar las tareas pendientes y la acentuación de la emotividad patriótica y del compromiso personal y profundo con una revolución que tienda al socialismo.

El interés por analizar la dimensión emotiva de los discursos de Chávez reside en que nos permite comprender, aunque más no sea parcialmente, la permanencia y la dinámica del movimiento chavista a pesar de los diversos problemas que enfrenta la

[1] Los discursos analizados son los proferidos entre el 07/10/2012 y el 08/12/2012, incluidos en Todo Chávez ("Discursos y alocuciones" y "Encuentros y coloquios"). El corpus se conformó, a partir de esos materiales, con las secuencias en las que se expone la dimensión emocional.

sociedad venezolana, la distancia entre Chávez y Maduro, y la existencia de una oposición cada vez más organizada y apoyada por la mayoría de los medios de comunicación internacionales.

En mi contribución presentaré, en primer lugar, cómo a partir de las emociones enunciadas se desencadenan los procesos identificatorios y las estrategias movilizadoras. Luego, abordaré algunos modos de exposición de las emociones centradas en diferentes objetos. Consideraré, a continuación, algunos segmentos narrativos significativos y cómo opera la matriz de los relatos patrióticos ejemplares. En relación, particularmente con el intertexto del himno nacional, atenderé a la emotividad patriótica. Y, finalmente, plantearé cómo la figura del "ardimiento", en el último tramo de su vida, condensa la esperanza y señala las condiciones de una continuidad posible de su proyecto. Me detendré en el análisis de algunos segmentos porque considero que, como en el despliegue discursivo se construye la dimensión emocional, esa es una de las formas de aprehenderla en su densidad propia.

2 Procesos identificatorios y estrategias movilizadoras en la discursividad política de Chávez

En la tradición retórica las emociones se analizan en relación con el pathos, es decir, con los modos de suscitarlas en el auditorio con vistas a persuadirlo y movilizarlo. Pero no son ajenas al ethos, es decir a la representación de sí que suministra el orador, en lo cual la dimensión emocional y afectiva también interviene (Amossy 2008; Plantin 2011, 2016). Además debemos señalar que la influencia, en sentido amplio, que se ejerce sobre el otro hace intervenir los tres tipos de prueba (Amossy 2015); así, la que Chávez ejercía sobre los sectores populares derivaba no solo del pathos y del ethos sino también de un discurso razonado en el que los argumentos que presentaba podían ser fácilmente comprendidos y aceptados.

En su último discurso por cadena nacional dirigido al pueblo de Venezuela en que advierte sobre los riesgos de la próxima intervención quirúrgica, expresa su opinión "[...] firme, plena como la luna llena, irrevocable, absoluta, total [...] que elijan a Nicolás Maduro como presidente de la República Bolivariana de Venezuela." (08/12/2012) El listado enfático de los atributos que asigna a su posición pone en evidencia la apreciación que tiene de la gravedad de su situación personal y el temor de un posible caos y del retroceso de la revolución si él queda "inhabilitado". "Plena como la luna llena" muestra cómo en momentos cruciales Chávez apela a las comparaciones y metáforas, y en este caso lo hace para reforzar la decisión que ha tomado en la cual no deben sospecharse ni oscuridades ni ocultamientos. La transferencia de sentido (de "la luna llena" a "la decisión plena") como los diversos juegos metafóricos cuando son "exitosos" no dejan indiferente al otro sino que generan un movimiento que va parejo con aquella transferencia (Tindale 2015: 47) e incide en los efectos persuasivos. Cierra el fragmento diciendo "Yo se los pido desde mi corazón". Y al hacerlo, habla también al corazón de los otros y espera que actúen en consecuencia.

La importancia del vínculo afectivo en el juego de identificaciones aparece también más adelante, en que se refiere al dolor que lo embarga y que va a embargar a los que lo escuchan:

> En el marco de este mensaje, que por supuesto jamás hubiese querido transmitirles a ustedes porque me da mucho dolor en verdad que esta situación cause dolor, cause angustia a millones de ustedes, pues, que hemos venido conformando una sólida...un solo ente... porque como decíamos y decimos, ya en verdad Chávez no es este ser humano solamente, Chávez es un gran colectivo, como decía el eslogan de la campaña: ¡Chávez, corazón del pueblo! Y el pueblo está aquí en el corazón de Chávez. (08/12/2012)

El dolor que experimenta, hondo por la situación que vive, se presenta como dolor por causar dolor y este ir y venir de su propia emoción a la del otro es explicado en el texto porque Chávez experimenta y expresa las emociones del pueblo y a la vez el pueblo está en el corazón, como centro de la afectividad, de Chávez. La dimensión afectiva de la discursividad se acentuó en los últimos meses de vida y la "dramatización" (como conjunto de estrategias discursivas que, según Charaudeau (2008), tienden a volver prisionero al otro en un universo afectivo y lo ponen a merced del sujeto hablante), más que del discurso provenía de la situación y de que él mismo estaba preso de ese universo.

Como vemos las emociones pueden ser dichas pero actúan sobre el otro si el vínculo afectivo sostiene la relación, si se le asigna autoridad a la palabra del locutor, entre otras razones porque experimenta lo que dice, y si las circunstancias son percibidas como críticas o decisivas, como ocurre en los discursos que tratamos: "Tenemos que sentirnos orgullosos de lo que somos y orgullosos como una gran familia, de nuestros logros, de nuestros éxitos. Y también apesadumbrados por los dolores de uno que son los dolores de todos". (15/11/2012: 16) Chávez, en este caso, se ubica en el lugar del padre, se muestra como un sujeto sensible y busca despertar en el auditorio a partir de la piedad filial la solidaridad grupal, que activa, según el objeto que focalice, el orgullo o la pesadumbre.

3 Las emociones mostradas

También, como sabemos, las emociones pueden, además de ser dichas, mostradas a partir de determinadas unidades léxicas o de ciertos rasgos discursivos (énfasis, ritmo, repeticiones, discurso entrecortado, huecos). Respecto del léxico se aúnan en los evaluativos axiológicos (Kerbrat-Orecchioni 1980) la expresión de la emoción valorativa del sujeto y la evaluación del objeto. En el siguiente caso "pelele" expone el desprecio y al evaluar negativamente el objeto estimula el rechazo en el otro. Además proyecta lo despectivo sobre "marionetas", que se presenta como reformulación del término anterior:

> Pero me refiero yo al pacto ese de la elite, de la elite, y entonces le imponían ¿qué? Las posiciones burguesas al pueblo, a través de presidentes que terminaban siendo unos

> *peleles*[2], como decía Augusto César Sandino, los *peleles*, terminaban siendo unas *marionetas* de la gran burguesía. (07/10/2012: 6)

En el fragmento siguiente domina el entusiasmo por los logros, que se plantean como obtenidos gracias al proceso de construcción del socialismo. Lo epidíctico valora y sostiene lo programático:

> [...] los bonos venezolanos se dispararon, el mundo sabe, el mundo sabe. Pdvsa aparece ahora como la segunda empresa dentro de las 500 más grandes de América Latina y es una de las grandes del mundo pues, sólida y Venezuela sigue ocupando el lugar que le corresponde y esto solo es posible y seguirá siendo posible por este rumbo, por estos horizontes, por estos andares de la construcción del socialismo. (20/10/2012)

El "se dispararon" inicial asociado con una fuerza no controlable necesita ser confirmado por la reiteración enfática asociada al efecto de veracidad de "el mundo sabe". Para contagiar, en este caso, el entusiasmo se apela también a la retórica numérica y a la repetición de "grande". El desencadenar el entusiasmo se completa con el del orgullo nacional: "Venezuela sigue ocupando el lugar que le corresponde". Finalmente, se busca que ese entusiasmo y orgullo se proyecten sobre la construcción del socialismo. A eso también tienden las referencias al camino a partir de términos que contrastan con lo anterior porque se inscriben no en una isotopía económica (con la rigidez y prosaísmo de los datos) sino en una casi literaria con el juego de reformulaciones aproximativas *–rumbo, horizontes, andares–* cuyo registro eleva al objeto.

Pero también la exaltación de los logros estimulada por el triunfo electoral deja paso por momentos a la necesidad de autocrítica porque no se han alcanzado los objetivos propuestos (lo que en algunos casos atribuye a la falta de estudio del pensamiento socialista) y al desaliento personal porque no se actúa con la rapidez ni la eficiencia deseadas.

La angustia y el enojo porque no se avanza en la transición al socialismo se manifiesta en deferentes momentos y tiende a movilizar a los otros: "qué más vamos a esperar" exclama, por ejemplo, en algunas situaciones. Otras evaluaciones negativas se exponen en fragmentos significativos:

> No debemos seguir inaugurando fábricas que sean como una isla, rodeadas del mar del capitalismo, porque se lo traga el mar. ¿Yo no me explico suficientemente Navarro, Héctor? *A veces creo que no me explico bien o me falta algo*. (20/10/2012)

Algunas preocupaciones son más profundas. Así, cuando se refiere a cómo los tentáculos de la burguesía atrapan a los candidatos del pueblo y cómo hay que cortarlos uno a uno, cuenta una anécdota en la que uno de aquellos acepta la invitación de un latifundista, que Chávez como presidente ha rechazado, además de haberse expresado insistentemente contra el latifundio. Expone así la experiencia de la soledad del que quiere transformar la realidad y que se encuentra con muchos que prefieren adaptarse,

2 La itálicas me pertenecen en esta como en otras citas.

en este caso al poder local. El discurso entrecortado y la condensación (la soledad lo invade y Bolívar lo invade) muestran la conmoción que lo embarga. La desesperanza se puede derivar de lo que dice, reforzado por lo que dijo Bolívar: “Cuando uno ha vivido esas situaciones, y dice, bueno, qué soledad, a uno lo invade entonces Bolívar, desde la distancia, cuando dijo por allá: ‘Qué puede un pobre hombre contra el mundo’”. (08/11/2012)

4 Los ejemplos narrativos

Chávez recurre habitualmente a escenas o a pequeños fragmentos narrativos que exponen y desencadenan emociones. En muchos que remiten a un pasado próximo del cual no todos tienen memoria, él está involucrado como personaje y como testigo. Este último papel exige el despliegue de técnicas retóricas que recreen lo que se narra. En este sentido, Danblon (2016: 4) señala: “Sus figuras privilegiadas son del orden de la amplificación y su régimen cognitivo demanda una producción e incluso una profusión de imágenes propicias para generar la persuasión.”[3]

El caso siguiente remite a los sufrimientos del pueblo y al ubicarse él en la escena, desde un “yo” enfático asigna veracidad a lo referido a la vez que el remplazo por “uno” permite la generalización de su situación:

> ¿Y cuál crees tú que fue la causa del Caracazo, Lucía? El hambre –Lucía– el hambre. Yo lo viví, sí yo era capitán y tenía un sueldito más o menos, y mi esposa y tres hijos y una casita, y un carrito. Ya el 20 de cada mes, uno andaba pidiendo prestado, dinero prestado, 100 bolívares para llevar algo de comer a la casa, y era capitán, con un sueldito más o menos; imagínate los trabajadores, salarios deprimidos, congelados, ve, desempleo, miseria, no había médicos para el pueblo, no había medicina.
> [...] Eran los días aquellos de los prestamistas [...] En fin, la miseria más grande. Hoy no, hoy cien por ciento de los venezolanos tiene acceso a la salud gratuita. (09/10/2012)

El tópico del hambre, expuesto al comienzo, despierta la piedad asociada con la noción de injusticia. Esto se completa con el cierre evaluativo de la escena –“salarios deprimidos, congelados [...] desempleo, miseria”, falta de medicina, el recurrir a prestamistas– que busca desencadenar también la indignación. Finalmente, la “miseria más grande” del pasado se contrasta con el hoy y se ilustra con el “acceso a la salud gratuita” para el “cien por ciento de los venezolanos”. Se explicita la función de legitimación del presente que opera el relato del pasado, para lo cual este ha tenido que ser esquematizado, olvidando “la singularidad ‘insondable’ de lo que se relata” (Maingueneau 2016). En relación con las emociones, se tiende, así, en este tramo a impulsar, según los alocutarios, el orgullo, la admiración, la voluntad de defender el proyecto.

[3] En esta cita como en las posteriores la traducción me pertenece.

En la escena siguiente Chávez refiere una situación en la que ha estado "cerca de la muerte". Lo que se evoca remite al intertexto de los relatos patrióticos ejemplares:

> Ustedes saben que yo he estado cerca de la muerte en varias ocasiones y gracias a Dios que ha metido la mano a través de la gente pues y de sucesos y de hechos, que el general Santeliz es uno de los hombres que contribuyó a salvar mi vida el 4 de febrero de 1992. [...] Él salió manejando, sí, en su propio carro y me dijo: comandante, allá arriba están los francotiradores de la Disip, tienen órdenes de liquidarlo, la orden que dio el presidente es que usted no salga vivo de aquí, yo ya había rendido las armas, pero la orden era liquidarme allí, y él con el viejo Altuve Febres, los dos, en un carro civil dieron unas vueltas por ahí, confundimos a los francotiradores, terminaron disparándole a un jeep militar que está solo allí y salimos por la reja de atrás y dimos no sé cuántas vueltas hasta que entramos al Fuerte Tiuna, fue por el Círculo Militar, por el Laguito, por ahí entramos hasta que me entregó allá al grupo de generales que estaba comandando la operación, 4 de febrero, de allá venimos camaradas de armas, cuando veo a Rangel Silva, cuando veo a Barrientos, cuando veo a Carlos Alcalá, cuando veo a Morales, cuando veo a Pérez Escalona, todos ellos son muchachos, eran mis muchachos del 4 de febrero, que Dios los bendiga, que Dios los bendiga mucho a ustedes y a todos aquellos soldados. (10/10/2012: 3)

Lo emotivo de la situación se acentúa porque acaba de estar otra vez cerca de la muerte (su propia enfermedad) y la salida de la antigua amenaza hace esperar que esta también sea exitosa, así, angustia y esperanza se articulan como emociones iniciales. El pasado se proyecta al futuro construyendo un "horizonte de expectativas", como señala Danblon (2016: 3). Por otra parte, la escena se sacraliza por la alusión a la acción divina que la abre (Dios "ha metido la mano a través de la gente") y la invocación a la divinidad que la cierra ("Que Dios los bendiga"). Lo que se refiere puede ingresar en la serie de los relatos patrióticos ejemplares, lugares de memoria de los Estados nacionales, ya que muestra la "sencilla" solidaridad de aquel que por su rango (Santeliz es un general) no se esperaría que la ejerciera pero que actúa así por sus principios y por la justicia de la causa. Esta no se define ya que puede ser tanto rechazar la ejecución del que ha rendido sus armas o comprender que la Patria está en juego, pero esa indefinición permite anudar las dos. Se reitera la sencillez de los gestos frente a la magnitud del acontecimiento: Santeliz maneja su propio auto, "un carro civil", dan unas cuantas vueltas, engañan a los francotiradores, entran por el Laguito (en el que el diminutivo es significativo porque reduce su importancia y lo hace próximo) al centro de las operaciones y el general entrega Chávez a otros generales salvándole de esta manera la vida (si bien el presidente había dado la orden de matarlo, los militares no pueden transgredir con un testigo como otro militar del mismo rango las normas que regulan sus comportamientos, por lo menos en esa época y lugar).

En este fragmento el intertexto de los relatos patrióticos se muestra en la matriz narrativa de la escena. Los personajes que aparecen son candidatos a integrar el panteón de la Patria y esto se proyecta a los que aparecen luego, los "camaradas de armas", algunos de los cuales están presentes y comparten la circunstancia gloriosa. Además, como es propio de estos relatos ejemplares, la jerarquía militar se mantiene incluso cuando el ámbito es el político: son/eran "mis muchachos". Las emociones que el fragmento tiende a desencadenar son diversas (rechazo a los sectores militares que se opusieron a Chávez, reconocimiento por los que lo apoyaron, indignación frente a la injusticia), y la heterogeneidad del auditorio lleva a que se perciban y experimenten diferentemente: la ternura hacia sus subordinados (que se expone en múltiples escenas que Chávez refiere en sus discursos) posiblemente sea recibida de una manera por ellos y de otra por los que no integran ese grupo. El relato funciona como modelo de conducta política: defender la justicia de una causa aunque se esté en una posición minoritaria.

5 En torno a la emotividad patriótica

En la lucha política es importante tanto consolidar emotivamente el espacio propio como ampliarlo. En el largo proceso de conformación de los Estados nacionales las emociones patrióticas han logrado llegar a sectores amplios de la población aunque con las diferentes tonalidades propias de cada posicionamiento. En la actualidad se activan en determinadas ocasiones o forman parte de la artillería discursiva de ciertas posiciones políticas.

Los discursos de Hugo Chávez han sido particularmente eficaces en el "mover" a amplios sectores del pueblo venezolano a partir de la activación de las emociones patrióticas y de su proyección hacia la construcción del "socialismo del siglo XXI". Esto ha generado un sentido épico de la vida política que se ha mantenido después de su muerte y explica en parte el efecto de anomalía que produce en observadores y analistas ajenos a ese espacio, que en muchos casos han caracterizado su discursividad como anacrónica. La activación del patriotismo como motor que impulse las realizaciones concretas que el chavismo propone como programa político y tarea de gobierno debe ser comprendida en el marco de lo que llamé el "cronotopo bolivariano" (Arnoux 2008). Es este, aquel espacio-tiempo abierto en las guerras de la independencia y que se cerrará cuando América latina esté unida y alcance el socialismo. Ese espacio-tiempo no concluido, que vive como imaginario del chavismo, da sentido militante a las prácticas políticas y las eleva en la medida en que los sujetos se vinculan en él con los héroes de la independencia y participan de la misma gesta emancipatoria, pero también les impone el sentido actual de sus luchas: la construcción del socialismo en el marco de la integración regional sudamericana. Con esto Chávez da una respuesta política a la necesidad actual del capitalismo de constituir, para su propio desarrollo, las integraciones regionales. Plantea que lo que se debe lograr en ese marco es conformar finalmente la Patria Grande y la democracia radical, proyectos esbozados en los comienzos del siglo XIX. Esto explica que el patriotismo constituya, para el chavismo, un motor de las luchas sociales actuales.

Respecto de la Patria Grande, el Himno Nacional Venezolano, integrado a los rituales institucionales y políticos, expresa esa unidad (deseada, pero que se presenta como existente) en los siguientes versos: "Unida con lazos/que el cielo formó/la América toda/existe en nación". Esto nutre el imaginario bolivariano de la nación que es una pero que ha sido fragmentada por efecto del avance, primero, del capitalismo europeo y, luego, del norteamericano, lo que explica en parte la convocatoria al socialismo.

El himno –ligado a momentos y compromisos fundacionales que se recrean en cada enunciación– como otros discursos ligados a la formación del Estado construyen las subjetividades nacionales. De allí también su importante presencia como intertexto, citado o evocado, en las zonas de los discursos de Chávez en los que se busca desencadenar las emociones patrióticas.

En el siguiente fragmento, el primer segmento del Himno Nacional Venezolano que se reitera a lo largo de esta canción ("gloria al bravo pueblo que el yugo lanzó") inscribe el discurso en lo epidíctico, propio de las conmemoraciones patrióticas. Se busca, así, acrecentar la intensidad de la adhesión a valores que se consideran comunes e indiscutibles (Perelman y Olbrechts-Tyteca 1970) y fortalecer las identidades sociales:

> *Gloria al bravo pueblo que el yugo lanzó*, pueblo bravo, pueblo bravío, pueblo heroico, pueblo de Bolívar, a ti todo nuestro amor y el mío y hoy más que ayer todo mi compromiso vital, existencial, como siempre pero ahora reafirmado. (10/10/2012: 4)

El retome de "bravo pueblo" por "pueblo bravo" desplaza lo poético a la prosa política, pero mantiene la marca de lo literario por la repetición del núcleo y la gradación que impone la serie de atributos. Se inicia con el cambio del modificador de "bravo" a "bravío", en el que la variación del significante donde resuena por su proximidad el anterior indica, además del atributo de valiente, la capacidad enérgica de lucha, que va a consagrar "pueblo heroico" y, finalmente, "pueblo de Bolívar", en el que el complemento marca la filiación que lo legitima. El énfasis anuncia el afecto que es dicho ("amor"), que vincula al locutor con el auditorio y también con el colectivo amplio, pueblo de la nación, y que es reformulado en términos que afectan al sujeto en su totalidad. La intensidad del afecto se refuerza por la permanencia y el acrecentamiento: "hoy más que ayer", "como siempre pero ahora reafirmado". Repetición, gradación, énfasis, intensificación son propios de la amplificación retórica, que tiende a despertar la admiración y el (auto)reconocimiento ya que se establece una identificación entre auditorio y pueblo.

Para que estas emociones lleguen al otro no solo es necesaria determinada pericia y, para algunos, experimentarlas (tema debatido en la tradición retórica: Arnoux 2017) sino también compartir un conjunto de valores y sentirse próximo al universo de referencia al que remiten los discursos. En los segmentos que hemos visto, integra ese universo la representación, compartida e ineludible, del pueblo como sujeto y destinatario de las revoluciones democráticas y del ejército como partícipe legítimo de la vida política venezolana. Intervienen también los condensados ideológicos que el Himno activa en cada conmemoración en la que se lo canta o a los que remiten los relatos ejemplares. Esto se ve facilitado en la medida en que los discursos patrióticos están ligados a actos y conmemoraciones habituales en la vida militar, que tienden tanto a fortalecer la identidad institucional como a dar fuerzas para enfrentar la lucha. Notablemente, en el discurso más difícil para Chávez, el del 8 de diciembre, recuerda y canta la canción de los soldados tanquistas de Venezuela. Dice en uno de los fragmentos finales:

> [...] somos revolucionarios, somos socialistas, somos humanos, somos muchas cosas pero en esencia patriotas, patriotas y cada vez que yo hablo del patriota, recuerdo aquella canción, vieja canción de los soldados tanquistas de Venezuela que aprendí de casi niño todavía y aquí la llevo en el alma.

> [canta] Al rumor de clarines, guerrero, corre el blindado, corre veloz, con celosos dragones de acero que guardan la patria que el cielo nos dio, patria, patria, patria querida tuyo es mi cielo, tuyo es mi sol, patria, tuya es mi vida, tuya es mi alma, tuya es mi amor. (08/12/2012)

Ligadas a la emociones patrióticas aparecen también anécdotas de los próceres; analogías con el presente como las batallas que se vuelven a realizar (Carabobo, Santa Inés) aunque con otras armas, en otros lugares y con otros actores; objetos que se muestran como portadores de una fuerza que pueden hacer suya los que los enarbolen (la espada de Bolívar); términos que se repiten (*independencia, Patria grande*); y segmentos consagrados ("no dar descanso a sus brazos ni reposo a sus almas", "la mayor suma de felicidad posible", Bolívar) que pueblan los discursos de Chávez y son enunciados susceptibles de aforización (Maingueneau 2012).

Pero esta emotividad patriótica debe volcarse también a la tradición socialista que dará, desde su perspectiva, las herramientas para construir una sociedad nueva (Arnoux 2015), de allí la puesta en relación con ese universo discursivo que como los héroes de la independencia se vuelven próximos, en un vínculo que el discurso busca destacar:

> La idea, decía Carlos Marx, la idea, la teoría, la idea, se vuelve una fuerza material cuando se apodera de las masas.
> [...] Decía Simón Bolívar, otra de las grandes cosas que dijo, algún día: "La primera de todas las fuerzas es la opinión pública". La opinión colectiva. (13/10/2012)

En el próximo apartado la cita de Gramsci busca anudar en la figura del "ardimiento" ese común derrotero.

6 El "ardimiento" como figura de la continuidad posible

En los últimos discursos de Chávez aparece con fuerza la imagen del "ardimiento". En una cita sobre Gramsci aparece ligada al sacrificio del que defiende una causa justa pero que enfrenta a un poder arbitrario (y por qué no, inquisitorial; recordemos el "quemar en la hoguera"):

> Hoy se cumple un año más del día aquel en que fue hecho prisionero Antonio Gramsci por el fascismo, ¿no? 1929, *murió en prisión, parte del ardimiento de otro gran revolucionario, Antonio Gramsci.* (08/11/2012)

El *Diccionario de la Lengua Española* de la Real Academia Española (2014) le da dos significados al término: 1. acción o efecto de arder o arderse y 2. (de *ardido*) valor, intrepidez, denuedo. En la medida en que el ardimiento es un atributo que se asigna en los textos de Chávez a aquellos que tienen un sentido épico de la vida, que consideran o que han demostrado que tienen una misión social que cumplir y que se entregan y sacrifican por ella (cuya figura más acabada es el revolucionario) es posible que el significado asignado como 2 resuene en las ocurrencias del término aunque el hilo del discurso privilegie el primero:

> Tú compañero, tú compañera, si quieres ser gobernador de una revolución, bueno, *es un ardimiento compadre. Si no estás listo pa'l ardimiento…*
> Un poco así. *Si no estás listo para el ardimiento, echa pie en tierra, no sirves para esta caballería*, podrás servir para muchas otras cosas y muy bueno, pero para esto, para tomar las riendas de este caballo, de este caballo de Maisanta, el que quiera montarse ahí es un ardimiento, es un ardimiento. (08/11/2012)

En algunos momentos aparece como equivalente a "llamarada" pero la llamarada es un efecto de algo que arde y puede ser limitado temporalmente mientras que el ardimiento integra lo que arde, lo que se va consumiendo. Además, no solo por su significado sino también por su significante con dominio de nasales, podemos considerarlo como aspectualmente imperfectivo. Esto se acentúa en expresiones como "anda ardiendo":

> Entonces me dijo Farruco: "Leí *El capitán sin nombre*". Y yo le escribí por el telefonito: "Ten cuidado con ese capitán". "Ten cuidado, Farruco, con ese capitán, porque lo han visto pasear por allá todavía. *Y además anda ardiendo y el que se le acerca arde* [risas]. (15/11/2012)

El fragmento se refiere a un libro que habla sobre Chávez en el momento en el que era capitán. Expresa el deseo, aunque lo plantee como una comprobación humorística, de que el ardimiento se contagie, que su ardimiento viva en otros. Este tema de la transmisión del ardimiento es recurrente. En el siguiente fragmento la construcción de una equivalencia entre "ardimiento" y "llamarada" permite plantear también esa posibilidad de transmitir el ardimiento:

> ¡Ah! *iba ardiendo, Bolívar ardió, ardió, y nos dejó el ardimiento, nos dejó el ardimiento como herencia*, o como termina la obra de César Rengifo, *Lo que dejó la tempestad,* termina casi igualito, cuando viene ese personaje que es Brusca, la vieja loca, creo que es ella la que termina, extiende las manos y dice así: "*¡Ezequiel Zamora! En mis manos quedó tu llamarada*", me dejaste tu llamarada pues. Bolívar nos dejó *la llamarada, la llamarada, una llamarada sagrada, una llamarada que construye, que construye, es como un fuego sagrado*, dice mi general Pérez Arcay *"el fuego sagrado", es el amor patrio, el amor patrio.* (15/11/2012)

"Llamarada" hace posible además la reformulación: "llamarada sagrada" –"fuego sagrado"– "amor patrio". Esto facilita una interpretación pero a la vez limita lo que en ardimiento está ligado al consumirse, que es también la muerte física (como aparecía en la referencia a Gramsci), tal vez entrevista por Chávez en esos discursos tan próximos a su último viaje a Cuba. Cuando recuerda que aconsejó descansar a uno de sus ministros dice:

> En verdad, uno descuidó lo físico mucho, mucho tiempo y los impactos se sienten pues, ¿verdad? En el *ardimiento*, mi general que *iba ardiendo*, es como un *ardimiento.* (15/11/2012)

El ardimiento es la causa del descuido del cuerpo y de su deterioro. Pero es difícil limitarlo. Cuando llega a Caracas de La Habana, el 07/12 refiere el diálogo con Fidel: "Y tú ¿desde cuándo ardes?", le pregunta Fidel y él contesta "Desde que era el arañero de Sabaneta" y agrega: "Sí, porque es un ardimiento ¿no? un ardimiento" y entonces dice Fidel: "Y nunca se acaba Chávez, ni que uno quiera se apaga…" El ardimiento aparece entonces como lo constitutivo del revolucionario más allá incluso de su voluntad: "Así es la vida de los revolucionarios, así, no hay otro camino, no hay otro camino, no es que seamos masoquistas, el camino es así, no porque uno quiera que sea así, estamos enfrentando poderes muy grandes, mundiales, internacionales, nacionales". (08/11/2012) Lo que justifica el ardimiento personal es la posibilidad más que de entregar la llama a otros, la de expandirla. También en la despedida de La Habana:

> […] comenzó aquí una nueva era, me decía Fidel anteanoche despidiéndonos en La Habana "Bueno, Chávez, esa llamarada…" la llamarada se hizo, se hizo continente, la llamarada, el fuego sagrado. Fue como una resurrección lo que hemos visto, lo que hemos vivido. Aquí había un continente dormido, un pueblo dormido como muerto y llegó el Lázaro colectivo y se levantó. (08/12/2012: 2)

En la construcción de una representación compleja del ardimiento, la literatura es el apoyo: "duramos [Chávez y Fidel] como dos horas *echando cuento, poemas y todo*" y el tema del ardimiento era el hilo (07/12/2012).

En la reunión de ministros del 08/11/2012 (8) establece la relación entre él y Bolívar porque ambos van ardiendo. El seguir los pasos del prócer se expone en la escena en la que camina por la sabana por la que había caminado Bolívar:

> Bueno, entonces, el que se mete por estos caminos, es por estos caminos, por estos caminos, que a veces son un ardimiento, diría el poeta Crespo, un ardimiento. O diría el poeta Alberto Arvelo cantándole a Simón Bolívar. *Hace poco yo estaba por una sabana, era luna llena, y caminé por una sabana*, ¿ves? Y recordé a Alberto Arvelo, porque sé que por esa sabana donde estábamos, por ahí pasó Bolívar, y pasaron ellos pues, pero *recordé un poema de Alberto Arvelo* que se llama precisamente "Por aquí pasó compadre". *Por aquí pasó compadre/hacia aquellos montes lejos/por aquí vestido de humo/mi general que iba ardiendo…* ¿ves? Es un ardimiento, es un ardimiento la lucha revolucionaria. (08/11/2012: 8)

En los últimos discursos de Chávez el ardimiento articula recorridos emocionales diversos: la angustia ante la entrevista posibilidad de la muerte, la necesidad de permanecer de alguna manera en los otros, la búsqueda compensatoria de relacionar su destino con el de Bolívar y de todos aquellos que en Latinoamérica han luchado por una sociedad más justa e igualitaria, la preocupación por el futuro de la revolución, el deseo de que la llama se haya expandido por América Latina y que los cuadros bolivarianos experimenten el ardimiento con todo lo que implica de entrega y compromiso personal. Notablemente, es la literatura lo que lo ayuda a dar sentido o, por lo menos, a iluminar esos recorridos y no es casual este retomar la imagen del fuego, tan explorada en occidente por sus valores contrapuestos. Recordemos a Blas de Otero (2013) en "Gritando no morir", que desde otro lugar y sin referencias a lo social, dice: "[…] La llama/de mi cuerpo, furiosa y obstinada/salte, Yavé, contra tu cielo, airada/pluma de luz […] Tras tu llamada se hace llamarada/oh, Dios, y el pecho desolado clama". El ardimiento expresa también esa desolación.

7 Reflexiones finales

Las emociones juegan un papel importante en la lucha política, y el chavismo y Chávez en particular las convocan apelando a diferentes estrategias discursivas. En la medida en que la movilización popular es un aspecto central para llevar adelante las transformaciones que se proponen de la sociedad venezolana, es necesario recurrir a ellas asiduamente. El discurso epidíctico, ligado a las conmemoraciones patrióticas es especialmente adecuado no solo porque construye identidades amplias y asegura la cohesión, sino también porque activa el cronotopo bolivariano de un largo proceso abierto en las guerras de la independencia pero inconcluso en tanto no se ha logrado la unidad de América Latina ni se ha impuesto una democracia radical. En relación con esta última aspiración, el socialismo es inscripto en las luchas nacionales, lo que permite la proyección del patriotismo sobre las tareas requeridas por la transición y le otorga a aquel un sentido antiimperialista: la lucha contra el capitalismo es la lucha de la nación contra el imperio. Pero para que esta lucha sea efectiva deben realizarse las tareas que armen económicamente al país. Por eso la insistencia de Chávez en despertar el entusiasmo por lo realizado y, a la vez plantear, con insistencia lo que resta por hacer.

La proximidad de la muerte en el tramo que analizamos lleva a que se condensen todos estos elementos y a que aflore la angustia por las dificultades en construir las nuevas subjetividades, tanto de los que deben asumir las tareas de gestión como de los que deben llevar adelante las medidas en cada espacio. Para ello se necesitan impulsos duraderos que él ya no puede garantizar. Solo le resta confiar en el ardimiento como aquello que algunos individuos, como él, poseen y que han podido transmitir a otros, y soñar con un ardimiento colectivo. Esto explica el predominio del tema en los últimos momentos de su vida pública.

8 Referencias bibliográficas

Amossy, Ruth: *Dimension rationnelle et dimension affective de l'ethos*, en: Rinn, Michael (dir.): *Émotions et discours. L'usage des passions dans la langue*, Rennes 2008, p. 113-125.

Amossy, Ruth: *La place de l'influence et de la persuasión dans l'Analyse du Discurs*, en: Soulages, Jean Claude (dir.): *L'analyse de discours. Sa place dans les sciences du langage et de la communication. Hommage à Patrick Charaudeau*, Rennes 2015, p. 51-62.

Arnoux, Evira Narvaja de: *El cronotopo bolivariano*, en: *El discurso latinoamericanista de Hugo Chávez*, Buenos Aires 2008.

Arnoux, Evira Narvaja de: *La dimensión didáctica en la construcción del 'socialismo del siglo XXI': los discursos de Hugo Chávez*, en: Arnoux, Elvira/Zaccari, Verónica: *Discurso y política en Sudamérica*, Buenos Aires 2015, p. 359-402.

Arnoux, Evira Narvaja de: *Los manuales de retórica y los de urbanidad del siglo XIX: el control de las emociones como marca de distinción*, en: *Rétor Volumen* 7/2 (2017).

Charaudeau, Patrick: *L'Argumentation dans une problématique d'influence*, en: *Argumentation & Analyse du discours* 1 (2008): *L'Analyse du discours au prisme de l'argumentation*. http://aad.revues.org/193, último acceso 20/07/2017.

Chávez, Hugo: *Discursos y alocuciones, Encuentros y coloquios*, en: *Todo Chávez*, Caracas. http://todochavezenlaweb.gob.ve/, último acceso 03/03/2017.

Danblon, Emmanuelle: *Figurer la dystopie pour éclairer l'utopie: une fonction de l'exemple historique*, en: *Argumentation et Analyse du Discours* 17 (2016). http://aad.revues.org/2111, último acceso 10/07/2017.

Kerbrat-Orecchioni, Catherine: *L'énonciation. De la subjectivité dans le langage*, París 1980.

Maingueneau, Dominique: *Les phrases sans texte*, París 2012.

Maingueneau, Dominique: *De la République romaine à la République française : exemple historique et scénographie*, en: *Argumentation et Analyse du Discours* 17 (2016). http://aad.revues.org/2102, último acceso 07/05/2017.

Micheli, Raphaël: *Les émotions dans les discours*, Lovaina 2014.

Otero, Blas de: *Obra completa*, Barcelona 2013.

Perelman, Chaïm/Olbrechts-Tyteca, Lucie: *Traité de l'argumentation. La nouvelle rhétorique*, Bruselas 1983 [1970].

Plantin, Christian: *Les bonnes raisons des émotions*, Berna 2011.

Plantin, Christian: *Émotion: la construction argumentative de l'émotion*, en: *Dictionnaire de l'argumentation*, Lyon 2016.

Real Academia Española, *Diccionario de la lengua española*, Buenos Aires 2014.

Tindale, Chris: *Rhétorique, argumentation et adaptation des moyens de persuasion*, en: Roque, Georges/Nettel, Ana Laura (dirs.): *Persuasion et argumentation*, París 2015, p. 35-53.

Catastrophe et énonciation remédiante

Dominique Maingueneau

1 Crises et catastrophes

Dans la perspective ouverte par ce recueil, je vais m'intéresser à la gestion, par le discours, de ce qu'on pourrait appeler une « crise ». Le volume de *l'Encyclopédie philosophique universelle* consacré aux « notions philosophiques » en propose la caractérisation suivante :

> Structure de *discontinuité*, de l'ordre de *l'événement* et du *moment* (au sens de « moment critique »), affectant le développement régulièrement progressif d'un processus dont le sens se voit par là même altéré, compromis et risqué de façon décisive et significative. (Auroux 1990: 511)

Une axiologie sous-tend cette définition : le processus régulier où intervient une discontinuité se révèle rétrospectivement, par l'irruption même de cette discontinuité, harmonie, équilibre... menacés ou perdus. La métaphore médicale s'impose ici inévitablement : l'opposition entre santé et maladie, vie et mort, se trouve à l'arrière-plan.

En réalité, je vais surtout m'intéresser à cette modalité particulière de la crise qu'est la *catastrophe* : un événement inattendu et brutal qui affecte l'ensemble d'une communauté. On peut en distinguer deux types, qui peuvent se combiner : les catastrophes *matérielles* (incendies, tempêtes, effondrements d'immeubles, etc.) et les catastrophes qu'on pourrait dire *morales*, celles qui mettent en péril les valeurs de la communauté, provoquent une perte momentanée de repères. Le massacre du 13 novembre 2017 perpétré à Paris par un groupe de djihadistes constitue un bon exemple de catastrophe morale. Le cas extrême de catastrophe est ce qu'on pourrait appeler le *cataclysme*, qui affecte une collectivité dans toutes ses dimensions, au point que son existence est menacée. L'histoire des nations est scandée de tels cataclysmes ; ainsi pour les Français des époques concernées la Révolution de 1789 ou la défaite de 1940.

En ce qui concerne la relation entre une crise et les discours qui la prennent en charge, une première distinction s'impose entre les discours qui se contentent d'évoquer des crises, et ceux qui prétendent y remédier par leur énonciation. Le premier cas de figure peut être illustré par cet article du journal *Le Monde* intitulé « Crise agricole : Bruxelles doit agir, selon M. Le Foll » et qui commence par la phrase « La crise agricole sera une nouvelle fois au menu du conseil des ministres de l'agriculture des Vingt-huit, lundi 14 mars à Bruxelles » (*Le Monde*, 13-14 mars 2016 : 4). La crise dont il s'agit ici est une entité déjà stabilisée dans l'actualité, un thème parmi la multitude de ceux que traite la presse au quotidien. Elle n'appelle pas une énonciation remédiante de la part du journaliste. La parution de ce texte – comme d'ailleurs du numéro de quotidien dans lequel il est inséré – obéit à une routine indépendante de toute crise : le flux ininterrompu de l'information donnée par les médias. Cette mise à distance est encore plus évidente dans le cas des historiens. Quand un historien parle aujourd'hui de « la crise de 1929 », il désigne une discontinuité dont le début est aisément repérable (le « jeudi noir », le 24 octobre 1929), et qui est terminée. Certes, les spécialistes peuvent discuter pour savoir à quel moment précis telle crise a pris fin, mais on sait que cet épisode s'est fermé et quelles transformations il a produites. L'historien n'est pas un acteur qui s'adresse à d'autres acteurs de la même communauté qui sont affectés au même moment par une crise.

Cette attitude s'oppose à celle des énonciations remédiantes, où l'énonciateur et ses destinataires sont fortement intéressés à la résolution d'une crise et pris dans une incertitude radicale quant à son issue. On retrouve ici un analogue de la distinction proposée par Benveniste (1966 : 245) entre ce qu'il appelle le « prospectif », la simple anticipation d'une fin connue (« César mourra/devait mourir deux ans plus tard ») et le véritable futur (« 'César mourra demain', dit Brutus ») soumis à une incertitude radicale, par lequel un sujet projette son présent vers l'avenir.

L'exemple journalistique que nous avons cité plus haut nous permet de souligner une autre dimension, d'ordre aspectuel. La « crise agricole » dont parle *Le Monde* en mars 2016 est non seulement une catégorie préconstruite, comme le montre l'emploi de « Crise agricole » comme rubrique, sans déterminant, mais aussi une crise qui s'étale dans le temps. Les catastrophes, en revanche, sont des événements ponctuels et qui souvent posent des problèmes de catégorisation. Bien entendu, après quelque temps les catastrophes sont stabilisées, mais pendant les heures ou les jours qui suivent leur irruption les discours à visée remédiante ne peuvent pas s'appuyer sur une base stable.

Le massacre du 13 novembre 2015 ou la crise agricole de 2016 constituent des faits qui s'imposent de l'extérieur au discours. Mais à côté de ces crises qu'on peut dire *exogènes*, il en est d'autres qui sont *endogènes*. Une crise « exogène » existe indépendamment de l'énonciation remédiante, tandis qu'une crise « endogène » est construite dans l'énonciation qui prétend y remédier : le locuteur élabore une crise qu'il articule de telle façon qu'il est fondé à y remédier par son énonciation même. Dans ce cas, la crise concernée est invisible ou peu visible ; c'est à l'énonciation remédiante qu'il revient de l'identifier et de la caractériser. Il y a dès lors nécessité d'articuler deux discontinuités : celle qu'ouvre le surgissement de l'événement énonciatif, et la crise, qui affecte la communauté. Les crises endogènes sont prises en charge au premier chef par les discours qui visent, au nom de valeurs, à donner une orientation à l'ensemble de la société : discours politique, religieux, philosophique, esthétique, etc. Dans ce cas, l'énonciateur remédiant doit se présenter comme un membre de la communauté pour se montrer profondément affecté par la crise qui l'affecte ; mais il doit aussi montrer qu'il sait prendre de la distance pour pouvoir énoncer une parole remédiante lucide et efficace.

L'ouvrage posthume de Husserl *Die Krisis der europäischen Wissenschaften und die transzendentale Phänomenologie* repose sur le diagnostic d'une crise, celle « des sciences européennes » : le projet grec d'une « humanité issue de la raison », à la source des mathématiques et de la philosophie, se serait perdu dans l'autonomisation progressive des sciences. Mais la crise ainsi dénoncée est aussi ce qui fonde la nécessité de la phénoménologie qui entend y porter remède. Posée comme préalable à l'énonciation, elle est aussi construite par cette énonciation, et c'est cette construction qui légitime l'énonciation qui la porte, en l'occurrence la doctrine phénoménologique.

Il existe de multiples manifestations de cette démarche, mais le plus souvent elles sont moins visibles. Par exemple dans le texte fondateur du Nouveau Parti Anticapitaliste français (NPA) adopté lors du congrès du 8 février 2009. Ses signataires disent vouloir énoncer une « réponse à la crise globalisée du capitalisme » en promouvant « un socialisme du 21e siècle, démocratique, écologique et féministe ». Si Husserl cherche à remédier à une crise qui porte sa signature (tous les philosophes ne sont pas d'accord pour diagnostiquer cette crise de la pensée qui n'existe que si on adopte le point de vue de la phénoménologie husserlienne), le NPA, lui, s'appuie sur une crise dont l'existence fait consensus et fait depuis des mois la Une de l'ensemble des médias : du 01/01/2008 au 24/10/2008, la Bourse de Paris a perdu pas moins de 43,11 %. La fondation du NPA s'inscrit dans une conjoncture où circule partout dans les médias la formule « la crise », associée à article défini. Le problème est alors de retravailler cette crise dans les termes d'une certaine interprétation de la doctrine marxiste, celle du NPA:

> Le système capitaliste génère des *crises* qui se conjuguent : *crises* alimentaires, économiques, écologiques, énergétiques, financières, sanitaires, sociales, tensions internationales et guerres, dont les conséquences sont toujours dramatiques.
> La mondialisation marquée par une offensive des classes dominantes contre les travailleurs et les peuples pour augmenter les profits aboutit à une *crise* profonde et structurelle du mode de production capitaliste lui-même.[1]

On passe du pluriel « *des* crises », qui s'ouvre sur une double multiplicité, à « *une* crise » qui les subsume toutes, « une crise profonde et structurelle du mode de production capitaliste lui-même ». Ce qui appelle à une « critique radicale » de ce système économique. L'énonciation construit la crise qui l'appelle à l'existence en s'appuyant sur le malaise que provoque « la crise actuelle » dans la communauté destinataire, catégorisée comme « population exploitée ». La crise dont traite le texte n'est donc pas un simple thème : elle est à la fois la condition et le produit d'une énonciation qui s'appuie sur elle pour justifier son droit à la parole.

Par contraste, nous saisissons mieux la spécificité de la crise du 13 novembre 2015 : une catastrophe morale fortement « exogène » qui s'impose à des acteurs sociaux obligés de produire dans l'urgence des énonciations à valeur remédiante.

2 Deux types d'énonciation

Parmi la multitude d'énonciations remédiantes qui ont été produites dans les heures qui ont suivi ces événements tragiques je vais mettre en contraste deux extrêmes. D'une part la réponse que je dirai « étatique », l'allocution du Président de la République,

[1] Cf. https://npa2009.org/content/principes-fondateurs-du-nouveau-parti-anticapitaliste-adopt%C3%A9s-par-le-congr%C3%A8s, consulté le 10/2/2016.

d'autre part celle des réseaux sociaux et de l'univers médiatique, qui ont assuré la diffusion de quelques phrases dites virales, en particulier « Je suis Paris ».

2.1 Une énonciation centrée

L'allocution de François Hollande, faite au Palais de l'Elysée, a été diffusée en direct à la télévision et la radio. Elle intervient dès le samedi matin, le 14 novembre, quelques heures donc après le massacre, à l'issue d'un Conseil de la Défense exceptionnel.[2]

L'allocution est structurée autour de la surassertion (Maingueneau 2012) initiale, reprise deux fois : « c'est un acte de guerre ». Cette proposition est plus précisément un acte de catégorisation, qui permet de saturer l'indétermination sémantique de la périphrase « ce qui s'est produit hier », anaphorisée par le déictique « c' ».

> Mes chers compatriotes, ce qui s'est produit hier à Paris et à Saint-Denis près du Stade de France, c'est un acte de guerre et face à la guerre le pays doit prendre les décisions appropriées. C'est un acte de guerre qui a été commis par une armée terroriste, Daech, une armée de jihadistes, contre la France, contre les valeurs que nous défendons partout dans le monde, contre ce que nous sommes, un pays libre qui parle à l'ensemble de la planète. C'est un acte de guerre qui a été préparé, organisé, planifié de l'extérieur et avec des complicités intérieures que l'enquête permettra d'établir.
> C'est un acte d'une barbarie absolue. A cet instant, 127 morts et de nombreux blessés. Des familles sont dans le chagrin, la détresse. Le pays est dans la peine et j'ai pris un décret pour proclamer le deuil national pour trois jours. Toutes les mesures pour protéger

2 Source de l'image : http://www.france24.com/fr/20151114-attentats-paris-hollande-bataclan-stade-france-armee-daech-syrie, consulté le 13/2/2016.

> nos concitoyens et notre territoire sont prises. Dans le cadre de l'état d'urgence, les forces de sécurité intérieure et l'armée, auxquelles je rends hommage, notamment pour l'action qui s'est produite hier et qui a permis de neutraliser les terroristes, l'armée et les forces de sécurité intérieure donc sont mobilisées au plus haut niveau de leurs possibilités et j'ai veillé à ce que tous les dispositifs soient renforcés à l'échelle maximale. Des militaires patrouilleront en plein Paris tout au long de ces prochains jours.
> La France, parce qu'elle a été agressée lâchement, honteusement, violemment, la France sera impitoyable à l'égard des barbares de Daech. Elle agira avec tous les moyens, dans le cadre du droit. Et tous les moyens qui conviennent et sur tous les terrains, intérieurs comme extérieurs, en concertation avec nos alliés, qui eux-mêmes sont visés par cette menace terroriste.
> Dans cette période si douloureuse, si grave, si décisive pour notre pays, j'en appelle à l'unité, au rassemblement, au sang-froid. Et je m'adresserai au Parlement réuni en Congrès à Versailles, lundi, pour rassembler la Nation dans cette épreuve.
> La France est forte et même si elle peut être blessée, elle se lève toujours et rien ne pourra l'atteindre, même si le chagrin nous assaille. La France, elle est solide, elle est active, la France elle est vaillante, et elle triomphera de la barbarie. L'Histoire nous le rappelle, et la force que nous sommes capables aujourd'hui de mobiliser nous en convainc.
> Mes chers compatriotes, ce que nous défendons, c'est notre patrie, mais c'est bien plus que cela. Ce sont les valeurs d'humanité et la France saura prendre ses responsabilités et je vous appelle à cette unité indispensable. Vive la République et vive la France.[3]

La proposition « c'est un acte de guerre » peut être mise en contraste avec une autre, énoncée par F. Hollande au même endroit quelques heures auparavant, pendant que les événements se déroulaient. Le Président avait mis l'accent sur la dimension pathétique :

> il y a plusieurs dizaines de tués, il y a beaucoup de blessés, *c'est une horreur*.

Ici aussi le « c' » anaphorise la description des événements, mais la construction « c'est une horreur » n'a qu'en apparence l'allure d'une catégorisation. Le recours au nom de qualité « horreur » permet une paraphrase du type : « c'est horrible ». Dans l'allocution du 14 novembre, quelques heures plus tard, on est ainsi passé d'une énonciation qui saisit les événements de l'intérieur, où le locuteur ému a du mal à contrôler son élocution, à une énonciation doublement contrôlée : par l'élaboration d'un texte qui prétend reprendre le contrôle de la situation, saisie de l'extérieur comme un événement passé, et par une voix elle-même bien contrôlée, martiale même, un ethos de dirigeant déterminé.

En réalité, la qualification de ce massacre comme « acte de guerre », qualification qui relève de la terminologie du Droit international, ne va pas de soi :

> Le *jus in bello*, le Droit *dans* la guerre, est divisé en deux pans : l'on y trouve d'un côté le Droit de La Haye, principalement édicté lors des conférences de 1899 et 1907, qui limite les moyens de faire la guerre, et de l'autre le Droit de Genève, appelé ainsi en référence à ses quatre conventions de 1949 et leurs deux protocoles additionnels de 1977, ayant pour objectif de protéger les victimes de la guerre. C'est principalement le Droit de Genève qui

[3] Cf. http://www.france24.com/fr/20151114-attentats-paris-hollande-bataclan-stade-france-armee-daech-syrie, consulté le 12/10/2016.

> définit la situation de guerre : les quatre conventions sont normalement applicables aux seuls conflits *internationaux*, à savoir entre plusieurs Etats. Cette compétence traduit la théorie traditionnelle de la guerre selon laquelle un conflit contre des groupes terroristes ne peut être qualifié comme tel.
> En revanche, l'Article 3 Commun aux Conventions de Genève prévoit l'application de règles d'humanité dans les conflits à caractère non-international, ainsi que le Second Protocole aux Conventions. Cette catégorie de conflit vise généralement les hostilités opposant un Etat à des groupes rebelles qui doivent être organisés sous une chaîne de commandement et peuvent être en possession d'une partie du territoire. Il convient cependant de distinguer les situations de conflit à caractère non-international des conflits internes qui sont régis par le corpus des Droits de l'Homme et non du Droit international humanitaire : la requalification d'une situation de troubles internes en conflit armé à caractère non-international requiert un certain degré de violence et d'intensité des conflits, sans définir un seuil de violence. Les actes opposant les forces armées ne doivent pas être sporadiques et devraient même consister en des affrontements armés. (Turbat: s.p.)

Dans ces conditions, on comprend pourquoi l'allocution de F. Hollande argumente obliquement pour justifier la qualification de ce massacre comme acte de guerre : « un acte de guerre commis par une armée terroriste », « une armée de jihadistes, contre la France », « un acte de guerre qui a été préparé, organisé, planifié de l'extérieur et avec des complicités intérieures que l'enquête permettra d'établir ». Il s'agit d'établir les conditions pour qu'une telle qualification soit légitime : 1) il a été commis par une armée, 2) cette armée a une chaîne de commandement structurée, 3) elle se trouve à l'extérieur du pays et 4) elle vise l'ensemble de la France.

Le risque juridique pris en catégorisant le massacre comme « acte de guerre » est largement compensé par ses bénéfices. Le Président peut en effet nommer l'innommable, ramener au connu l'inconnu qui trouble les catégories ; il peut aussi légitimer les décisions exceptionnelles qu'il annonce en matière de sécurité. Par un étayage réciproque, le contenu de l'énoncé vient justifier l'ethos martial du locuteur, ethos qui lui-même donne de la crédibilité au contenu de l'énoncé, tout en confirmant le président français dans le statut de « chef des armées » que lui donne la Constitution française. Au-delà, la catégorisation comme « acte de guerre » permet de fixer le statut des partenaires de la communication et de restabiliser imaginairement le monde qu'ils partagent.

Il faut en effet prendre en compte la dimension épidictique d'une telle allocution, qui vise aussi à ressouder une communauté menacée par un deuil, d'en appeler aux valeurs qui sont censées la fonder. Alors même que les auteurs de la tuerie sont pour la plupart nés en Belgique ou en France et par là même minent l'opposition intérieur/extérieur, la caractérisation comme acte de guerre permet de construire un intérieur et un extérieur rassurants, de donner des bords à la nation, doublement reconstruite à travers le terme d'adresse « mes chers compatriotes », au début et à la fin, et par l'ouverture à l'Histoire de France, qui inscrit l'énonciation présente dans une série signifiante d'autres événements du même ordre.

2.2 Une remédiation acentrée

L'énonciation de F. Hollande est ancrée dans divers référentiels : dans le Droit, dans l'Histoire qui offre des précédents, dans la géographie qui pose des frontières, dans les institutions qui assignent des statuts aux partenaires de la communication et des règles au genre de discours que peut mobiliser un président de la République. L'autre type d'énonciation remédiante à laquelle nous allons nous intéresser obéit à une tout autre logique, puisqu'il s'agit de l'émergence de diverses phrases virales, en particulier « Je suis Paris ». Ces phrases détachées relèvent d'un type d'énonciation, l'aphorisation, qui à la différence de l'énonciation usuelle, n'est pas organisée autour de la catégorie du genre de discours et du texte (Maingueneau 2012). Dans le cas qui nous intéresse, il s'agit plus précisément de ce que j'appelle des « panaphorisations » : des aphorisations qui se diffusent instantanément et à travers l'ensemble des médias interconnectés. Les panaphorisations peuvent être des aphorisations « secondaires » détachées d'une intervention d'une personne publique, mais aussi des aphorisations « primaires », qui ont été conçues d'emblée comme des aphorisations : proverbes, maximes, devises, slogans, etc. ; c'est le cas de celles produites à l'occasion des événements du 13 novembre 2015. L'énonciateur des aphorisations primaires n'est pas un locuteur identifiable mais une entité dont la nature varie selon le type d'aphorisation concernée : ainsi la Sagesse des nations pour le proverbe, l'esprit d'un régiment ou une association pour une devise, etc.

Immédiatement après les attentats diverses aphorisations ont vu le jour : quatre en particulier « Je suis Paris » (image 1) et « Pray for Paris » (image 2) :

Image 1

Image 2

En fait, « Pray for Paris » a surtout circulé sur Twitter sous le hashtag *#PrayForParis*. Le mot clé *#PrayForParis* a même devancé *#JeSuisCharlie* : il a été utilisé dans 6,7 millions de tweets en 10 heures dans le monde, contre 6,63 en cinq jours pour « Je suis Charlie »[4]. En revanche, « Je suis Paris » a investi de multiples supports : tee-shirts, pancartes individuelles, montages photo, etc.

A côté de ces deux panaphorisations majeures on doit en mentionner deux autres, moins fréquentes : « Je suis en terrasse » (image 3) et « Fluctuat nec mergitur » (image 4). « Fluctuat nec mergitur » (« il est battu par les flots mais il ne sombre pas ») est en réalité la devise de Paris, qui se trouve ainsi réinterprétée à la lumière du massacre du 13 novembre.

[4] Informations données par Wikipedia à l'entrée « Pray for Paris », consulté le 4/5/2017.

Image 3

Image 4

Ces diverses aphorisations ont pu constituer des réponses remédiantes immédiates à une catastrophe morale parce qu'elles se sont appuyées sur un modèle très puissant, en l'occurrence la panaphorisation « Je suis Charlie » (image 5[5]), qui avait émergé lors d'un événement comparable, l'assassinat dans la même ville des journalistes de *Charlie Hebdo*.

Image 5

Image 6

Pour s'en convaincre, il suffit de comparer le mode de présentation le plus fréquent de ces quatre aphorisations avec celui de « Je suis Charlie » : le rectangle blanc et noir, qui fonctionne comme attracteur à la fois sur le plan visuel et sur le plan phonique. La puissance de cet attracteur est telle qu'il a concerné même « Fluctuat nec mergitur », qui est écrit en latin et dont le signifiant phonique diverge totalement de celui de « Je suis Charlie ». On le voit par exemple dans cette installation dressée le 14 novembre, en quelques heures, sur la Place de la République par le collectif Grim Team (image 6).

Ces quatre aphorisations s'appuient donc sur des aphorisations antérieures ; l'extrême est atteint quand il y a identité des signifiants, comme dans le cas de la devise de Paris. Cet enracinement dans une série a une double fonction : 1) Il permet d'inscrire le nouveau dans un paradigme, d'émousser sa singularité, par conséquent de rassurer ; 2) il facilite la diffusion de ces énoncés en s'appuyant sur un patron déjà connu.

Une aphorisation a d'autant plus d'aptitude à circuler qu'elle présente une structure prégnante, par son signifiant visuel et/ou verbal, qui lui permet de se transporter sans se déformer. Comme ces aphorisations sont des énoncés à la fois iconiques et verbaux, leur image comme leur message linguistique peuvent être soumis à des traitements multiples sans que cela altère leur identité. Chacun peut se les approprier en les modifiant, selon une logique de « customisation » ; on customise d'autant plus qu'on doit vendre des

5 https://fr.wikipedia.org/wiki/Fichier:Je_suis_Charlie,_Paris_11_January_2015_(3).jpg, consulté le 01/04/2019.

produits en masse. Celui qui relaie ces aphorisations se trouve ainsi pris devant une alternative : les transmettre sans les altérer, ou au contraire les modifier pour y inscrire sa singularité.

La circulation de telles aphorisations a surtout pour effet de construire *ipso facto* une communauté en expansion constante, aux bords insaisissables. Une expansion facilitée par le fait que le contenu de ces phrases est particulièrement consensuel : pour faire partie de la communauté il suffit de rejeter, pour une raison ou pour une autre, l'idéologie de ceux qui ont perpétré le massacre. Un texte, par exemple l'allocution de F. Hollande, engage un positionnement fort, il situe son locuteur ; une aphorisation, en revanche, peut ne cliver que très faiblement. C'est le cas avec les aphorisations qui nous intéressent ici, qui ne construisent aucune opposition avec un extérieur nommé, comme le feraient par exemple des slogans traditionnels comme « Non au fascisme » ou « Halte à l'obscurantisme ». Ils se centrent sur la victime. À la limite, le contenu de l'aphorisation importe peu : il s'agit d'un acte de langage qui permet de déclarer à la face du monde l'appartenance à une immense communauté, qui se définit par le seul fait que ses membres affichent ces mêmes phrases.

Le déictique « je » de « Je suis Charlie », « Je suis Paris » ou « Je suis en terrasse », est par nature à la fois toujours le même et toujours différent, éminemment partageable donc. Le modèle en est fourni par ces prières où le « je » proféré en commun rend à la fois singuliers et indiscernables les membres de la communauté. Ainsi dans la prière catholique du « Je confesse à Dieu » :

> Je confesse à Dieu tout-puissant, je reconnais devant mes frères, que j'ai péché en pensée, en parole, par action et par omission; oui, j'ai vraiment péché. C'est pourquoi je supplie la Vierge Marie, les anges et tous les saints, et vous aussi, mes frères, de prier pour moi le Seigneur notre Dieu.

La discrète apparition d'un « notre Dieu » permet d'unifier à la fin du texte les « je » dans la communauté des enfants de Dieu.

La différence entre ce « je » et celui de François Hollande est éloquente à cet égard. Celui de Hollande est celui de l'individu amplifié qui représente la communauté nationale ; ce qui se traduit par une équivalence entre « je » et « la France ».

> [...] j'en appelle à l'unité, au rassemblement, au sang-froid. Et je m'adresserai au Parlement réuni en Congrès à Versailles, lundi, pour rassembler la nation dans cette épreuve.
>
> La France, parce qu'elle a été agressée lâchement, honteusement, violemment, la France sera impitoyable à l'égard des barbares de Daech. Elle agira avec tous les moyens, dans le cadre du droit. Et tous les moyens qui conviennent et sur tous les terrains, intérieurs comme extérieurs, en concertation avec nos alliés, qui eux-mêmes sont visés par cette menace terroriste.

2.3 Comparaison des deux énonciations remédiantes

La comparaison entre ces deux types d'énonciations montre à quel point elles divergent. Les aphorisations opèrent de manière horizontale : elles surgissent et se diffusent à travers la multitude des individus connectés, sans référence au moindre centre. En cela elles contrastent avec la verticalité de la remédiation étatique. Cette verticalité est d'ailleurs visible sur l'image télévisée, où dominent les lignes verticales : les rideaux, les colonnes, les drapeaux, qui entourent un corps dressé devant un pupitre. Si les deux types de communication visent à créer une solidarité, un sentiment d'appartenance, c'est par des voies très différentes : par recentrage pour l'un, par prolifération d'un signifiant pour l'autre. La première catégorise la catastrophe et construit un « nous » qu'on oppose à un « ils » nommé et extérieur à l'espace d'une nation ; la seconde fait émerger une communauté sans frontières.

On peut voir là deux manières divergentes d'investir l'espace. L'énonciation étatique est prise dans une relation spéculaire avec son ennemi. Les attentats du 13 novembre sont en effet portés par un discours islamiste qui structure l'espace autour d'une coupure radicale entre « fidèles » et « infidèles », un discours centré sur un Thésaurus, le Coran, et une figure fondatrice, centrale, le prophète Mahomet. La réponse étatique s'organise aussi autour d'un centre de décision, d'une nation, et oppose un intérieur et un extérieur. En revanche, les panaphorisations remédiantes impliquent un espace irreprésentable, celui des réseaux de communication numérique, qui déjoue toute frontière. Elles sont à la fois l'exaltation de ces réseaux qui les rendent possibles et le rejet d'un discours qui, outre qu'il pousse à tuer, conteste l'espace sans bords d'une communauté virtuelle acentrée. Fondamentalement, le partage de ces aphorisations constitue une forme embryonnaire de religiosité, celle qui lie des individus qui partagent le même espace. Le paradoxe est que les mouvements islamistes exploitent intensément Internet pour communiquer entre eux et pour leur propagande, mais leur discours dans ses fondements récuse cet espace ouvert.

Par l'allocution présidentielle comme par les aphorisations il s'agit de reconstituer une communauté. Dans un cas à travers une rhétorique à la fois délibérative et épidictique en ressoudant les membres d'une nation définie au préalable, par une longue histoire et des frontières. Dans l'autre cas en activant la constitution d'une communauté fugace, ouverte, aux frontières indéfinissables réunie par l'émotion. Mais dans les deux cas l'énonciation lie la fonction remédiante à une « monumentalisaton » de la parole. L'aphorisation exploite massivement la fonction poétique jakobsonienne pour esthétiser son signifiant et lui conférer une forme prégnante, condition de sa prolifération. De son côté, l'allocution de F. Hollande conteste la linéarité de l'axe syntagmatique pour fabriquer du *mémorable*. Ce qui passe en particulier par la répétition et par la production d'énoncés généralisants surassertés, c'est-à-dire qui se présentent comme détachables et exemplaires, comme pouvant/devant être dits par tout homme à la hauteur de ces circonstances exceptionnelles.

> La France est forte et même si elle peut être blessée, elle se lève toujours et rien ne pourra l'atteindre, même si le chagrin nous assaille. La France, elle est solide, elle est active, la

> France elle est vaillante, et elle triomphera de la barbarie. L'Histoire nous le rappelle, et la force que nous sommes capables aujourd'hui de mobiliser nous en convainc.[6]

Quant à la répétition, elle conteste la linéarité du texte en attirant l'attention sur le signifiant. L'énonciation n'argumente plus, elle s'offre en spectacle pour rassembler la communauté. Ici se met en place une *Scène rhétorique* (Maingueneau 2016) où la parole de l'orateur s'adresse par-delà les auditeurs effectifs, par-delà le moment présent, à un surdestinataire invisible, la France, qui transcende les diverses époques.

3 Conclusion

Quand on met en contraste ces deux types d'énonciation, on est tenté de parler de complémentarité. Ce faisant, on risque de donner l'impression que la remédiation constitue une totalité harmonieuse où le vertical et l'horizontal, l'individuel et le collectif, l'organisé et le spontané, le logos et le pathos etc. se compléteraient. On peut voir les choses ainsi. Mais on peut aussi être sensible à la tension entre ces deux régimes d'énonciation, dont la compatibilité n'est pas évidente. La remédiation étatique, c'est le régime traditionnel du pouvoir, structuré par la référence à un espace balisé, ici national ; en revanche, le partage de panaphorisations implique des communautés sans bords, qui traversent toutes les frontières sociales, ethniques, nationales, par la simple circulation d'un signifiant. Ce qui ne va pas sans conflits, comme nous le rappelle une information comme celle-ci :

> Un journal iranien ayant titré « Je suis Charlie » a tout simplement été interdit. Comme l'indique l'agence de presse Irna, la justice iranienne a ainsi ordonné l'interdiction du quotidien réformateur *Mardom Emrouz* pour avoir mentionné en « une » et en gros titre le slogan « Je suis Charlie », devenu un symbole de solidarité internationale envers *Charlie Hebdo* après l'attentat du 7 janvier. (*Huffington Post* : 17/01/2015)

Ici s'affrontent deux formes hétéronomes d'exercice discursif du pouvoir.

4 Bibliographie

Auroux, Sylvain (éd.) : *Les notions philosophiques*, tome 1, Paris 1990.

Benveniste, Émile : *Problèmes de linguistique générale*, Paris 1966.

Husserl, Edmund : *Die Krisis der europäischen Wissenschaften und die transzendentale Phänomenologie*, Hamburg 2012 [1935].

6 Cf. http://www.france24.com/fr/20151114-attentats-paris-hollande-bataclan-stade-francearme e-daech-syrie, consulté le 12/10/2016.

Maingueneau, Dominique : *Les phrases sans texte*, Paris 2012.
Maingueneau, Dominique : *Apostrophe et Scène rhétorique*, dans : Biglari, A./Salvan, G. (éds.) : *Figures en discours*, Louvain 2016, p. 19-34.

Sources internet

Huffington Post : *« Je suis Charlie » : un journal iranien interdit pour avoir titré sur le slogan en solidarité avec « Charlie Hebdo »*. 17.01.2015. http://www.huffingtonpost.fr/2015/01/17/je-suis-charlie-journal-iran-mardom-emrouz-solidarite-charlie-hebdo_n_6492536.html, consulté le 19 février 2018.
Principes fondateurs du Nouveau Parti Anticapitaliste adoptés par le congrès : https://www.npa2009.org/content/principes-fondateurs-du-nouveau-parti-anticapitaliste-adopt%C3%A9s-par-le-congr%C3%A8s, consulté le 19 février 2018.
Turbat, Vianney : *La France est-elle en guerre contre le terrorisme ?*. https://www.lepetitjuriste.fr/droit-international/la-france-est-elle-en-guerre-contre-le-terrorisme/, consulté le 19 février 2018.

Transmisión de contenidos políticos en textos informativos: el uso de verbos de cognición como expresión de facticidad

Paula Bouzas

1 Introducción

La noticia es discurso sobre discurso, como afirmaba Reyes al final de su artículo sobre el uso del estilo indirecto en los textos periodísticos (Reyes 1982: 21). Diversos trabajos han incidido en el papel que desempeña el discurso referido, característico de los textos informativos, en la transmisión de contenidos ideológicos en la prensa. Sánchez García afirma que la reproducción del discurso político mediante citas directas e indirectas es, en este sentido, uno de los recursos más operativos (Sánchez García 2010: 222). En este tipo de enunciados, no sólo se trata de informar sobre lo que ha dicho otra persona, sino también, como observa Escribano, de "interpretar la intención que se oculta tras estos términos", siendo el grado de subjetividad mayor cuando la entidad periodística emplea formas que implican una "traducción de la fuerza ilocutiva empleada por el agente" (Escribano 2001: 29).

La presente propuesta se centra en aquellos enunciados periodísticos en los que se introducen citas con contenido político mediante el uso deciertos verbos de percepción intelectual activados como verbos de habla. En este caso se analizará concretamente el papel que desempeñan los verbos de percepción intelectual cuyos objetos adquieren una carga semántica [+factual] y que implican la consecución de tres procesos por parte de la instancia periodística: a) una evaluación con respecto al acto de habla descrito, b) la atribución de un proceso intelectual al sujeto de la enunciación trasladada y c) la atribución del elemento semántico [+factual] a la declaración reproducida. Se defenderá que la activación de estas formas en el discurso informativo contribuye a situar mensajes políticos determinados, de carácter subjetivo y orientados a la persuasión, en el grado máximo de la escala de veracidad y facticidad. Además, con el fin de evaluar hasta qué punto el análisis de estas formas supone un recurso para el estudio de la manifestación de posturas ideológicas en la prensa, se atenderá a la posible conexión entre los resultados del análisis y la línea editorial de los diarios analizados.

2 Marco teórico

2.1 Textos informativos de prensa y heterogeneidad enunciativa mostrada

Aunque la frontera entre los géneros periodísticos está difuminada, lo cierto es que el concepto *noticia* sigue estando vigente y es posible todavía reconocer los factores concretos que condicionan la aceptabilidad de un texto como tal (cf. Parratt Fernández

2008; Moreno Espinosa 2011): desde el punto de vista formal, se trata de textos con una estructura determinada por la presencia de títulos y entradas, así como la introducción de citas directas o indirectas; desde el punto de vista del contenido, se trata de la exposición de unos acontecimientos recientes y las manifestaciones originadas por estos; desde el punto de vista discursivo, se caracteriza por la distancia de la entidad emisora, periodística, con respecto al mensaje para favorecer la apariencia de neutralidad; desde el punto de vista autorial, los textos informativos son elaborados por una instancia periodística, en ocasiones anónima o colectiva (como en el caso, por ejemplo, de las agencias). Precisamente factores como el temático (presentación de acontecimientos), el discursivo (distanciamiento y apariencia de neutralidad) y el autorial explican que en las noticias de prensa sean escasos los recursos lingüísticos que, desde una perspectiva pragmática, refuerzan el *yo*. Pero esos recursos están presentes y reflejan efectivamente la posición del *yo* con respecto a los contenidos transmitidos (van Dijk 1990).

Una de las características del texto informativo es la presencia de enunciados de discurso referido, un tipo de *heterogeneidad enunciativa mostrada y marcada* (Authier-Revuz 1984), consistente en incorporar en el enunciado, de forma explícita mediante algún tipo de marca, las manifestaciones de otra persona. En estos casos, la instancia periodística, responsable del enunciado final, realiza un ejercicio de adaptación o reconstrucción del enunciado anterior original (Charaudeau 1997: 179). El resultado es una secuencia discursiva formada por dos elementos sintácticamente articulados (Méndez García de Paredes 1999: 106): una expresión introductora y contextualizadora, que llamaremos *marco*, y una cita, más o menos literal. El correspondiente esquema comunicativo podría describirse de la siguiente manera: una primera proposición (P1), formulada por una instancia emisora primera original (E1), es reproducida (como P1') por una instancia emisora periodística (E2) e integrada mediante el uso de un verbo de comunicación en una proposición final (P2).

Es en el marco, pues, donde se hace la atribución de un mensaje (P1') a una determinada instancia emisora original (E1). Desde el punto de vista discursivo, el marco sirve para introducir y orientar el mensaje ajeno, pero también cumple una función calificadora: en él se produce la evaluación de los actos discursivos por parte de la entidad periodística (Méndez García de Paredes 2000: 2095-2097).

2.2 Verbos introductores o elocutivos

Denominaremos *verbos introductores* o *elocutivos* a los verbos que cumplen la función de núcleo sintáctico de los enunciados de heterogeneidad mostrada y cuyo OD es la estructura a través de la que se transmiten las declaraciones de otra persona. No olvidemos que forman parte del marco, por lo que son siempre responsabilidad de la E2 y constituyen uno de los rasgos lingüísticos que delatan su presencia.

La función introductora es desempeñada prototípicamente por verbos de comunicación o *verba dicendi*, que indican de forma explícita la expresión con palabras de un hecho, pensamiento o idea (Cano Aguilar 1981: 206). Pero en la práctica es frecuente que la E2, como si se tratase de una entidad omnisciente, active con función elocutiva verbos que expresan la actitud de la instancia emisora original (E1) a la hora de enunciar (Méndez García de Paredes 1999: 109), así como verbos *intrínsecamente moda-*

lizantes, que además incluyen un juicio por parte de la E2 sobre la verdad o falsedad del contenido citado (Kerbrat-Orecchioni 1986: 142). De esta manera, se consolida la presencia, con esta función elocutiva, de formas pertenecientes a la categoría semántica de los verbos *cognitivos* o *de percepción intelectual*: un grupo heterogéneo de verbos, como *creer, conocer* o *comprender*, que describen procesos cognitivos como pensamientos o creencias (Cano Aguilar 1981: 160; García-Miguel y Comesaña 2004: 3).

Cuando, por ejemplo, los dirigentes de un partido político (PSOE) envían una carta a la gestora de su partido, afirmando literalmente que "quienes han defendido la *abstención* lo han hecho convencidos de que hacían lo correcto", el acontecimiento se refleja en la prensa de diversas maneras:

1. "Quienes han defendido la *abstención* lo han hecho convencidos de que hacían lo correcto [...]", reza el texto. (*El Periódico* 24/10/2016).

2. [Los firmantes] defienden que quienes han respaldado la abstención «lo han hecho convencidos de que hacían lo correcto. (*EuropaPress* 24/10/2016).

3. Los firmantes del escrito admiten que los delegados del máximo órgano del partido que se han inclinado por la abstención "lo han hecho convencidos de que hacían lo correcto". (*El Mundo* 24/10/2016).

Al analizar comparativamente los fragmentos anteriores, observamos que se activa en cada caso un verbo introductor diferente, con implicaciones también muy diferentes. Mientras que el verbo *rezar* admite un sujeto inanimado y hace referencia al resultado físico de la comunicación (vid. 1), los verbos *defender* (vid. 2) y *admitir* (vid. 3) incluyen rasgos semánticos que suponen una interpretación por parte de la entidad que redacta la noticia y que afectan al sujeto. Entre *defender* y *admitir*, por su parte, hay también notables diferencias semánticas: mientras *defender* es un verbo de acción que incide en la intención del sujeto, el verbo *admitir* es un verbo cognitivo que rige objetos con carácter factual o veraz, implicando que el contenido introducido es verdadero. El verbo *admitir* es, por lo tanto, un verbo *intrínsecamente modalizante* cuyo uso implica una evaluación por parte de la E2 sobre la veracidad del mensaje transmitido en la cita (Kerbrat-Orecchioni 1986: 145).

2.3 Verbos cognitivos y modalidad epistémica

Numerosos trabajos aluden a la capacidad de los verbos cognitivos para expresar una evaluación sobre la veracidad de la proposición citada y, por lo tanto, incidir en la *modalidad epistémica*, entendida esta como reflejo del grado de probabilidad que se le atribuye a un mensaje (Palmer 1986; Cornillie 2009). En función de la zona de la escala en la que un verbo cognitivo sitúa la veracidad de la proposición que introduce, Haverkate (1995) distingue tres subcategorías: *predicados epistémicos* (compromiso absoluto con la veracidad, certeza), *predicados doxáticos* (creencia en la veracidad) y *predicados dubitativos* (duda, carencia de compromiso con la veracidad). Nuyts, por su parte, hace referencia a los *verbos de actitud proposicional* y a una escala de probabilidad que va desde la certeza de que un estado de cosas es efectivamente así hasta la certidumbre de que no lo es (Nuyts 2001: 22). Con respecto a la descriptividad expresada por una instancia no-emisora[1], Nuyts reconoce la existencia de un tipo de expresiones que son resultado de una interpretación por parte de la persona hablante, que más que describir, adscribe al sujeto una creencia determinada (ibid.: 130). A este respecto y en la misma línea, De Saeger (2007: 270-271) afirma que el verbo no revela en estos casos la relación epistémica, de seguridad, probabilidad o incerteza, que establece con la proposición la instancia locutora original, sino la que establece la instancia enunciadora última. Es esta instancia enunciadora la que evalúa, pues, el grado de veracidad de la proposición y selecciona, en consecuencia, ciertos verbos para introducirla. Los autores citados se refieren concretamente al verbo *creer* y muestran que, en estos contextos, su uso implica el cuestionamiento por parte de la instancia emisora última de la veracidad del contenido trasladado. Efectivamente, una expresión como *A cree que el proyecto avanza* revela una duda por parte de la instancia emisora última, no por parte de A[2].

El uso de determinados verbos cognitivos, por tanto, responde a una evaluación por parte de una instancia emisora última con respecto a la veracidad de una proposición formulada por otra instancia emisora. De este modo, en las expresiones de heterogeneidad mostrada presentes en la prensa, los verbos de percepción intelectual no solo funcionan como verbo introductor de un mensaje ajeno, sino que además reflejan el resultado de la evaluación por parte de la E2 a la hora de situar este mensaje en la escala de probabilidad. Aun cuando esta instancia emisora no esté explícitamente presente, la elección del verbo que introduce la información transmitida refleja su propia interpretación y puede conducir a marcarla desde el punto de vista epistémico.

2.4 Verbos cognitivos como expresión de compromiso máximo de veracidad

Los verbos de percepción intelectual cuya semántica incide en el rasgo [+factual] del mensaje reproducido, como *admitir*, reflejan que la entidad enunciadora última no solo le adscribe a la entidad emisora original una actividad intelectual o cognitiva con respecto a la proposición formulada, sino también que ella misma asume la veracidad

1 A la hora de analizar la dimensión modal de estos verbos, Nuyts considera necesaria la distinción entre performatividad (*performativity*) y descriptividad (*descriptivity*) (ibid.: 39). La performatividad se produce en expresiones de modalidad epistémica en las que se incluye la evaluación del propio hablante con respecto al estado de cosas (*yo creo x*); mientras que la descriptividad se refleja en las expresiones que informan sobre una evaluación epistémica, bien vinculada a la propia instancia emisora no-aquí y no-ahora (*yo creía x*), bien a una instancia no-emisora (*alguien cree x*). Es esta última categoría la relevante para nuestro análisis.

2 Es posible que la entidad emisora última esté de acuerdo con el contenido transmitido y que, de todas formas, utilice para introducirlo el verbo creer como estrategia atenuante para debilitar su compromiso o evitar hacerlo explícito. Lo cierto es que no se seleccionaría un verbo como *creer* cuando hay intención de comprometerse con la veracidad de la proposición ajena. En cualquier caso, pues, la presencia del verbo *creer* proyecta la relación que establece con la proposición transmitida la entidad emisora última, no el sujeto enunciador original.

del contenido. Esta capacidad, que no tienen otros verbos cognitivos como *concluir* o *estimar*, se percibe claramente al comparar dos enunciados como *A ha concluido que B es un inepto* y *A admite que B es un inepto*. A través del primer enunciado, la entidad enunciadora última expresa su interpretación de un acto de habla en cuestión (a saber: que A asume intelectualmente algo), pero no establece evaluación sobre la veracidad de la proposición, es decir, no se compromete con la veracidad del mensaje original de A. Por el contrario, a través de un enunciado como *A admite que B es un inepto,* además de formular que A asume intelectualmente algo y lo expresa, la entidad enunciadora última manifiesta que ha realizado su propia evaluación sobre la veracidad del mensaje de A y que lo asume como veraz, compartiendo así su compromiso con el contenido. Por ello, este último enunciado se interpretará como un ataque directo a la imagen de B, no solo por parte de A, sinotambién por su parte.

En el discurso periodístico también se activan verbos que rigen objetos de rasgo semántico [+factual] a la hora de trasladar opiniones e hipótesis. La instancia periodística (E2) se compromete con la veracidad de la proposición ajena y, como se trata de un agente informativo, sitúa con ello esas declaraciones en el campo de la facticidad. En base a un pequeño corpus de textos de información, identificaremos y describiremos los casos en los que se activa este tipo de verbos en función elocutiva.

3 Análisis

3.1 Descripción del corpus

El minicorpus está conformado por 80 noticias vinculadas temáticamente y publicadas en dos diarios españoles: *El Mundo* (46) y *El País* (34). El tema escogido como criterio de búsqueda es la crisis que tuvo lugar dentro del PSOE, principal partido de la oposición, a raíz de los resultados electorales de 2016 y que llevó a la destitución de su secretario general, Pedro Sánchez. Tras las elecciones de julio de 2016, Rajoy, líder del Partido Popular y candidato de la lista más votada, necesita la abstención del PSOE para ser nombrado de nuevo presidente y formar gobierno. Sin embargo, Sánchez había descartado repetidamente esta posibilidad durante la campaña y la siguió descartando en las semanas posteriores, a pesar de que era defendida por un sector muy importante del mismo partido. El conflicto interno deriva en la celebración, el 1 de octubre, de un Comité Federal que culminará con la destitución de Sánchez y la formación de una Gestora, nuevo órgano de control, proclive a la abstención.

La existencia de posturas irreconciliables ante la toma de una decisión ineludible y de importantes consecuencias, sumada a la inminencia de la situación, llevó a una materialización espontánea y poco controlada del conflicto, con manifestaciones explícitas de diferentes protagonistas, orientadas ajustificar, defender e imponer su posicionamiento y proteger su imagen. Además, aunque se trataba de un debate interno, las implicaciones de esta crisis transcendían el ámbito del partido y resultaban decisivas en los acontecimientos políticos que se desarrollaríana nivel estatal, por lo que muchas y diferentes instituciones (políticas, económicas y periodísticas) veían comprometidos en ella sus propios intereses. En este sentido, la prensa hegemónica se posicionó claramente a favor de la abstención, como bien se reflejó en sus editoriales tras la aprobación y el anuncio de la misma: "Una deseable legislatura de consensos entre PP y PSOE" (*El Mundo* 25/10/2016) y "Hacia la normalidad" (*El País* 25/10/2016). En este contexto, y desde el comienzo del proceso, se van constituyendo y consolidando en el relato mediático dos polos en cuanto a la representación de los agentes mencionados: 1) anti-abstención (Sánchez, partidarios de Sánchez), 2) pro-abstención (Gestora, principales líderes regionales, sectores críticos a Sánchez).

El corpus incluye las noticias publicadas en los diarios mencionados desde el anuncio de la celebración del citado Comité Federal (21 de septiembre de 2016) hasta los días posteriores a la abstención del PSOE en la sesión de investidura de Rajoy (31 de octubre de 2016).

3.2 Análisis de los verbos y enunciados relevantes

En el corpus analizado, se detectan tres verbos de percepción intelectual cuya semántica incide en la facticidad de la proposición transmitida: *recordar* (21 ocurrencias), *reconocer* (17 ocurrencias) y *admitir* (10 ocurrencias).

En la clasificación de Escribano, estos tres verbos se incluyen, junto a otros como *confirmar, insistir, reafirmar* o *reiterar*, en la categoría de verbos con *valor retrospectivo*, caracterizados por "presuponer unas declaraciones anteriores a la cita que es objeto de la noticia" (Escribano 2001: 85). Con el uso de*admitir* y *reconocer*, la entidad periodística refleja su seguridad acerca de la certeza de la proposición ajena (ibid.: 91, 94); con el verbo *recordar*, por su parte, se introducen contenidos que supuestamente remiten a «un hecho conocido por el destinatario del mensaje" (ibid.: 101). En los tres casos, por tanto, a diferencia de lo que ocurre con otros verbos de carácter retrospectivo, el objeto regido (la proposición reproducida) adquiere el rasgo semántico [+factual].

En el corpus analizado, estos verbos son utilizados en algunos casos efectivamente con mensajes de contenido claramente factual:

4. *Recuerdan* además que en 2000 Joaquín Almunia presentó su dimisión de la secretaría general y dio lugar a la formación de una gestora y a la convocatoria de un congreso de donde salió elegido José Luis Rodríguez Zapatero ("Pedro Sánchez se niega a dejar su cargo", *El País* 29/09/2016).

5. Verónica Pérez *reconoce* que no tiene competencia para convocar a la Comisión de Garantías ("La presidenta de la Mesa del Comité Federal: 'La única autoridad en el PSOE soy yo, les guste o no'", *El País* 29/09/2016)[3].

[3] Se refiere este artículo a las competencias asignadas a algunos cargos y estipuladas en los estatutos del partido. El término *competencia* no está utilizado aquí en su acepción 'pericia, aptitud', sino para hacer referencia al 'ámbito legal de atribuciones'.

6. Aunque *admiten* que el Comité Federal aprobó por mayoría la abstención, añaden que "un 40% de sus miembros mantuvieron su voto en contra" ("Ocho líderes regionales del PSOE reclaman sólo 11 abstenciones", *El Mundo* 24/10/2016).

No obstante, se registran en el corpus porcentajes muy significativos del uso de estos verbos como introductores de proposiciones que no expresan contenidos factuales, sino apreciaciones, valoraciones e hipótesis, formuladas porciertos personajes del ámbito político (vid. tabla 1).

	El Mundo (EM)	*El País* (EP)	Total
Reconocer (17)	100%	62%	**82%**
Admitir (10)	71%	66%	**70%**
Recordar (21)	35%	50%	**38%**

Tabla 1: Porcentajes de aparición con P1' de rasgo semántico [-factual]

A continuación, analizaremos el comportamiento de cada uno de estos verbos en sus contextos de aparición como verbos elocutivos.

3.2.1 *Reconocer*

Cano Aguilar indica que, cuando se construye con oraciones en función de objeto, el verbo se interpreta como 'aceptar la veracidad o justificación de algo' (Cano Aguilar 1981: 166-167). En el 82% de las ocurrencias registradas en nuestro corpus (14 casos de 17), el verbo *reconocer* introduce proposiciones que expresan apreciaciones, valoraciones o hipótesis, es decir, contenidos con el rasgo semántico [-factual]:

7. Si en el comité federal una mayoría rechaza la celebración del congreso, Sánchez proclamará que ese órgano ha impedido que voten los militantes, *reconocen* en fuentes de esa dirección ("Media ejecutiva estudia dimitir para forzar la salida de Pedro Sánchez", *El País* 28/09/2016).

8. El ex vicesecretario general del PSOE *ha reconocido* que su partido "tendrá que decidir si va a unas terceras elecciones o si hace una abstención técnica que en ningún caso tendría que suponer un compromiso con las políticas de Rajoy" ("La mayoría de los diputados del PSOE se alinean con la Gestora", *El Mundo* 04/10/2016).

9. Hubo intervenciones "de buen nivel en los dos lados", según *reconocía* un veterano dirigente ("El PSOE apoya la abstención para que se pueda formar Gobierno", *El País* 24/10/2016).

10. Mariano Rajoy sumó otra nueva línea roja. Una que, tal y como *reconoció* él mismo, sólo depende de su persona. "Un límite", dijo, "que me impongo

rígidamente" ("Rajoy, investido presidente gracias a la abstención de todos los diputados del PSOE excepto 15", *El Mundo* 29/10/2016).

11. Nunca antes había *reconocido* [Sánchez] que su liderazgo estaba cuestionado ni que había diferencias de proyecto político ("Sánchez cambia su dimisión por un congreso del PSOE", *El País* 26/09/2016).

12. [Sánchez] *ha reconocido* por primera vez que "es evidente" que no tiene buena relación con ninguno de los presidentes autonómicos de su partido ("Pedro Sánchez dice que no dimitirá si el Comité Federal tumba su congreso", *El Mundo* 27/09/2016).

En estos enunciados, el rasgo semántico [-factual] se manifiesta con frecuencia en el uso del futuro de indicativo (*proclamará*, vid. 7; *tendrá que decidir*, vid. 8), expresiones valorativas (*buen nivel*, vid. 9; *buena relación*, vid. 12) y la atribución de procesos de carácter intelectual a terceras personas (*cuestionar*, vid. 11).

Además de su incidencia en la modalidad, *reconocer* es un verbo con carácter axiológico negativo (Kerbrat-Orecchioni 1990: 142), puesto que posee la capacidad de situar el contenido de la P1' en el grado elevado de un eje [±negativo]. La evaluación de la E2 incide aquí, por lo tanto, en dos dimensiones: la modal y la axiológica. Ambas dimensiones guardan cierta relación, en tanto que el uso del verbo como introductor de declaraciones de rasgo [-factual] puede justificarse en términos axiológicos si el contenido de la proposición original es directamente negativo para el propio sujeto verbal, puesto que el reconocimiento de un perjuicio hace suponer que el mensaje es veraz. Sin embargo, en el corpus analizado, de los 14 casos de P1' con rasgo semántico [-factual], solo en dos enunciados el contenido afecta negativamente al propio sujeto del verbo elocutivo (vid. 11, 12). En ninguno de los demás casos, las declaraciones reproducidas implican un perjuicio directo para el sujeto.

3.2.2 *Admitir*

El verbo *admitir* también se desplaza al área semántica de los verbos cognitivos o de percepción cuando rige OD oracionales, funcionando de forma semejante a *reconocer* (Cano Aguilar 1981: 117). En el corpus analizado, en el 70% de las ocurrencias registradas se trata de OD que trasladan suposiciones o valoraciones (7 casos de 10). Como se puede observar en los ejemplos, el rasgo semántico [-factual] se manifiesta en la adjetivación valorativa (*crítica, grave*, vid. 13; *muy difícil*, vid. 16), el uso del futuro (*podrá*, vid. 14; *será*, vid. 16) y la mención de procesos de carácter intelectual atribuidos a terceras personas (*convencidos*, vid. 15):

13. Susana Díaz *ha admitido* que la situación del PSOE, con la dimisión de 17 miembros de la ejecutiva y un enfrentamiento abierto, es "crítica" y "grave" ("Susana Díaz se ofrece a 'coser' y 'conciliar' el PSOE", *El País* 30/09/2016).

14. [El líder del PP] allanó bastante el camino al PSOE el pasado miércoles cuando *admitió* públicamente que con un Gobierno en minoría no podrá dar

cumplimiento a muchas de las promesas que el PP incluyó en su programa electoral ("El PSOE acuerda 'una oposición firme pero constructiva desde el primer día'", *El Mundo* 24/10/2016).

15. Los firmantes del escrito *admiten* que los delegados del máximo órgano del partido que se han inclinado por la abstención "lo han hecho convencidos de que hacían lo correcto" y subrayan que esta postura "no supone, en ningún caso, un acuerdo de legislatura, ni un acercamiento al PP" ("Ocho líderes regionales del PSOE reclaman sólo 11 abstenciones", *El Mundo* 24/10/2016).

16. Hernando no ha descartado que el PSOE vaya a apoyar los Presupuestos Generales del Estado del PP, pero *ha admitido* que, de ocurrir, les será "muy difícil" ("El PSOE dice que el tiempo 'dará la razón' a su abstención y Rajoy le pide ayuda para 'construir'", *El Mundo* 27/10/2016).

Al igual que *reconocer*, el verbo *admitir* transfiere a la P1' una carga axiológica negativa. Sin embargo, según Escribano, este verbo incide en el reconocimiento de una equivocación por parte de la E1 y permite a la entidad periodística resaltar una actitud de honestidad y valor por parte del sujeto (Escribano 2001: 94). En el corpus analizado se constata que las P1' introducidas por *admitir* trasladan, en todos los casos, un contenido explícitamente negativo para el sujeto o su entorno.

3.2.3 *Recordar*

El verbo *recordar*, como verbo de comunicación, adquiere el significado de 'volver a traer a la memoria algo que se había percibido ya' (Cano Aguilar 1981: 168). De los tres verbos, es *recordar* el que más claramente muestra la transferencia del rasgo [+factual] al contenido de la P1'. Escribano observa dos situaciones de uso en textos informativos: la entidad periodística reproduce literalmente la forma verbal empleada por la E1 o transmite, comprometiéndose, que la E1 había hecho en el pasado las mismas declaraciones (Escribano 2001: 101). Es por ello que la autora considera que su empleo "es descriptivo y no valorativo" (ibid.).

En nuestro corpus, si bien su uso como verbo de comunicación está relacionado en la mayoría de los casos con proposiciones factuales, en un 38% de las ocurrencias detectadas introduce contenidos de carácter subjetivo sin que se cumplan las condiciones señalas, esto es, que se tome literalmente el verbo utilizado por la E1 o que se trate de declaraciones que la misma E1 ha realizado en el pasado (vid. 7, 8 y 9):

17. De hecho, Page *ha recordado* que Sánchez "convenció" a todos con su argumento de que no se puede "poner el sillón de Ferraz por delante de los intereses de los españoles" ("Los barones críticos Page y Lambán ven irresponsable adelantar el Congreso Federal del PSOE que planea Sánchez", *El Mundo* 23/09/2016).

18. Rajoy, explican en su entorno, dio orden estricta al partido de no interferir en el debate del PSOE [...]. *Recuerdan* de paso que el presidente en funciones se ha

mantenido fiel a este planteamiento: "Ha sido exquisito ante sus problemas y siempre se ha negado a hablar con nadie que no fuera el líder" ("El PSOE negociará con Rajoy, pero después de la investidura", *El Mundo* 07/10/2016).

19. "Hoy era otra cosa todo, la relación dentro y la proyección fuera", aseguran las fuentes que ha subrayado la presidenta de la Junta, tras *recordar* que hace solo tres semanas el mismo órgano celebró una reunión que fue un puro "caos" y una "vergüenza", que ofreció una "mala imagen" de los socialistas a la sociedad ("Javier Fernández pedirá al grupo parlamentario del PSOE que se abstengan todos", *El Mundo* 23/10/2016).

El carácter [-factual] de los contenidos introducidos por el verbo cognitivo se manifiesta en diversos elementos: adjetivos y expresiones que implican una valoración (*fiel*, vid. 18; *mala imagen*, vid. 19), expresiones intensificadoras (*puro caos*, vid. 19), generalizaciones (*todos*, vid. 17) y verbos que hacen referencia a procesos intelectuales atribuidos a terceras personas (*convencer*, vid. 17).

3.3 Análisis de los agentes

Independientemente de si la elección de estos verbos a la hora de trasladar ciertos discursos responde a una intencionalidad o función estratégica orientada a presentar los contenidos correspondientes como veraces, nos preguntamos si es posible establecer una relación entre su utilización y la posición ideológica de los diarios analizados. En este sentido, recordemos que en el relato mediático se estableció una polarización que derivaría en la división de los agentes en dos bloques (uno contrario a la abstención y otro partidario de la misma) y que la prensa hegemónica, categoría a la que pertenecen las publicaciones escogidas, se posicionó claramente a favor de la abstención.

3.3.1 *Reconocer*

Mediante *reconocer* se transfiere el rasgo semántico [+factual] a opiniones o valoraciones que, en un 71% de las ocurrencias, pertenecen a defensores de la abstención, partidarios del gobierno de Rajoy o voces críticas con Sánchez. Aunque el verbo transfiere al mensaje ajeno una dimensión axiológica negativa, solo en dos de estos casos (vid. 11 y 12) el contenido afecta directamente al propio sujeto de la proposición original, es decir, a la E1. En ambos enunciados, se trata de manifestaciones por parte de Sánchez, representante del eje contrario a la abstención.

3.3.2 *Admitir*

Las opiniones y valoraciones introducidas por *admitir* son manifestadas, en un 86% de las ocurrencias, por defensores de la abstención o partidarios del gobierno de Rajoy. En estos casos, al contrario de lo que ocurre con *reconocer*, la P1' introduce siempre contenidos que atañen efectivamente al sujeto o su entorno de forma directa. Al mismo tiempo, sin embargo, con *admitir*se le transfiere un carácter positivo a la acción realizada por el sujeto.

3.3.3 *Recordar*

Mediante *recordar* se dota de facticidad a contenidos [-factuales] que, en un 85% de los casos, se corresponden con manifestaciones de partidarios de la abstención (Page, Díaz) o del gobierno en funciones de Mariano Rajoy, principales beneficiarios de la misma.

En resumen, si ponemos los resultados del análisis en relación con los agentes, observamos que los verbos cognitivos con función modalizante que revelan el compromiso con la veracidad de la proposición tienden a emplearse con sujetos favorables a la abstención. Además, aunque dos de estos verbos poseen una dimensión axiológica negativa que incide sobre el mensaje reproducido, su uso como verbos introductores no repercute negativamente en la E1. En el caso de *reconocer*, el contenido de la P1' no afecta directamente al sujeto enunciador original, salvo cuando se trata de un agente contrario a la abstención. En el caso de *admitir*, aun cuando el perjuicio para el sujeto es directo y explícito, se le transfiere a la acción realizada por este sujeto una carga semántica positiva.

4 Conclusiones

Durante un conflicto político cuyos protagonistas reaccionan de forma poco controlada ante determinados medios y en redes sociales, la prensa funciona no solo como elemento contextualizador, sino también como elemento seleccionador, organizador y controlador de las declaraciones políticas. Además, la prensa hegemónica, como entidad integrada en el sistema, verá comprometidos en ciertas crisis sus propios intereses y tomará partido a la hora de reflejar los acontecimientos y las opiniones, revelando estrategias discursivas orientadas a la persuasión, también en los textos informativos. Algunos de los recursos más operativos de manipulación mediática se manifiestan, de hecho, en mecanismos de citación del discurso político (Sánchez García 2010), a través de los que pueden cuestionar o legitimar determinados mensajes. En este sentido, la elección de los verbos introductores, resultado de una evaluación por parte de la E2, desempeña un papel fundamental, puesto que pueden contribuir a situar la declaración reproducida en la escala de veracidad y facticidad.

En esta breve contribución nos hemos centrado en analizar la activación con función elocutiva de verbos cognitivos caracterizados semánticamente por presuponer objetos con el rasgo semántico [+factual]. El objetivo era observar en qué medida estos verbos son activados realmente para transmitir contenidos factuales o, por el contrario, son consecuencia de una evaluación subjetiva por parte de la instancia emisora periodística, que asume la facticidad de determinadas apreciaciones y valoraciones. Además, se analizó la posible conexión entre la asunción de veracidad por parte de la entidad periodística y la postura ideológica de la publicación con respecto al asunto tratado.

En el corpus estudiado se registraron tres verbos que reunían las condiciones establecidas para el análisis: *recordar*, *reconocer* y *admitir*. Las formas *reconocer* (17 ocurrencias) y *admitir* (10 ocurrencias) son utilizadasen un 82% y un70% de los casos respectivamente para introducir mensajes de rasgo semántico [-factual], como apreciaciones, valoraciones e hipótesis de futuro. Por su parte, el verbo *recordar* (21 ocurrencias) tiende a acompañar a objetos oracionales de contenido [+factual], pero deja de hacerlo en el 38% de los casos. La utilización de *recordar* con enunciados de rasgo [-factual] revela una dimensión evaluativa que contradice el carácter meramente descriptivo que se le atribuye al verbo. Desde el punto de vista cualitativo, estos enunciados son especialmente relevantes, puesto que de las tres formas elocutivas analizadas, *recordar* es la que más claramente transfiere facticidad al contenido de la P1'.

Si se ponen en relación estos resultados con el tipo de agente, se aprecia coincidencia entre el uso de estos recursos y la postura política apoyada por las respectivas publicaciones en sus editoriales. En primer lugar, tiende a atribuirse un carácter [+factual] a declaraciones emitidas por representantes de la orientación defendida. En segundo lugar, aunque *admitir* y *reconocer* tengan un carácter axilógico negativo que afecta al contenido de la proposición reproducida, en ninguno de los dos casos se produce necesariamente un perjuicio para la E1. Las proposiciones introducidas por *reconocer* no suelen afectarle directamente y, cuando la proposición implica explícitamente un perjuicio para la instancia locutora, se emplea el verbo *admitir*, transfiriendo así un carácter positivo al acto de habla original.

Esta contribución nos ha permitido observar cómo ciertos verbos cognitivos inciden sobre la modalidad epistémica en un tipo de texto, el informativo, en el que no se considera aceptable la manifestación explícita de una evaluación sobre la veracidad de un mensaje ajeno por parte de la instancia periodística. Su análisis constituye, por tanto, un importante recurso para el estudio de la manifestación y transmisión, más o menos consciente, de posturas ideológicas en la prensa. No hay que olvidar que, especialmente en contextos de crisis, donde diversos agente políticos y sociales intentan hacer valer su propia visión de las cosas, el uso de recursos modalizantes en los medios informativos contribuirá a legitimar y consolidar un determinado relato.

5 Referencias bibliográficas

Authier-Revuz, Jacqueline: *Hétérogénéité(s) énonciative(s)*, en: *Langages* 73 (1984), p. 98-111.

Cano Aguilar, Rafael: *Estructuras sintácticas transitivas en el español actual*, Madrid 1981.

Charaudeau, Patrick: *Le discours d'information médiatique. La construction du miroir social.* Paris 1997.

Cornillie, Bert: *Evidentiality and epistemic modality. On the close relationship between two different categories*, en: *Functions of Language* 16/1 (2009), p. 44-62.

De Saeger, Bram: *Evidencialidad y modalidad epistémica en los verbos de actitud proposicional en español*, en: *Interlingüística* 17 (2007), p. 268-277.

Dijk, Teun A. van: *La noticia como discurso. Comprensión, estructura y producción de la información*, Barcelona 1990.

Escribano, Asunción: *Pragmática e ideología en las informaciones sobre los conflictos políticos*, Salamanca 2001.

García-Miguel, José Mª/Comesaña, Susana: *Verbs of cognition in Spanish: Constructional schemas and reference points*, en: *Language, Culture and Cognition. An International Conference on Cognitive Linguistics* (2004). http://adesse.uvigo.es/textos/LCC2003%20_texto%20final.pdf, último acceso 17/06/2015, p. 1-19.

Haverkate, Henk: *Spanish mood and the expression of cognitive and evaluative meaning*, en: *Verba* 22 (1995), p. 11-29.

Kerbrat-Orecchioni, Catherine: *La enunciación. De la subjetividad en el lenguaje*, Buenos Aires 1997.

Méndez García de Paredes, Elena: *Análisis de la reproducción del discurso ajeno en los textos periodísticos*, en: *Pragmalingüística* 7 (1999), p. 99-128.

Méndez García de Paredes, Elena: *Análisis de las formas de introducir el discurso ajeno: el contexto reproductor*, en: *Lengua, Discurso, Texto. Actas del I Simposio Internacional de Análisis del Discurso* 2 (2000), p. 2081-2098.

Moreno Espinosa, Pastora: *Géneros periodísticos ante nuevos productos multimedia interactivos*, en: *Teccom Studies* 2 (2011). http://www.teccomstudies.com/numeros/revista-2/182-generos-periodisticos-ante-nuevos-productos-multimedia-interactivos?showall=1, último acceso 09/06/2015.

Nuyts, Jan: *Epistemic modality, language and conceptualization*, Amsterdam/Philadelphia 2001.

Palmer, Frank R.: *Mood and modality*, Cambridge 1986.

Parratt Fernández, Sonia: *Géneros periodísticos en prensa*, Quito 2008.

Reyes, Graciela: *El estilo indirecto en el texto periodístico*, en: *LEA* IV (1982), p. 1-21.

Sánchez García, Francisco José: *Pragmática de los titulares políticos. Las estrategias implícitas de persuasión ideológica*, Madrid 2010.

Pratique communicative de décision parlementaire. Mécanismes de contrôle de la politique énergétique après une escalade technologique[1]

Katharina Jacob

1 En guise d'introduction

Après la catastrophe nucléaire de Fukushima le 11 mars 2011, le gouvernement allemand décide de mettre un terme à l'utilisation de l'énergie nucléaire. La couverture médiatique a qualifié cette décision de politique énergétique de « sortie de la sortie de la sortie (du nucléaire) »[2] (*Spiegel Online* du 02 juin 2011). Ce jeu de mots s'explique par le comportement décisionnel des hommes et femmes politiques allemands. En 2000, le gouvernement fédéral, composé d'une coalition entre sociaux-démocrates et Verts, se met d'accord avec quatre grands fournisseurs d'énergie sur la sortie de l'énergie nucléaire. Un gouvernement fédéral, composé de chrétiens-démocrates et de libéraux, annule cette « sortie » en prolongeant la durée d'exploitation des centrales en 2010, ce qui implique la « sortie de la sortie ». L'escalade technologique provoquée par la catastrophe de Fukushima est perçue de manière si dévastatrice qu'elle aboutit à des changements politiques et à une nouvelle sortie du nucléaire.

Ce genre d'escalade délimite les champs d'actions politiques et déclenche des mécanismes de contrôle politiques qui, à leur tour, se font jour dans des pratiques communicatives spécifiques. Cette contribution présente le processus de décision parlementaire comme une forme communicative de contrôle politique. Le discours parlementaire sur les énergies renouvelables est mis au centre de l'analyse afin de déterminer comment la manière d'aborder les risques et la prise de décision sont liées. L'objectif consiste, dans ce contexte, à présenter une typologie linguistique et la mise en relief de manière empirique des spécificités communicatives des processus de décision à l'aide de dix catégories d'analyse. Ce procédé est encadré par la conjonction méthodologique de la pragmatique fonctionnelle et la linguistique du discours à l'exemple du terme de *schéma* afin de présenter le contexte linguistique de la typologie.

1 Je remercie bien cordialement Simon Abel pour la traduction de cet article de l'allemand en français. Je remercie également Vanessa Münch et Louis Pruvost pour la lecture finale du texte.

2 En allemand : *Ausstieg aus dem Ausstieg aus dem Ausstieg*.

2 Perspectives interdisciplinaires et disciplinaires

Une décision est prise en réfléchissant à l'action qu'il est possible d'accomplir parmi les différentes possibilités s'offrant à nous. Cette décision est par la suite appliquée.

2.1 Perspectives interdisciplinaires

C'est en s'intéressant à la recherche décisionnelle interdisciplinaire que l'on peut mettre en lumière des différences avec la compréhension issue de la vie de tous les jours. Dans un dictionnaire psychologique, le terme de 'décision' est décrit comme

> [u]n terme général faisant référence à la sélection d'une certaine direction de l'action ou de réaction dans une situation proposant plusieurs possibilités. Sont inclus dans la plupart des cas les aspects de « réfléchir » (*déliberation*) et de « vouloir » (*volition*), qui – tous les deux – précèdent l'action en tant que procédés de décision. L'action est entendue comme anticipée en fonction de la manière, la forme et la direction de la décision (*résolution*). (Fröhlich 2015 : 820)[3]

Mais il ne s'agit là que d'une seule manière de définir l'exécution d'une décision parmi les différentes disciplines de la recherche décisionnelle.[4]

En sciences économiques, l'on a surtout recours à des théories décisionnelles normatives, qui n'ont pas pour sujet la description des prises de décisions réelles (ceci étant le sujet des théories décisionnelles descriptives), mais qui visent à démontrer comment les décisions sont prises de manière rationnelle et comment elles sont tournées à l'avantage de quelqu'un (cf. Laux/Gillenkirch/Schenk-Mathes 2014 : 4). Voici pourquoi la théorie du choix rationnel est à la base de beaucoup de théories issues des sciences économiques et sociologiques (cf. Braun/Gautschi 2011 : 13).

La psychologie élargit la recherche décisionnelle en ajoutant des aspects importants. Dans ce qu'on appelle la « théorie prospective »[5], on part de la supposition que les sujets évaluent de manière bien différente la prévisibilité d'influences extérieures et prennent des décisions en fonction de cette évaluation. Voici pourquoi ce n'est pas l'avantage anticipé par le sujet avant la résolution qui est déterminant, mais c'est éminemment l'estimation et l'évaluation de l'occurrence de probabilité (cf. Brocke/Holling 2007 : 63). Dans d'autres modèles psychologiques, les émotions jouent un rôle primordial (cf. Betsch 2011 : 124 sq.). Dans la psychologie cognitive, ce sont particulièrement les processus mentaux de sélection qui sont analysés. Des études montrent qu'il s'agit de procédés flexibles d'adaptation au monde environnant (cf. Bröder 2015 : 102 sq.).

3 Cette citation ainsi que toutes les autres citations sont traduites de l'allemand.

4 Cf. Jacob (2017 : 16-72) pour la présentation différenciée de la recherche décisionnelle orientée et pratiquée de manière interdisciplinaire.

5 En anglais : *prospect theory*.

Nous pouvons donc retenir qu'une décision est non seulement le point de départ du sujet pour sélectionner de manière cognitive une action parmi différentes actions possibles, mais que nous avons affaire à des processus mentaux.

Quand nous nous penchons sur la recherche décisionnelle descriptive et plus particulièrement sur les formes collectives du processus de décision, le vecteur de la langue joue un rôle important. Le procédé mental est exécuté de manière collective et ceci s'opère en premier lieu via la communication. La science historique s'est intéressée à la prise de décision, on peut par exemple citer Stollberg-Rilinger :

> Prendre une décision est toujours aléatoire et soumis à des risques et voilà pourquoi ce procédé est tout sauf naturel. Voici notre affirmation : on a entendu et traité la prise de décision différemment selon l'époque dans laquelle on se trouvait. En d'autres termes, nous voulons mettre au centre des considérations historiques le processus de décision même – en tant que *variable* dépendante de la culture et ainsi le considérer comme pratique communicative *variable* selon la période historique. (Stollberg-Rilinger 2015 : 631)

2.2 Perspective linguistique : la prise de décision en tant que pratique communicative se fondant sur un savoir procédural

Bien que les éléments de décisions et les procédés de « prise de décision » soient étroitement liés à la langue, on se demande pourquoi il n'y a jusqu'à présent que peu de contributions linguistiques au sujet de « prise de décision » pratiquée de manière communicative.[6] Voici pourquoi Jacob (2017) entreprend de caractériser le processus de prise de décision comme phénomène communicatif et de développer une méthode permettant d'analyser ce processus (de prise de décision). Cette approche comprend la « prise de décision » comme pratique communicative, en référence à Stollberg-Rillinger (2015). De plus, on part de la supposition que les connaissances déclaratoires sont bel et bien communiquées au cours de la pratique communicative de « prise de décision », cependant la pratique communicative repose surtout sur les connaissances procédurales et inclut non seulement l'acte de parler intentionné mais aussi le comportement linguistique non-intentionné (cf. Jacob 2017 : 76-80)[7].

[6] Dans ce contexte, il n'est possible que de se référer au travail juridico-linguistique de Felder (2003) et à la contribution linguistique en matière d'organisation de Domke (2006), en se rappelant que Felder ne comprend, sous le terme de 'décision' qu'un type d'action linguistique (cf. Felder 2003 : 206 ; Jacob 2017 : 93) et, en se rappelant que Domke focalise sur les dialogues de consultation comme forme spécifique de la communication décisionnelle (cf. Domke 2006 : 5 ; Jacob 2017 : 67 sq.).

[7] Le fait que les éléments de décision et les procédés de « prise de décisions » se fondent surtout sur les connaissances procédurales est prouvé par le fait qu'une « prise de décision » peut être pratiquée sans que les personnes communicantes décident de se servir d'expressions comme *décision*, *résolution*, *décider* ou *prendre une résolution* (cf. Jacob 2017 : 89-92).

En référence à Konerding, les connaissances déclaratives se distinguent des connaissances procédurales. Konerding entreprend de définir ces types de connaissance de la manière suivante :

> Les connaissances procédurales […] sont égales à un savoir pratique, un « savoir-faire » ; elles concernent les aptitudes de chaque individu d'agir avec succès en étant orienté vers une intention bien précise et de résoudre une certaine tâche ou un problème d'un certain type. Les connaissances procédurales peuvent être « représentées » de manière partielle ou sélective sous forme d'un mode d'emploi d'actions linguistiques (le prototype étant l'algorithme) ; ce mode d'emploi ne saisit cependant que de manière marginale et incomplète dans son essence le savoir adjacent, il est, en outre, toujours « encastré » de manière « empratique »[8] en tant que directive et il est au service de la régulation de l'acquisition ou encore de l'optimisation de capacités grâce à des catégorisations linguistiquement déterminées. (Konerding 2009 : 83)

> Les connaissances déclaratives, cependant, sont des connaissances qui sont déterminées exclusivement grâce à un format de représentation transmis de manière symbolique ; plus précisément, des connaissances dans une forme propositionnelle, qui rendent en modèle de manière sélective (et représentent) un extrait de la pratique quotidienne ou de l'expérience liée au monde à l'aide du vecteur symbolique de la langue. Voici pourquoi les connaissances déclaratives se réfèrent en principe aux connaissances procédurales. Les connaissances déclaratives impliquent par ailleurs l'aspect de l'acceptation collective potentielle des modélisations adjacentes en ce qui concerne leur valeur, l'équivalence représentative de descriptions respectives et la légitimité de directives. Sont concernées en fonction de ceci les pratiques et techniques de légitimation linguistiques en rapport à des affirmations – comme p.ex. des justifications et des explications concernant les qualités de quelque chose ou encore la manière dont on devrait se comporter ou dont on devrait agir […]. (Konerding 2009 : 84 sq.)

Les connaissances procédurales sont des connaissances sur des processus et des procédés d'action. Nous disposons de connaissances procédurales quand nous savons *comment* une chose est faite (p. ex. la façon de cuisiner un œuf sur le plat). Les connaissances déclaratives sont le savoir en propositions, le savoir *sur* les choses (p. ex. l'explication du mot « œuf » dans un dictionnaire). Les deux sortes de connaissances peuvent être communiquées de manière explicite ou implicite. Les connaissances procédurales, d'habitude, sont implicites.

Dans la contribution ci-présente, nous allons connaître la catastrophe nucléaire de Fukushima du 11 mars 2011 comme une forme de connaissance déclarative réalisée avec des paroles et produite grâce à un discours à l'origine des prises de décisions du *Bundestag* allemand. Nous nous concentrerons toutefois sur les processus de décision qui, bien que conduits en partie par une approche institutionnelle dans leurs étapes et réalisés intentionnellement, sont réalisés sur la base de connaissances procédurales par les acteurs du discours essentiellement de manière non-intentionnelle.

[8] Agir de manière *empratique* veut dire agir en exécutant sans pour autant réfléchir au préalable sur son action. Il s'agit d'une action préréflexive qui a pour condition des connaissances implicites.

3 Typologie linguistique sur la pratique communicative des prises de décisions

Afin de pouvoir caractériser les prises de décisions comme phénomène communicatif et de pouvoir les analyser de manière linguistique, il semble raisonnable de se pencher sur des approches théoriques et méthodologiques. Elles analysent les itérations communicatives au sein de la communication orale et écrite et se focalisent sur les conversations et les textes dans leur interconnexion. En effet, les décisions s'effectuent de manière procédurale, mais aussi et surtout à travers plusieurs conversations et textes, dans les conversations et textes pris à part. Le terme (linguistique) de 'discours' est très prometteur dans ce contexte, parce qu'il remplit cette condition en tant que catégorie analytique.[9] Dans Jacob (2017), deux approches qui utilisent le terme de 'discours' de manière différente et qui se complètent à l'égard de l'objectif poursuivi ont été conjuguées : la linguistique du discours[10] et la pragmatique fonctionnelle[11]. Dans ce qui suit, une typologie linguistique de la pratique communicative de prise de décision est esquissée en forme de tableau synoptique. Le tableau montre toutes les spécificités communicatives du processus de décisions faisant office de catégories analytiques :

Spécificités communicatives de prise de décision/Catégories analytiques	Explications sommaires
Discours	Espace de pratique d'interaction socioculturelle : les connaissances sont articulées (connaissances déclaratives) et pratiquées (connaissances procédurales)
(1) Conditions de ramification et positionnement de la situation	- Evènements et procédés (dans leur essence) qui sont présupposés par les disciplines scientifiques et les acteurs du discours en dehors de la linguistique et qui ont un effet sur le processus de décision - Objets qui ont une influence sur la prise de décision - Connaissances procédurales codifiées qui règlementent la prise de

9 Le terme linguistique de 'discours' est défini de manières très différentes. Deux concepts assez différents s'opposent : d'une part, l'approche orientée plutôt vers les textes, dans laquelle le 'discours' est défini comme unité transtextuelle (un discours étant, dans ce cas, un réseau de textes), d'autre part, le discours comme unité de l'interaction face-à-face (en anglais : face-to-face interaction ; le 'discours' comme conversation).

10 Dans le sens de Felder (2015) ; Gardt (2007) ; Linke (2015) ; Niehr (2014) ; Spieß (2011) ; Spitzmüller/Warnke (2011) ; Warnke (2013).

11 La pragmatique fonctionnelle est une école qui a émergé dans les années 1970 au sein de la linguistique germanophone. Elle a été fondée en particulier par Konrad Ehlich et Jochen Rehbein, mais elle fait l'objet entre-temps à une continuation. Son objectif est de concevoir la langue non pas à partir d'un signe linguistique, mais de l'action. Elle se réfère aux écrits de John L. Austin et Karl Bühler (cf. Ehlich 2007 : 1), mais elle est inspirée également par la logique de l'action, la théorie de l'action, la praxéologie, la théorie du comportement, la psycho-linguistique, la philosophie de l'action et la pragmatique linguistique (cf. Rehbein 1977 : 9).

	décision
(2) Thèmes subordonnés au thème du discours	- Aspects articulés du thème - Maniement pratique des aspects thématiques (pratiques) - Présuppositions implicites (présuppositions)
(3) Chaînes de décision	« Parcours » procédural et interactionnel à l'intérieur d'un discours, qui connecte plusieurs textes ou conversations en tant qu'unité superposé
(4) Types de communication de la prise de décision	Situation initiale, situation de référence, situation d'examen, situation de changement, situation de transfert, situation de traitement, situation de recommandation, situation de négociation et situation de suffrage, situation d'explication, situation de suffrage concret, situation de calcul, situation d'annonciation
(5) Types d'actes communicatifs de la prise de décision	(1) Constitution (des options mentales et des corrélats « essentiels » sont constituées de manière communicatives) → principalement de manière procédurale (2) Evaluation et modification (les options constituées des corrélats mentaux et essentiels sont évaluées et modifiées de manière communicative) → principalement de manière procédurale (3) Sélection à partir des options (à partir des options constituées, évaluées et modifiées des corrélats mentaux et essentiels, une option est sélectionnée de manière communicative) : deux modes de décisions (décision de traitement et décision du sujet) → principalement de manière résultative Actes communicatifs se déroulant parallèlement : réflexions méta-communicatives sur d'autres processus de décisions et sur d'autres éléments de la décision
(6) Concepts déterminant l'action/ Concepts de justification	Des représentations déployées de manière linguistique et évoquées mentalement qui sont reprises par d'autres acteurs du discours et qui ont une influence sur la prise de décision dans la chaîne de décision
(7) Concepts	Des représentations déployées de manière linguistique et évoquées mentalement
(8) Pratiques	**Pratiques concernant la dimension temporelle de la prise de décision :** pratique de la localisation dans le temps, pratique de diagnostic, pratique de pronostique **Pratiques concernant la dimension locale de la prise de décision :** pratique de la localisation dans l'espace des évènements, pratique de comparaison locale et du transfert **Pratiques concernant l'objet de la prise de décision :** pratique téléologique du contenu et de l'action, pratique du positionnement en antithèse thématique, pratique de l'optimisation **Pratiques concernant la conclusion d'un processus de décision :** pratique de la mise en valeur par des citations, pratique de la délimitation de l'intérieur, pratique de la délimitation face à

	l'extérieur, pratique de la mise en parallèle, pratique de la critique, pratique de l'élucidation en détail
(9) Schémas d'usage de la langue	Schéma superficiel en ce qui concerne l'aspect perceptible linguistiquement ou par les sens
(10) Signes dans la communication	Superficie en ce qui concerne l'aspect perceptible linguistiquement ou par les sens

Tableau 1 : typologie linguistique de la pratique communicative de prise de décision (cf. Jacob 2017 : 441 sq.)

Afin d'analyser par conséquent la prise de décision de manière analytique, il est nécessaire d'employer les catégories analytiques dans le tableau de haut en bas et de bas en haut dans deux procédés parallèles. Sont d'abord déterminées les conditions de ramifications et de positionnement, puis on doit s'informer sur les thèmes subordonnés et analyser les aspects thématiques, présuppositions et pratiques, ensuite il faut déterminer et analyser les chaînes de décision. Parallèlement sont analysés les signes de la communication à la superficie percepetible linguistiquement ou par les sens, puis sont analysés les schémas d'usage de la langue, ensuite les pratiques, etc. De cette façon, les types de communication et les types d'actes communicatifs qui s'exécutent à l'intérieur des chaînes de décision et qui sont mentionnés au milieu du tableau, sont analysés de haut en bas ainsi que de bas en haut[12] (cf. Jacob 2017 : 442).

Dans ce qui suit, les spécificités de prises de décision sont maintenant démontrées à l'exemple d'un extrait de discours. D'une part, il s'agira des paroles sur les risques dans le discours parlementaire sur les énergies renouvelables de 1983 à 2013 (chapitre 4), qui sont étroitement liées à la pratique de prise de décision parlementaire – ici, ce sont essentiellement les catégories (1), (2), (6), et (10), qui sont employées. D'autre part, il s'agira des prises de décision après la catastrophe nucléaire de Fukushima le 11 mars 2011 (chapitre 5) – c'est dans cette partie que deux chaînes de décision, types de communication et type de paroles des prises de décision seront expliqués en détail. La transition du chapitre 4 au chapitre 5 servira de plus à démontrer la conjonction méthodologique entre la pragmatique fonctionnelle et la linguistique du discours à l'exemple du terme de 'schéma'.

4 « Parler » des risques dans le discours parlementaire sur les énergies renouvelables de 1983-2013

Conditions cadres et positionnement de la situation (1) : la période après la catastrophe nucléaire de Fukushima du 11 mars 2011 est une phase particulièrement intéressante pour le discours employé pour les risques et la pratique communicative de « prise de décision » parlementaire. Depuis la première élection des Verts au *Bundestag* allemand en 1983, l'idée d'une exploitation écologiquement durable des ressources naturelles se

[12] En anglais : *top-down* et *bottom-up*.

manifeste de manière grandissante. La prise de conscience de la pollution de l'atmosphère terrestre et du réchauffement climatique est de plus en plus forte. Le concept de transition énergétique – la transition de l'exploitation de l'énergie fossile et nucléaire à l'exploitation renouvelable – croît. En 1998, un gouvernement fédéral composé de Verts et de sociaux-démocrates arrive au pouvoir en Allemagne, en 2000, celui-ci décide la sortie du nucléaire. Les premiers pas de la transition énergétique sont décidés. Après un changement de gouvernement, le nouvel exécutif fédéral, composé de chrétiens-démocrates et de libéraux, décide la prolongation de la durée de vie des centrales nucléaires allemandes. Ce n'est que quelques mois plus tard, après la catastrophe nucléaire de Fukushima du 11 mars 2011, que ce même gouvernement fédéral – avec la même chancelière fédérale comme chef de gouvernement – décide la sortie de la sortie de la sortie – l'énergie atomique est vouée à disparaître à partir de 2022.

La prise de décision parlementaire après Fukushima montre de manière impressionnante comment la survenance d'un phénomène naturel déclenche une escalade technologique et comment une escalade technologique déclenche des mécanismes de contrôle politiques – bien que la scène se trouve à environ 8700 km de distance. Des incidents importants pour la politique ont des effets communicatifs – la pratique communicative de prise de décision parlementaire a ici la fonction de régulation. Bien que la pratique communicative de prise de décision soit gérée par les institutions,[13] les évènements en dehors du parlement et le « parler » des risques ont toutefois un grand impact sur la prise de décision.

Thème subordonné (2) et superficie perceptible linguistiquement (10) : l'extrait du discours présenté ici peut être attribué au thème subordonné « Recherche et technologie énergétique entre chances et risques »[14]. Grâce à une analyse de mots-clés effectuée par ordinateur et un travail sur des textes herméneutiques, des sujets subordonnés ont pu être identifiés. Les risques sont thématisés à l'aide du cotexte des mots composés « technologie d'énergie efficiente, recherche énergétique, politique de recherche énergétique, programme de recherche énergétique, technique d'économisation d'énergie, technologie d'économisation d'énergie, recherche sur l'accumulation d'énergie, technique énergétique, technologie énergétique, physique de hautes énergies, centrale d'énergie nucléaire, recherche sur l'énergie nucléaire » (Jacob 2017 : 291 sq.). Ceci donne l'occasion de regarder de près la connexion linguistique aux prises de décision.

13 Cf. la 'Loi fondamentale pour la République fédérale d'Allemagne' (constitution allemande), dans les règlements intérieurs du *Bundestag* (chambre basse allemande) ; leur pertinence décisionnelle est expliquée dans Jacob (2017 : 308-312).

14 Pour analyser le discours parlementaire sur les énergies renouvelables, 12 thèmes subordonnés ont été analysés (cf. Jacob 2017 : 277-305). Le corpus contient 4.018 documents politiques avec 1.136.339 types et 136.370.537 jetons. Il contient des imprimés et des protocoles de l'assemblé plénière de 1983 à 2013 avec la demande de syntaxe de recherche *énergie alternative OU énergie régénérative OU énergie renouvelable* (cf. Jacob 2017 : 247 sq.). A côté de ce corpus thématique, 62 chaînes de décision ont été discernées grâce à la recherche et le travail herméneutique avec des textes (cf. corpus pour les prises de décision dans Jacob 2017 : 263-270).

Schémas d'usage de la langue (9), pratiques (8), concepts (7) et concepts déterminant l'action (6) : Après la catastrophe de Tchernobyl le 26 avril 1986, le chancelier fédéral Helmut Kohl parle d'un reste de risque, qui est fondamentale pour toute décision politique :

> C'est éminemment la connaissance du fait qu'il n'y a pas de sécurité absolue, que le risque zéro n'existe pas, qui fut et demeure le fondement de toute décision afin de garantir la sécurité la plus haute possible quant à l'usage de l'énergie nucléaire. (BT-PlPr 10/215, 14/05/1986 : 16523 [B])

Dans son discours, il entreprend de démontrer que 'l'énergie nucléaire est exploitée parce qu'elle est sûre' et le justifie avec l'idée que 'l'énergie nucléaire est responsable car elle est sûre'. De cette manière, les incidents de Tchernobyl sont qualifiés de possible dans l'avenir en principe, mais sont en même temps délimités par rapport à des évènements possibles en Allemagne. C'est ici que les pratiques de diagnostic et pronostic se dessinent à l'horizon, une pratique prototypique de prise de décision. De même, la chancelière fédérale Merkel parle d'un risque résiduel après la catastrophe nucléaire de Fukushima le 11 mars 2011 :

> Celui ou celle qui se rend compte [des risques de l'énergie nucléaire] doit en tirer les conséquences nécessaires. Voilà pourquoi selon moi, j'ai réévalué la situation ; car le risque résiduel ne peut être accepté que par la personne qui est convaincue qu'il n'y aura pas de cas échéant. (BT-PlPr 17/114, 09/06/2011 : 12960 [B])

Dans ce discours, le concept déterminant l'action 'l'exploitation de l'énergie nucléaire est irresponsable, car celle-ci n'est pas sûre' est défendu. Les concepts déterminant l'action sont des représentations mentales, qui sont interprétées linguistiquement en partant de schémas de l'usage de la langue et qui font preuve d'un rapport analytique avec la pratique communicative de prise de décision parlementaire.

Dans la linguistique du discours, le terme de 'schéma' est entendu comme schéma d'usage de la langue. Ce dernier peut être reconstitué à la surface linguistique à l'aide de l'usage de la langue itératif. Selon Bubenhofer, un 'schéma' dans ce sens est :

> 1.une forme de mot, une combinaison de forme de mots, ou encore, une combinaison de formes de mots et d'éléments non-linguistiques, voir un complexe de signes,
> 2.qui sert de modèle pour la production d'autres complexes de signes,
> 3.mais qui est de la même matérialité que les complexes de signes qui sont reproduits.
> (Bubenhofer 2009 : 23)

Quand nous recherchons des schémas d'usage de la langue avec le lemme *risque* à l'aide de procédés linguistiques de corpus dans un corpus thématique sur le discours parlementaire au sujet des énergies renouvelables de 1983 à 2013 (cette recherche inclut les formes du singulier et du pluriel) et quand nous entrons le mot de cotexte *Fukushima*, nous trouvons le schéma itératif de *minimisation de risque*. Ce schéma de l'usage de la langue indique un usage à caractère passif. Puisque la linguistique du discours s'intéresse à l'interaction entre la langue, les connaissances et la société, ce schéma d'usage de la langue peut marquer le point de départ pour détecter certains schémas de pensée persistant au sein de la société.

5 Les chaînes de décision, types de communication et de parole de prise de décision après Fukushima

La pragmatique fonctionnelle nous fournit une définition de « schéma » totalement différente (cf. Ehlich 1985/2007 ; Ehlich 1999/2007). Elle entend celui-ci dans le sens de schéma d'action. Les schémas d'action sont des déroulements d'action dans lesquels plusieurs actes de parole sont interconnectés et sont représentés à l'aide d'ordinogramme. Le schéma d'action représenté en bas dans le texte montre une situation de question-réponse. Elle peut être décrite de la manière suivante :

> La décision mentale (1) de remplir une lacune de connaissance est la condition d'accès au schéma. Le locuteur verbalise une certaine non-connaissance (2). Du côté de l'auditeur, on assiste à un examen mental de savoir si l'auditeur dispose de l'élément de connaissance en question. Si ceci est le cas (3), l'auditeur rend accessible au locuteur les connaissances désirées (5). Si ceci n'est pas le cas (4), l'auditeur exprime le fait qu'il ne dispose pas des connaissances (6). Le locuteur essaie de savoir si la réaction de l'auditeur remplit sa lacune de connaissance. Si cela est le cas (8), on quitte le schéma d'action. Si cela n'est pas le cas, le locuteur peut viser de parcourir une nouvelle fois le schéma d'action (7). Le schéma d'action ayant du succès est souvent reflété par une réaction positive par le locuteur (9). (Graefen/Liedke 2012 : 284-285)

Le concept du schéma d'action, issu de la pragmatique fonctionnelle, est conjugué maintenant à l'idée des textes connectés de manière intertextuelle, issue de la linguistique du discours. Le schéma d'action, qui est présenté plus bas dans le texte, ressemble beaucoup à celui tiré de la pragmatique fonctionnelle. La différence est uniquement que chaque action ne consiste pas en un acte de parole, mais est représentée par un texte (au sein du discours parlementaire sur les énergies renouvelables par un document politique).

Le schéma de question-réponse peut être représenté de la façon suivante dans un ordinogramme :

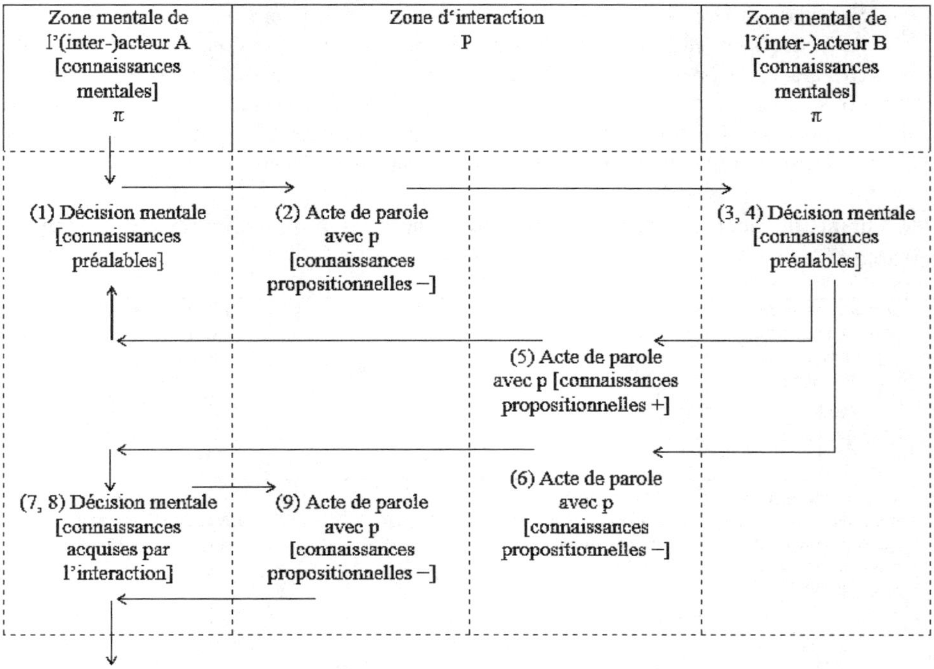

Image 1 : schéma d'action (situation de question-réponse)[15]

Voilà pourquoi dans l'ordinogramme figure l'interaction entre différent groupes (ici : le gouvernement, l'opposition, l'assemblée plénière du *Bundestag*, des comités parlementaires ou des commissions) qui repose sur différents textes (ici : des documents politiques). Ce schéma d'action issu de la pragmatique fonctionnelle et de la linguistique du discours est désigné de *« chaîne de décision » (3).*

> De manière générale, nous entendons par une « chaîne de décision » un processus d'interaction à l'intérieur d'un discours, qui se manifeste à travers plusieurs textes. Des textes sont définis ici comme des situations de conversation étendues et des discours sont entendus comme des espaces de pratique d'interaction socio-culturelle. La chaîne de décision se réalise en particulier au cours de processus de consultation, de négociation et de résolution entre des acteurs du discours qui interagissent. Puisque des discours se manifestent en forme de communication écrite, orale et en ligne, mais ne sont que disponibles qu'en forme écrite, les textes (ici : les documents politiques) sont examinés comme extraits de ce processus. Puisqu'ils se réfèrent à un objet de consultation, de négociation et de résolution (pour ainsi dire : l'objet de décision), qui pour sa part est

[15] Dans la colonne de gauche se trouve la zone mentale de l'acteur 1, dans celle de droite celle de l'acteur 2. Au milieu, on peut discerner la zone de l'interaction. Il faut lire l'ordinogramme en suivant la numérotation en partant d'en haut à gauche et en allant à droite, puis en retournant à gauche (en fonction de la situation de dialogue, il faut éventuellement retourner à droit et puis à gauche), il faut terminer par lire en bas à gauche.

> traité dans différents domaines de communication pendant une longue période de temps, les textes sont interconnectés de manière intertextuelle, fonctionnelle et procédurale. Grâce à la dénomination de la fonction principale du document politique (DEMANDER, CONSEILLER ou DECIDER), qui est ici désignée de but interactionnel, la conjonction intertextuelle, fonctionnelle et procédurale des textes, qui sont constitutives pour la chaîne de décision, peut être saisie de manière méthodologique. (Jacob 2017 : 255)[16]

Une chaîne de décision peut être présentée dans un ordinogramme de la manière suivante :

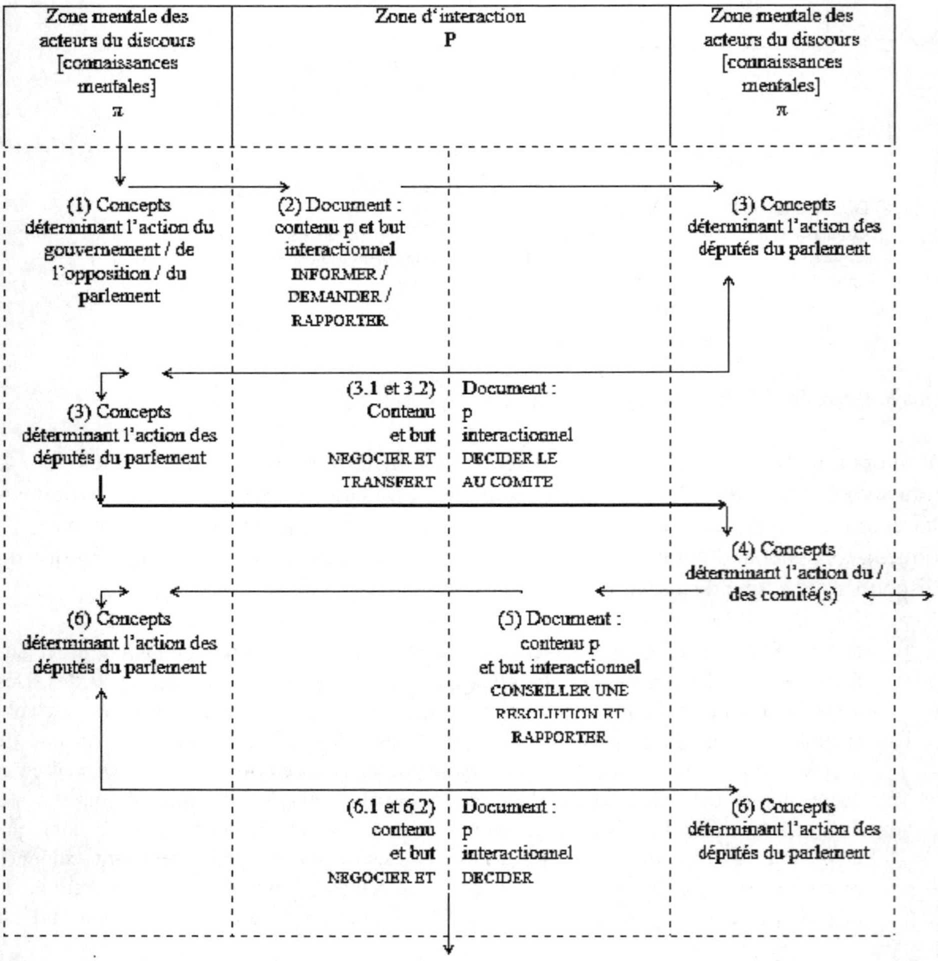

Image 2 : processus d'interaction à l'intérieur de la chaîne de décision prototypique avec des décisions transparentes[17]

[16] Pour d'autres explications sur la catégorie analytique du chaîne de décision, cf. Jacob (2017 : 255 sq.).

[17] Dans la colonne de gauche se trouve la zone mentale de l'acteur 1, dans celle de droite celle

Les zones mentales peuvent être déduites des zones interactionnelles. Il peut surprendre à première vue de constater la supposition d'une zone mentale pour tout un groupe d'(inter-)acteurs. Puisque le groupe s'est décidé, lors d'une séance précédente, pour un document politique et prend donc une position commune, l'on peut déduire du document politique que le groupe va présenter sous (2), qu'il s'agit d'une seule position présentée dans la zone mentale.

Dans la chaîne de décision, représentée plus haut dans le texte, l'on observe la demande de réalisation d'un projet au sein du parlement. Le parlement (constitué des députés du *Bundestag* allemand) prend la décision de transférer le sujet en question à un comité parlementaire (décision de transfert au comité). Les séances des comités parlementaires étant pour la plupart non-accessibles au public, l'analyse linguistique ne peut se référer qu'à des recommandations de décisions et au rapport du comité. Les décisions, qui ont été prises à cet endroit, sont appelées ici *décisions non-transparentes*. Dès qu'une recommandation de décision est introduite par le comité dans l'assemblée plénière du *Bundestag*, celui-ci organise un vote au sujet de la recommandation (décision substantielle). La chaîne de décision se termine – temporairement – à ce moment. La décision de transfert au comité et la décision substantielle sont qualifiées ici de *décisions transparentes*.

Les *types de communication (4) et types de paroles (5)* s'exécutent dans la chaîne de décision. Le type de communication est une catégorie analytique dans laquelle le positionnement de la situation communicative et l'acte de parole se réfèrent l'un à l'autre : dans l'image 2, la position 3.1 représente par exemple la situation de négociation et la position 3.2 représente la situation de transfert. Le document politique se voit attribué – dans le cas ci-présent il s'agit d'un extrait de compte-rendu parlementaire – une fonction d'action éminente à l'intérieur de la chaîne de décision. Les types de paroles de la prise de décision peuvent être retracés de la position 1 à la position 6.2 : d'abord, divers types d'action sont constitués de manière linguistique. Au cours de la chaîne de décision ceux-ci sont évalués et modifiés. La fin de la chaîne de décision se distingue par la sélection d'une des options d'actions évaluées et modifiées et ainsi la prise de décision par le parlement.

Une prise de décision parlementaire ne s'effectue cependant pas exclusivement dans cette forme (qui est retraçable pour la linguiste). La chancelière allemande Angela Merkel s'adresse au *Bundestag* le 9 juin 2011 dans une déclaration du gouvernement fédéral et annonce les décisions qui vont être prises :

de l'acteur 2. Au milieu, on peut discerner la zone de l'interaction. Il faut lire l'ordinogramme en suivant la numérotation en partant d'en haut à gauche et en allant à droite, puis en retournant à gauche (en fonction de la situation de dialogue, il faut éventuellement retourner à droit et puis à gauche), il faut terminer par lire en bas à gauche.

> Monsieur le président du Bundestag ! Chèr(e)s collègues ! Mesdames et messieurs !
> Il y 90 jours que le nord-est du Japon a été dévasté par le tremblement de terre le plus grave de l'histoire du pays. Ensuite, une vague de jusqu'à 10 m de haut toucha la côte du Japon. Par la suite, dans un réacteur de la centrale nucléaire Fukushima I, le dispositif de refroidissement ne fonctionna plus. Le gouvernement japonais décréta l'état de catastrophe nucléaire.
> […]
> Tout le monde sait que tout cela ne se produira pas de la même manière. Non, après Fukushima, il s'agit d'autre chose. Il s'agit de la fiabilité d'estimation de risque et de la fiabilité en ce qui concerne les analyses de probabilité.
> […]
> Car ce sont ces analyses qui forment la base des décisions en politique, des décisions pour un approvisionnement en énergie stable, abordable, écologique, pour tout dire : une énergie sûre en Allemagne. Voici pourquoi j'ajoute expressément aujourd'hui : au même point que je me suis engagée dans le cadre de notre nouveau concept énergétique au cours de l'automne dernier pour la prolongation de la durée de vie des centrales nucléaires allemandes, au même point je constate sans ambigüités aujourd'hui : Fukushima a changé mon point de vue sur l'énergie nucléaire. (BT-PlPr 17/114, 09/06/2011 : 12960, [A], [C])

Dans cet extrait, la chancelière fédérale Angela Merkel n'utilise pas le mot *escalade*, mais elle développe un concept d'escalade en décrivant la situation de Fukushima telle qu'elle s'aggrave. Elle relève le fait que Fukushima a changé son opinion face à l'énergie nucléaire. L'extrait démontre, de plus, de manière exemplaire que Fukushima a déclenché un processus de prise de décision parlementaire afin d'analyser et de ré-établir les risques de l'énergie nucléaire. L'analyse de risque est, pour sa part, aussi la base de décisions parlementaires qui concerne la fiabilité, la rentabilité, la performance environnementale et l'aspect de la sécurité de l'énergie en général.

Dans l'extrait qui suit, la chancelière fédérale Merkel relate des décisions. Elle déclare que le gouvernement fédéral a pris la résolution de décider huit propositions législatives et décrets. La différence étant que, dans l'extrait suivant, ce ne sont pas les décisions à venir, mais les décisions prises auparavant qui sont communiquées :

> Sur la base de ces travaux, le gouvernement fédéral a décidé lundi huit projets de loi et décrets. Avec ceci elle a pris les décisions nécessaires pour l'avenir de l'exploitation des centrales nucléaires en Allemagne et l'architecture de notre approvisionnement en énergie. (BT-PlPr 17/114, 09/06/2011 : 12960, [C], [D])

Les deux documents sont intéressants car ils ne peuvent pas être attribués à la chaîne de décision transparente, comme présentée plus haut. Dans ces documents ne s'effectue pas le processus de prise de décision, mais, plus exactement, on ne fait que rapporter cette prise de décision. Les documents peuvent être attribués au schéma prototypique qui se distingue des autres types par le fait que les décisions sont prises de manière non-transparente pour le grand public et, en même temps, pour l'analyse linguistique. Ce n'est qu'au parlement qu'on relate ces chaînes de décision :

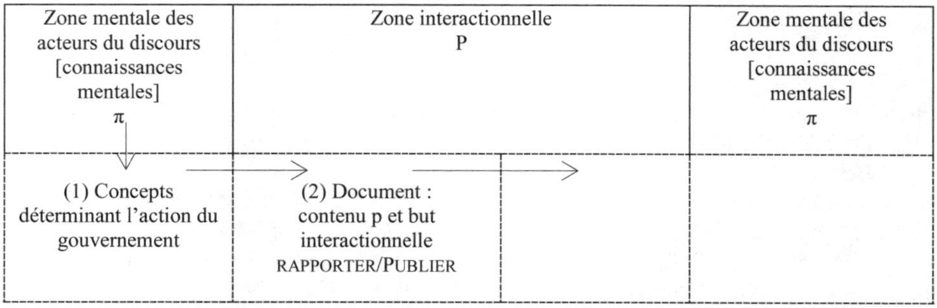

Image 3 : processus d'interaction à l'intérieur de la chaîne de décision prototypique du type non-transparent

Dans la période qui a suivi la catastrophe nucléaire de Fukushima, la plupart des décisions importantes du *Bundestag* allemand sont prises d'après le schéma ci-dessus. Le fait que les décisions sont prises de manière moins transparente et au sein de groupes plus petits s'explique par la « force explosive et l'éminence, qui en suivait, de la politique énergétique (et de la politique environnementale) en Allemagne, mais aussi en Europe » (Jacob 2017 : 455).

6 En guise de conclusion

Dans cette contribution, les spécificités de la prise de décision ont été présentées à l'exemple de la prise de décision parlementaire. Il s'agissait, d'une part, de réfléchir méthodiquement sur une typologie linguistique de la pratique communicative de prise de décision et de l'expliquer de façon empirique, à l'aide de dix catégories analytiques. Afin de pouvoir analyser les processus de décision en tant que déroulement d'action, qui s'étendent sur plusieurs textes et conversations, les approches de la linguistique du discours et l'approche de la pragmatique fonctionnelle ont été conjuguées de façon méthodologique grâce à l'exemple du terme de 'schéma'. La catégorie analytique de chaîne de décision s'est révélée être une grande aide méthodique.

Ensuite, il s'agissait de démontrer comment la verbalisation des risques est liée avec les pratiques de prises de décision. Lors de la thématisation de risques se cristallisent des concepts déterminant des actions – ces concepts ont une influence sur la pratique communicative de la prise de décision. La pratique communicative de prise de décision parlementaire est une forme prototypique de contrôle politique, à l'intérieur de laquelle des décisions non-transparentes sont prises surtout, lorsqu'il s'agit d'accélérer les processus de décision. Les décisions non-transparentes servent d'instrument pour gérer des problèmes d'énergie politique complexes dont une société s'aperçoit après une escalade technologique, telle qu'elle s'est produite à Fukushima, et à laquelle les hommes et les femmes politiques réagissent.

7 Bibliographie

Betsch, Tilmann : *Entscheiden*, dans : Betsch, Tilmann/Funke, Joachim/Plessner, Henning : *Denken – Urteilen, Entscheiden, Problemlösen. Allgemeine Psychologie für Bachelor*, Berlin/Heidelberg 2011, p. 66-134.

Braun, Norman/Gautschi, Thomas : *Rational-Choice-Theorie*, Weinheim/München 2011.

Brocke, Michaela/Holling, Heinz : *Entscheidungstheorien/Decision Theories*, dans : Schuler, Heinz/Sonntag, Karlheinz (éds) : *Handbuch der Arbeits- und Organisationspsychologie* (Handbuch der Psychologie 6), Göttingen/Bern/Wien 2007, p. 59-65.

Bröder, Arndt : *Entscheidungstheorien*, dans : Galliker, Mark/Wolfradt, Uwe (éds.) : *Kompendium psychologischer Theorien*, Berlin 2015, p. 100-104.

Bubenhofer, Noah : *Sprachgebrauchsmuster. Korpuslinguistik als Methode der Diskurs- und Kulturanalyse* (Sprache und Wissen 4), Berlin et al. 2009.

BT-PlPr 10/215, 14/05/1986 (Deutscher Bundestag, rapport sténographique de la 215ième séance parlementaire, Bonn, mercredi, 14 mai 1986).

BT-PlPr 17/114, 09/06/2011 (Deutscher Bundestag, rapport sténographique de la 114ième séance parlementaire, Berlin, jeudi, 9 juin 2011).

Domke, Christine : *Besprechung als organisationale Entscheidungskommunikation*, dans : *Linguistik – Impulse und Tendenzen* 18, Berlin et al. 2006.

Ehlich, Konrad : *Funktional-pragmatische Kommunikationsanalyse: Ziele und Verfahren*, dans : Hartung, Wolfdietrich (éd.) : *Untersuchungen zur Kommunikation – Ergebnisse und Perspektiven. Internationale Arbeitstagung in Bad Stuer Dezember 1985*, (Akademie der Wissenschaften der DDR Zentralinstitut für Sprachwissenschaft. Linguistische Studien Reihe A, Arbeitsberichte 149), Berlin 1986/2007, p. 15-40 (cité par : Ehlich, Konrad : *Sprache und sprachliches Handeln.* Tome 1, Berlin et al. 2007, p. 9-28).

Ehlich, Konrad : *Funktionale Pragmatik – Terme, Themen und Methoden*, dans : *Deutschunterricht in Japan* 4, 1999/2007, p. 4-24 (cité par: Ehlich, Konrad : *Sprache und sprachliches Handeln.* Tome 1, Berlin et al. 2007, p. 29-46).

Ehlich, Konrad : *Einleitung*, dans : Ehlich, Konrad : *Sprache und sprachliches Handeln.* Tome 1, Berlin et al. 2007, p. 1-6.

Felder, Ekkehard : *Juristische Textarbeit im Spiegel der Öffentlichkeit* (Studia linguistica Germanica 70), Berlin et al. 2003.

Felder, Ekkehard : *Lexik und Grammatik der Agonalität in der linguistischen Diskursanalyse*, dans : Kämper, Heidrun/Warnke, Ingo H. (éds.) : *Diskurs – interdisziplinär. Zugänge, Gegenstände, Perspektiven* (Diskursmuster – Discourse Patterns 6), Berlin/Boston 2015, p. 87-121.

Fröhlich, Werner D. : *Wörterbuch Psychologie*, München 2015.

Gardt, Andreas : *Diskursanalyse. Aktueller theoretischer Ort und methodische Möglichkeiten*, dans : Warnke, Ingo H. (éd.) : *Diskurslinguistik nach Foucault. Theorie und Gegenstände*, Berlin et al. 2007, p. 28-52.

Graefen, Gabriele/Liedke, Martina : *Germanistische Sprachwissenschaft. Deutsch als Erst-, Zweit- oder Fremdsprache*, Tübingen 2012.

Jacob, Katharina : *Linguistik des Entscheidens. Eine kommunikative Praxis in funktionalpragmatischer und diskurslinguistischer Perspektive* (Sprache und Wissen 27), Berlin/Boston 2017.

Konerding, Klaus-Peter : *Sprache – Gegenstandskonstitution – Wissensbereiche. Überlegungen zu (Fach-)Kulturen, kollektive Praxen, sozialen Transzendentalen, Deklarativität und Bedingungen von Wissenstransfer*, dans : Felder, Ekkehard/Müller, Marcus (éds.) : *Wissen durch Sprache. Theorie, Praxis und Erkenntnisinteresse des Forschungsnetzwerkes „Sprache und Wissen"* (Sprache und Wissen 3), Berlin et al. 2009, p. 79-111.

Laux, Helmut/Gillenkirch, Robert M./Schenk-Mathes, Heike Y. : *Entscheidungstheorie*, Berlin et al. 2014.

Linke, Angelika : *Entdeckungsprozeduren. Oder: Wie Diskurse auf sich aufmerksam machen*, dans : Kämper, Heidrun/Warnke, Ingo H. (éds.) : *Diskurs – interdisziplinär. Zugänge, Gegenstände, Perspektiven* (Diskursmuster – Discourse Patterns 6), Berlin et al. 2015, p. 63-85.

Niehr, Thomas : *Eine Einführung in die linguistische Diskursanalyse*, Darmstadt 2014.

Rehbein, Jochen : *Komplexes Handeln. Elemente zur Handlungstheorie der Sprache*, Stuttgart 1977.

Spiegel Online : *Nach dem Ausstieg ist vor dem Protest.* 02/06/2011.

Spieß, Constanze : *Diskurshandlungen. Theorie und Methode linguistischer Diskursanalyse am Beispiel der Bioethikdebatte* (Sprache und Wissen 7), Berlin et al. 2011.

Spitzmüller, Jürgen/Warnke, Ingo H. : *Diskurslinguistik. Eine Einführung in Theorien und Methoden der transtextuellen Sprachanalyse*, Berlin et al. 2011.

Stollberg-Rilinger, Barbara : *Praktiken des Entscheidens*, dans : Brendecke, Arndt (éd.) : *Praktiken der Frühen Neuzeit. Akteure – Handlungen – Artefakte*, Köln et al. 2015, p. 630-634.

Warnke, Ingo H. : *Diskurs als Praxis und Arrangement – Zum Status von Konstruktion und Repräsentation in der Diskurslinguistik*, dans : Viehöver, Willy/Keller, Reiner/Schneider, Werner (éds) : *Diskurs – Sprache – Wissen. Interdisziplinäre Beiträge zum Verhältnis von Sprache und Wissen in der Diskursforschung*, Wiesbaden 2013, p. 97-117.

Lingüística del discurso entre mediatización y digitalización

L'analyse du discours entre médiatisation et numérisation

El uso del lenguaje en la nueva política española. El caso de *Podemos*

Margarita Porroche Ballesteros

1 *Podemos* un partido político diferente

La crisis económica ha supuesto, entre otras consecuencias, una nueva forma de hacer política. En España, un ejemplo de este hecho es el discurso del partido político Podemos, que es en la actualidad la tercera fuerza política de nuestro país[1]. Su aparición a comienzos del 2014 y su éxito en los comicios que se han celebrado desde entonces constituye uno de los acontecimientos más relevantes y de mayor repercusión mediática de la historia política española en las últimas décadas. En unos momentos de fuerte tensión política, con conflictos económicos y sociales (rescate de la banca, elevado índice de paro, desahucios, corrupción …), Podemos ha desarrollado una comunicación que ha conseguido en una gran medida controlar el debate político dando lugar a un modelo discursivo en el que, como veremos a continuación, han impuesto sus términos "conquistando las palabras" y con una estrategia de construcción del *nosotros* como héroe colectivo, locutor y alocutario a la vez.

Los integrantes de Podemos, y especialmente su líder, Pablo Iglesias, son expertos en comunicación política que han sabido conectar con la opinión pública con una acertada articulación de su discurso que han difundido utilizando todos los medios posibles a su alcance. Utilizando palabras de Iglesias, han generado "discursivamente una identidad popular politizable electoralmente" (Iglesias 2015: 34).

Podemos cumple las dos condiciones del éxito en el marketing electoral que destaca Philippe Maarek: coherencia y diferencia (Maarek 1995). Una coherencia basada fundamentalmente en la repetición de ideas y conceptos, con un mensaje que apela a la emoción, transmitido de forma fácil de comprender y un afán de diferenciación que se manifiesta en aspectos como la imagen de su líder –coleta, camisa arremangada, casi siempre sin corbata, pulseras de cuero–, la juventud de sus dirigentes, la importancia dada a la comunicación a través de la televisión, los periódicos y las redes sociales y,

[1] Debemos señalar que el análisis que aquí presentamos del discurso de Podemos es comunicativo y no político. Utilizamos como corpus las intervenciones públicas de tres de los principales líderes de Podemos (Pablo Iglesias, Íñigo Errejón e Irene Montero) durante los años del 2013 al 2017 y, desde un punto de vista metodológico, seguimos un enfoque de análisis lingüístico del discurso comunicacional en el que integramos algunas nociones de la semántica de marcos. Por otra parte, dada la novedad del fenómeno Podemos, además de libros y artículos, utilizamos, para la realización del presente trabajo, un documental, vídeos, emisiones radiofónicas y televisivas, y artículos de prensa.

sobre todo, en la creación de un nuevo 'relato', con nuevos 'marcos' y redefiniciones de los términos[2].

2 La apropiación del 'relato' por parte de *Podemos*

Ya el 20 de julio de 2014, Jorge Solís, en *Vozpópuli*, señalaba que Podemos había impuesto sus términos en el lenguaje de los políticos españoles (Solís 2014). Efectivamente, ha conseguido apropiarse del 'relato', término sobre el que queremos llamar la atención porque en el uso que los medios de comunicación y los políticos hacen de él, desde hace unos años, se ha alejado de sus dos acepciones presentes en el DLE (Asociación de Academias de la Lengua Española 2014: s.v. *relato*): 1. conocimiento que se da, generalmente detallado, de un hecho y 2. narración, cuento, para pasar a significar la presentación de los hechos desde un determinado punto de vista que no siempre coincide con la realidad[3]. Apropiarse del 'relato' tiene que ver con, en términos de Lakoff (2004: 14), dominar los 'marcos', esas estructuras mentales que conforman nuestra manera de ver el mundo.

Podemos ha ofrecido un nuevo 'relato' que intenta cambiar 'marcos' fundamentales como el que tiene que ver con cómo se concibe el proceso democrático español iniciado en 1978. En su primer discurso como Secretario General de Podemos en el Teatro Nuevo Apolo, en Madrid (15/11/2014), Pablo Iglesias habla de la Transición española como de un candado que hay que romper. Propone iniciar "un proceso constituyente para abrir el candado del 78 y poder discutir de todo", un pacto político hacia la libertad. Señaló la "necesidad de abrir un proceso constituyente" con el que "recuperar" para los ciudadanos una democracia "secuestrada por los poderes económicos" y por un "régimen" político y corrupto "que se derrumba". Se cambia así la idea de que, tras la muerte de Franco, la transición supuso pasar dulcemente de un régimen a otro mediante un pacto democrático entre partidos y estas formaciones políticas aparecen ahora como "casta"[4]. La *casta* es, según explicó Pablo Iglesias en una entrevista en *El Objetivo,* de la cadena de televisión *La sexta*, ese sector de la población formado por "los mayordomos de los poderes económicos y los bancos, la gente que no representa a los ciudadanos, la que gobierna en contra de los intereses de la mayoría en situación de

2 Como señala Eduardo Muriel: *Cinco claves del éxito de la campaña electoral de Podemos*, en: *LaMarea.com*, 26 de mayo de 2014, el propio nombre de la formación renunció a la clásica combinación de siglas para "huir de la sopa de letras" y articular en torno a un nuevo tipo de denominación una manera poco frecuente de identificar una formación electoral.

3 Un comentarista de la Cadena Ser decía en una tertulia, a propósito de la posible implantación en los campos de fútbol del VAR (*video assistant referee*, árbitro asistente de vídeo), que, si el relato coincide con lo que es, ya no es relato.

4 Sobre el origen italiano del uso de casta al que nos estamos refiriendo, puede verse José Ignacio Torreblanca: *Asaltar los cielos. Podemos o la política después de la crisis*, Barcelona, Debate, 2015, p. 60.

privilegio". Así se convierte la tradicional confrontación entre izquierda y derecha en una disputa entre los privilegiados, la casta, y la "gente decente" o "los de arriba, frente a los de abajo", nueva política frente a viejos políticos, sentido común frente a ideología, espacios de decisión frente a lógica de partidos, país real frente a país de élites (Juliá 2014). Se trata de una estrategia fundamental en la comunicación política de Podemos: el nosotros frente a ellos (Abbu-Assali Martínez 2015), porque, como señala van Dijk, "las ideologías surgen de la lucha y del conflicto de un grupo: nos sitúan a Nosotros contra Ellos" (Van Dijk 2003: 16).

Como señala Abbu-Assali (2015), en el programa *Las mañanas de Cuatro*, el 24 de diciembre de 2013, Iglesias afirmó "hay que defender lo de todos. Y defender lo de todos contra los privilegiados es asumir que podemos". El lema del 15-M "No nos representan"[5], con alusión a los políticos, va en la misma dirección y la definición del populismo en términos de Errejón no deja lugar a dudas (Errejón 2011): "Lo que define el populismo es el trazado de una frontera antagónica que divide el campo político entre 'el pueblo' y un exterior identificado como 'los poderosos', que impiden la armonización de la comunidad política"[6].

Este nosotros frente a ellos, como señalan Arroyas y Pérez (Arroyas Langa/Pérez Díaz 2016: 51-63), aparece también frecuentemente en los tuits, como el que presentamos a continuación: "Blesa se va a Londres y el hotel se lo pagamos todos. Diplomacia para ricos, cunetas para pobres", que sirve como modelo de la narrativa de Podemos, cuyo argumento se resume en una situación de decadencia, causada por la corrupción de la élite, cuya consecuencia es la desigualdad y el sufrimiento de la gente, y que exige, de forma urgente, un cambio drástico que ahora es posible gracias a la movilización popular liderada por un partido que, debido a una nueva forma de hacer política, cuenta con la fuerza del apoyo de la ciudadanía conquistada por su honestidad.

Podemos aplica la teoría de Lakoff (2004: 17): "pensar de modo diferente requiere hablar de modo diferente" y ha conseguido un cambio en los marcos mentales y en los relatos que se manejan en la política española.

Además de lo relacionado con la transición española, Podemos ha contribuido en una gran medida al cambio de relato o marco mental relacionado con cuestiones como los desahucios, la marcha de los jóvenes al extranjero, la austeridad o la crisis[7].

En cuanto a los desahucios, dejan de verse como algo que afecta a las personas por una decisión equivocada o mala suerte, ahora se atribuyen al fracaso de un sistema injusto que rescata a los bancos, pero echa a las personas de sus casas (Torreblanca 2015: 117).

[5] El movimiento 15-M, llamado también de los indignados, fue un movimiento ciudadano formado a raíz de la manifestación del 15 de mayo de 2011 convocada por diversos colectivos que dio lugar a una serie de protestas pacíficas en diversas ciudades españolas con el fin de promover una democracia más participativa.

[6] Los poderosos son el PSOE, el PP, la Troika, Merkel, los mercados de capitales… *Vid.* Torreblanca, *Asaltar los cielos*, p. 196.

[7] De acuerdo con Torreblanca: *Asaltar los cielos*, p. 361, las derechas hablan de la existencia de seguridad y crecimiento y la izquierda, de la necesidad de libertad y justicia social.

En relación con la marcha de jóvenes al extranjero, frente al discurso son una generación con escasa cultura de esfuerzo y disciplina, ni estudian ni trabajan, sobreprotegidos por sus padres, que se marchan por afán de aventura, se impone el relato de los que se esfuerzan y estudian no tienen sitio en España por la incompetencia de las élites y se tienen que marchar (Torreblanca 2015: 116).

También cambia el marco que explica la crisis económica. Hemos vivido por encima de nuestras posibilidades, tenemos la culpa de la crisis, frente a los bancos y los políticos son los responsables (Torreblanca 2015: 116).

Por último, cabe destacar el concepto de austeridad que aporta Podemos. Frente a la deuda pública equivale a la familiar y no es bueno tener deudas en nuestras finanzas, Podemos concibe la austeridad como la causa de los males que han afectado a los ciudadanos dando una connotación negativa al término.

Por otra parte, se ha pasado de ver la corrupción como un mal menor asociado a la política a verla como un coste que implicaba una reducción en la calidad de vida. Se ha establecido un vínculo directo entre la mala situación personal, la mala situación del país y la actuación corrupta de los políticos (Torreblanca 2015: 34).

3 La conquista de las palabras

En el contenido transmitido por Podemos es fundamental el uso que se hace de determinadas palabras. Errejón, uno de los fundadores de Podemos, en el documental *Política, manual de instrucciones*, de Fernando León de Aranoa (2016), dice que "Las palabras son colinas que hay que conquistar", en este sentido, en el discurso de Podemos, encontramos microestructuras semánticas que lo caracterizan (Lluch Villar 2015: 111-125), palabras y expresiones que, surgidas del lenguaje del partido del que nos ocupamos, forman ya parte del discurso público, en unos casos como hallazgos semánticos, constituidos por palabras fáciles de recordar y con mucho contenido para explicar de forma sencilla conceptos variados: son palabras como *casta*, *empoderamiento*, *puertas giratorias*, *trama* o *rescate ciudadano*; en otros casos, se trata de palabras que se reinventan, se redefinen o se dotan de nuevos significados en un nuevo enmarcado discursivo para tiempos de crisis, lo que Errejón denomina resignificación (Torreblanca 2015: 117): es el caso de *democracia*, *ciudadanos*, *gente*, *patria*[8]. Por ejemplo, 'patria', un concepto, en principio, patrimonio de la derecha es redefinido por Podemos como gente o pueblo: "La gente esa es nuestra patria" (Asamblea ciudadana de Vista Alegre) y soberanía, como "autonomía del Estado"[9]. También se redefine la corrupción. En palabras de Iglesias: "No tiene que ver con manzanas podridas, tiene que ver con pagar impuestos y democratizar la economía. La corrupción es un régimen que permite que 20

[8] Son los denominados por Errejón significantes flotantes, que confieren legitimidad porque nadie puede posicionarse contra ellos (*ibid.*: 71).

[9] Discurso de Pablo Iglesias en la Puerta del Sol, 31-1-2015. Final de la "Marcha del cambio" convocada por Podemos.

personas tengan la misma riqueza que 14 millones"[10], o, en el discurso que el líder de Podemos pronunció el sábado 31 de enero al finalizar la "Marcha del cambio" en Madrid 2015: "eso es la corrupción; robar las instituciones a la gente".

En el mismo discurso también se redefine la democracia: "La democracia es la posibilidad de cambiar lo que no funciona" o "La democracia es quitar el poder a quien lo acapara y repartirlo entre todo el mundo"[11].

También el término ciudadanos se define como "los depositarios de la soberanía. Ellos son el país del que estoy orgulloso. Ellos y ellas son mi patria" (Iglesias 2015: 207).

Además de la redefinición de los términos, como ya hemos señalado, Podemos utiliza palabras fáciles de recordar y con mucho contenido para explicar de forma sencilla conceptos variados: son palabras como *casta*, a la que ya nos hemos referido, *empoderamiento*, *puertas giratorias*, *trama* o *rescate ciudadano*.

Podemos, como ya hemos visto, utiliza *casta* para referirse a la élite política y a la oligarquía que disfruta de los privilegios del poder tanto político como económico. En la actualidad, el concepto de 'casta', que el partido fue abandonando progresivamente desde su entrada en las instituciones en 2015, se sustituye por 'la trama'; y por la 'mafia del canapé'. Se entiende por *trama* "una red de altos cargos del Estado, destacados políticos, algunos expresidentes o exministros, y también de destacados empresarios, que mandan en este país en lugar de este Parlamento" y por *mafia del canapé*, "una red de influencia en torno a ciertos cargos de la cúpula judicial con el efecto de acercarles al poder empresarial y al poder político a través de actos de canapé, como los palcos en partidos de fútbol o comidas en restaurantes elegantes"[12].

Otro término muy utilizado por Podemos es *empoderar,* que tiene el significado de tomar el poder y que supone la reivindicación de una democracia más participativa, frente a *desempoderar* que usó Pablo Iglesias en una entrevista con Pepa Bueno, el 9 de noviembre del 2016, en *Hoy por Hoy* de la *Cadena Ser*: "Hay que desempoderar a los poderes financieros".

Rescate ciudadano, que supone una reapropiación del concepto del rescate bancario, es utilizado frecuentemente por Podemos (Iglesias 2015: 197): "Vamos a impulsar un plan de rescate ciudadano que garantice que nadie pase frío en invierno y que nadie tenga que dormir sin un techo bajo el que cobijarse, o vivir en condiciones de pobreza"[13].

[10] El 15 de noviembre de 2014 en el primer discurso como secretario general en el Teatro Nuevo Apolo, en Madrid, durante el acto de proclamación de la dirección del partido.

[11] Extracto de la intervención de Pablo Iglesias dentro de la charla *¿Qué es una democracia real?*, celebrada en la Sala Mirador de Madrid el 05/02/2014. https://www.youtube.com/watch?v=Yizw-RySZnI, último acceso 10/03/2017.

[12] Irene Montero, portavoz parlamentaria de Podemos, en la sesión de control al Gobierno del 8 de marzo de 2017 dirigiéndose al ministro de Justicia, Rafael Catalá.

[13] Rescate ciudadano, como ha señalado Estrella Montolío *–No pienses en George Lakoff, en: Todo es lenguaje*, programa de radio, RNE, 07/04/2016–, ha sido utilizado también por Ciudadanos, Pedro Sánchez, en su discurso de investidura (01/03/2016), y Rajoy, lo que prueba que los marcos de Podemos se imponen en la vida política española.

Por último, *puertas giratorias* designa de forma coloquial el hecho de que un alto cargo público se marche a trabajar a una empresa privada (Iglesias 2015: 202).

A la repercusión del discurso de Podemos, además de las redes sociales y la prensa, ha contribuido, en una gran medida, que las otras formaciones políticas se han hecho eco de los marcos del partido del que nos ocupamos.

Cuando los políticos abandonan sus propios términos para argumentar o defenderse y utilizan los de Podemos, evocan los marcos impuestos por este partido contribuyendo a su difusión y dando lugar a un uso polifónico del lenguaje, como en la negación polémica que aparece en esta frase de Pedro Sánchez, secretario general del PSOE, en *Las mañanas de Cuatro* (03/07/2014)[14]: "Me parece injusto lo que se está haciendo con Felipe González, porque creo que ha sido un gran dirigente que ha hecho muchas cosas por este país y no es casta como dice Pablo Iglesias"[15]. También el ministro de Hacienda y Administraciones Públicas de España, Montoro, utiliza con ironía el término *casta* en la emisora de radio *Cadena Ser* (10/07/14): "Yo soy de la casta de la derecha", y Felipe González, en unas declaraciones a un periódico, indica: "Soy de la casta que puso en marcha el sistema nacional de salud"[16].

4 El emisor en el discurso de *Podemos*

Hasta aquí nos hemos referido a cómo Podemos usa las palabras para transmitir un determinado contenido, pero ¿quién habla cuando habla Podemos?

El emisor del discurso que analizamos está representado fundamentalmente por la persona de Pablo Iglesias, que, como señala Charaudeau (2009: 253-279), hablando del discurso populista, se expresa en un juego de pronombres entre un 'nosotros', que abarca al orador, a su partido, a sus partidarios, al pueblo, y un 'yo', que se compromete totalmente en una escenificación fuertemente teatralizada (inmensos podios, lugares y decorados simbólicos, multitud compacta, platós de televisión)[17]. Podemos considera que son representantes de las víctimas de la crisis, a las que, como locutores, convierten en locutores-enunciadores-alocutarios proporcionándoles un nosotros que se opone al ellos de los adversarios: las viejas élites (Iglesias 2015: 38). Como señala el mismo Iglesias se trataba de identificar al pueblo socializado políticamente por la televisión

[14] Recordemos que, como señala Lakoff: *Don't Think Of An Elephant*, la negación de un marco supone su evocación.

[15] *Vid.* http://www.cuatro.com/las-mananas-de-cuatro/2014/julio/03-07-2014/Pedro-Sanchez-Felipe-Gonzalez-Iglesias_2_1821780057.html, último acceso 10/03/2017.

[16] *Vid.* http://www.eldiario.es/politica/Felipe-Gonzalez-politica-sistema-nacional_0_264924531.html, último acceso 10/03/2017.

[17] Con la presente contribución, realizamos un primer acercamiento al discurso de Podemos, por lo que no diferenciamos, en el caso de Pablo Iglesias, el emisor politólogo, tertuliano-referente y candidato a presidente de gobierno y diputado.

"con un nosotros nuevo, aglutinado inicialmente por el significante *Pablo Iglesias*" (Iglesias 2015: 39).

Como ha sido señalado, "Pablo Iglesias es Podemos, es 'los indignados del mundo'"[18], "miles de personas, decenas de miles que quieren cambiar"[19], pero, a pesar del indudable carisma de Iglesias, hay que destacar que aparece siempre matizado por el respaldo del grupo: "Mi presencia en los medios de masas, las cosas que digo, cómo las digo, son muchísimas horas de trabajo con compañeros pensadas para ver cómo movernos en un terreno absolutamente hostil"[20]. Además, el mensaje surge de la cúpula del partido, pero nutrido por el contacto directo con los ciudadanos a través de las redes sociales (León de Aranoa 2016).

El cuidado discurso de Podemos incluye un abundante uso de la polifonía mediante la que el sujeto hablante-narrador que se crea, y se recrea a sí mismo, se desdobla en locutores y enunciadores, en seres discursivos. Se intentan recoger voces diversas[21].

Frecuentemente el discurso remite a otros anteriores. Se produce un salto enunciativo que relaciona el discurso actual con el plano enunciativo del discurso citado. Hay un traslado a la situación enunciativa del discurso al que se remite. De acuerdo con la teoría polifónica enunciativa, nos encontramos ante un sujeto-hablante único, y al tiempo múltiple, constitutivamente heterogéneo (Authier-Revuz 1984: 98-111). Así, en el enunciado, como heterogeneidad mostrada, confluyen y se confunden las diversas entidades desplegadas por el locutor responsable de la enunciación. En términos de la teoría de la relevancia cabría hablar de una capacidad metarrepresentacional, entendida como el uso de una representación que remite a otra con la que se asemeja en cierta medida (Nho 2000: 5). El uso de enunciados ajenos o repetidos, en el caso de Podemos, de acuerdo con la teoría de la relevancia, desencadena un uso interpretativo estableciendo una similitud entre el contenido del discurso repetido y la situación actual en relación con la que se usa (Sperber/Wilson 1994: 279-280).

Parte del mensaje de Podemos procede del 15-M: "El miedo va a cambiar de bando", "No nos falta dinero, lo que nos sobra son ladrones", "PP y PSOE son lo mismo", "¿Quién ha votado al FMI?", "Violencia es cobrar 600 euros". "El miedo va a cambiar de bando" lo cantan los Chikos del Maíz y lo decía también Izquierda Unida en un vídeo titulado *La crisis acabará cuando el miedo cambie de bando*[22].

Es indudable la continuidad entre el "no nos representan", que remite a una negación polémica, y la utilización del término *casta* para referirse a las élites políticas y

18 Belén Andueza López, Begoña Miguel San Emeterio, M. C. Jiménez y Rosa Pérez Arozamena (Coordinadora): *#Podemos: la influencia del uso de las redes sociales en la política española*. Madrid, Dykinson, 2015.

19 Discurso de Iglesias en Vall d'Hebron, *apud* John Carlin: *Los caballeros de la Mesa Redonda*, en: *El País*, 27 de enero de 2015.

20 Extracto de la intervención de Pablo Iglesias dentro de la charla *¿Qué es una democracia real?*, celebrada en la Sala Mirador de Madrid el 05/02/2014. https://www.youtube.com/watch?v=Yizw-RySZnI, último acceso 20/03/2017.

21 Vid. Oswald Ducrot: El decir y lo dicho, Barcelona, Paidós, 1984 y Henning Nølke: *Types d'êtres discursifs dans la ScaPoLine*, en: *Langue française* 164/4, 2009, p. 81- 96.

22 http://www.eldiario.es/Kafka/miedo-va-cambiar-bando_0_101489920.html, último acceso 19/03/2017.

económicas cuyos intereses corren paralelos a los del pueblo. Por otra parte, Podemos remite a “no podemos”, porque, entre las voces que Podemos deja oír en su discurso también están, naturalmente para oponerse a ellas, las de los que gobiernan o no comulgan con sus ideas: “¿Quién decía que no se puede? ¿Quién decía que un Gobierno no puede cambiar cosas?”[23].

En relación con los usos polifónicos de Podemos, haremos referencia también a “El cielo no se toma por consenso, sino por asalto”, de la asamblea ciudadana de Podemos en el pabellón de Vista alegre que contiene un concepto, el del asalto a los cielos, con el que Karl Marx describió las aspiraciones de la Comuna, la fugaz insurrección que tomó el poder en París entre marzo y mayo de 1871[24].

El “Hay que soñar, pero soñamos tomándonos muy en serio nuestros sueños”, en el discurso que el líder de Podemos pronunció el sábado 31 de enero al finalizar la “Marcha del cambio” en Madrid 2015, recuerda al “I have a dream” de Martin Luther King: “Tengo un sueño, un solo sueño, seguir soñando. Soñar con la libertad, soñar con la justicia, soñar con la igualdad y ojalá ya no tuviera necesidad de soñarlas”.

Y, en el mismo discurso, “Vosotros sois la fuerza del cambio. El viento del cambio empieza a soplar en Europa” se relaciona con “la fuerza del cambio” que fue el lema del PSOE para su 37º Congreso Federal, en 2008, y con “los vientos de cambio”, que recuerda la música de Scorpions con su *Wind of Change*[25].

Después de las elecciones andaluzas, en su cuenta de Twitter, Iglesias parafraseó al poeta Antonio Machado: “Se hace camino al andar [...] Gracias caminantes por dar el primer paso”[26].

Y, como muestra de la heterogeneidad de las voces que se oyen en Podemos, en el Palau Municipal d’Esports de Vall d ’Hebron, barrio obrero de Barcelona, en una intervención de Iglesias, pudieron escucharse gritos como “¡Sí, se puede!” eco del “Yes, we can” de la campaña electoral de Barack Obama en las elecciones de 2008 que le dieron la victoria; “¡El pueblo, unido, jamás será vencido!”, que proviene de América Latina, de las luchas contra el imperialismo yanqui; “A por ellos, ¡oé!”, de la liturgia futbolera; lo mismo que “¡Paaablooo! ¡Paaablooo!”, al ritmo de ¡Meeessiii! ¡Meeessiii! cuando los futboleros aclaman a su ídolo[27].

Los ejemplos son muy numerosos: “¡Podemos sois vosotros! Hay cientos de miles que dicen ‘El de la coleta soy yo’”[28], que recuerda a “Yo soy Espartaco”, o “Este año

23 Discurso del 31 de enero de 2015, colofón a la denominada “Marcha del cambio”, Madrid, Puerta del Sol, en Pablo Iglesias: *La gente haciendo historia*, en: *Una nueva Transición. Materiales del año del cambio*, Madrid, Akal, 2015, p. 180.

24 Sobre el uso de la expresión como referencia clásica del izquierda, puede verse Torreblanca, *Asaltar los cielos*, p. 13-17.

25 Toño Fraguas: *Los errores de Pablo Iglesias en Sol*, 03/02/2015, *Lamarea.com*. http://www.lamarea.com/2015/02/03/los-errores-del-discurso-de-pablo-iglesias-en-sol/, último acceso 19/03/2017.

26 http://www.deia.com/2015/03/23/politica/estado/es-el-primer-paso-se-hace-camino-al-andar-se-felicita-pablo-iglesias, último acceso 17/03/2017.

27 Gritos en el Palau Municipal d’Esports de Vall d’Hebron, barrio obrero de Barcelona, el 21 de diciembre de 2014.*Vid.* Carlín: *Los caballeros de la Mesa Redonda.*

28 *Ibid.*

tenéis que volver a casa por navidad a votar" (Iglesias 2015: 213), que hace referencia a un conocido anuncio de turrones *El almendro*, o "el miedo va a cambiar de bando", de una canción de Nega (Torreblanca 2015: 100).

5 El receptor en el discurso de *Podemos*

Además de quién habla, otra pregunta interesante es ¿para quién habla el político?: ¿para los miembros de su partido, para sus militantes, para el conjunto de la sociedad...? En el caso de Podemos, teniendo en cuenta que el objetivo final de su discurso es ganar las elecciones para gobernar, como señala Iglesias, el discurso, entre otros receptores como militantes, simpatizantes..., se dirige más a la gente que duda, que no tiene claro el sentido de su voto, que a los que lo van a votar (León de Aranoa 2016), de ahí que insistan en temas como los desahucios, la emigración de los jóvenes, la corrupción o la desigualdad, pero eviten otros como la oposición monarquía república, la memoria histórica, el aborto, el nacionalismo o la política penitenciaria, que los alejan de "la mayoría que no es de izquierdas" (Iglesias 2015: 37).

La importancia que se le da al receptor puede verse en el lema de las elecciones del 20D: "Un país contigo, Podemos", con el que se hacía una mención directa del alocutario, presente en muchos discursos de Podemos ("vosotros sois la fuerza del cambio" decía Iglesias en la Puerta del Sol como colofón a la "Marcha del cambio") (Iglesias 2015: 180). Además, como ya hemos señalado, se trata de un alocutario, fundido en muchos casos con el locutor ("Tenemos que demostrarles que se les ha acabado el chollo"), al que se pide que actúe ("Convertíos en los carteros y carteras del cambio") (Iglesias 2015: 214) y se presenta como beneficiario de un bien futuro (la vuelta de los emigrantes o una educación y sanidad de calidad, por ejemplo). Con expresiones como "Esta campaña es diferente porque la hacemos entre todos. Es nuestro momento", "logremos hacer algo grande juntos", aparece una estrategia de construcción del *nosotros* como héroe colectivo (Arroyas Langa/Pérez Díaz 2016: 51-63), locutor y alocutario a la vez.

6 El canal de comunicación utilizado por *Podemos*

Hemos hablado del emisor y del receptor en el discurso de Podemos, vamos a hablar del canal de comunicación.

Consideran lo audiovisual como proceso de socialización política, como una máquina de generar relatos y de crear la realidad política. Los dirigentes de Podemos piensan que la política se hace más en los platós de televisión y en los periódicos que en los parlamentos: "Los platós de televisión se han convertido en los verdaderos parlamentos" (Iglesias 2015: 38). "La gente no milita en los partidos..., sino en los medios de comunicación" (Iglesias 2015: 35). A partir de mayo de 2013, la presencia de Iglesias en los medios de comunicación es constante[29]. Dice Pablo Iglesias: "Creo que hacer política es comunicar y la comunicación ha de ser continua"[30]. Y esta comunicación continua se consigue gracias a Internet.

Gracias a Internet los simpatizantes de Podemos, 300.000 de ellos suscritos a la página web *Plaza Podemos*, son todos vecinos. A través de esta plataforma, de Twitter y de aplicaciones móviles como *Appgree*, *Agora Voting* o *Reddit*, han armado foros de debate que aportan ideas al proceso de decisiones del partido y a la vez funcionan como un servicio de datos, ofreciendo la materia prima con la que el liderazgo afina los mensajes que tienen mayor resonancia entre la población. Podemos usa con éxito las redes sociales que funcionan como altavoces de las actividades y del discurso del partido y de sus líderes. Podemos es en la actualidad el partido español con más presencia en las redes sociales y también en el canal Youtube[31], pero no renuncian a los medios más tradicionales: mítines, comparecencia en TV, debates, carteles, entrevistas… e incluso escriben libros y artículos en periódicos y en revistas, todo multiplicado por el efecto de las redes.

La difusión es sin duda fundamental en la comunicación, pero también lo es llamar la atención y esa es una estrategia frecuentemente utilizada por Podemos. Haremos referencia solamente a un ejemplo:

Una intervención de Pablo Iglesias en el Congreso con un lenguaje que nunca se había escuchado allí hasta ahora:

> Yo preparando esta pregunta he llegado a la conclusión de que usted me iba a responder básicamente que el informe de los letrados le traía sin cuidado, pero, como usted maneja la prosa de Lope con destreza, he estado yo reflexionando sobre la expresión que utilizaría usted. Tiene usted varias opciones: me importa un comino el informe de los letrados, me importa un pimiento, me importa un huevo, me importa un rábano o me importa un pepino. Incluso tiene usted otras fórmulas más directas: me la trae floja, me la suda, me la trae al fresco, me la pela, me la refanfinfla (rumores y protestas). Incluso, he encontrado una que creo que se adapta perfectamente a su estilo: Me la bufa (protestas). A usted el informe de los letrados se la bufa[32].

[29] El líder de Podemos lleva en televisión desde noviembre de 2010 cuando comenzó a presentar su propia tertulia, *La Tuerka*, en Tele K primero, y en Canal 33, después. Iglesias, en una entrevista en *El Huffington Post* de Pablo Machuca –*Entrevista a Pablo Iglesias: no es izquierda o derecha es dictadura o democracia* del 16/02/2014– define su pesencia en televisión como "[u]n intento de experimentar en la comunicación política", que dura hasta hoy y que tiene como nuevo lugar de emisión la web del diario *Público*. Posteriormente dio el salto a las tertulias más grandes, como la de *El Gato al Agua* de *Intereconomía* (2013) y poco después sus apariciones se multiplicaron en *Las mañanas de Cuatro*, en la cadena de televisión *Cuatro* o en *La sexta noche* y *Al rojo vivo*, en *La Sexta*.

[30] Entrevista a Pablo Iglesias en la revista *Jot Down* el 8 de octubre de 2015.

[31] El escaso coste económico y la posibilidad de conectar con una amplia parte de la ciudadanía son las principales ventajas de las redes sociales.

[32] Diario de sesiones del Congreso de los diputados, sesión de control al gobierno, 22/03/2017.

7 La forma en el discurso de *Podemos*

Se acusa a Podemos de que, en su comunicación, prevalece el significante sobre el significado (Tamames 2016: 101). Y es que no hay dudas de que les preocupa la forma. Sus discursos están perfectamente organizados con una clara estructura que viene dada en muchas ocasiones por la repetición de una oración que encabeza cada una de las partes del discurso. Veamos el último minuto de Pablo Iglesias en el *Debate a cuatro* organizado por AtresMedia el 7 de diciembre de 2015:

> Solo quiero pedirles dos cosas: la primera que no olviden, no olviden *tarjetas black*, no olviden los desahucios, no olviden *Púnica*, no olviden Gurtel, no olviden "Luis sé fuerte", no olviden los EREs de Andalucía, no olviden la estafa de las preferentes, no olviden las colas en la sanidad, no olviden los recortes en educación, no olviden el 135, no olviden la reforma laboral. La segunda cosa que les voy a pedir es que sonrían, que sonrían al 15-M, que sonrían a las plazas, que sonrían a los vecinos que paraban desahucios, que sonrían a Ada Colau, que sonrían a los autónomos y a los pequeños empresarios, que sonrían a los que se levantan a las seis de la mañana para trabajar y a los que se levantan a la seis de la mañana y no tienen donde ir a trabajar, que sonrían a las madres con jornadas de 15 horas, que sonrían a los abuelos que se parten la espalda para estirar su pensión. Sonrían, sonrían que sí se puede[33].

En el discurso de Podemos aparecen frecuentemente las figuras literarias. Hay metáforas, anáforas, paralelismos, epíforas, antítesis, enumeraciones... Figuras que le sirven, sobre todo, para repetir e insistir en la oposición entre ellos y nosotros.

En relación con las metáforas, las dos principales que utiliza Podemos son el juego y la guerra:

> No podemos fallar ni un triple, tenemos que hacer los cambios adecuados y no cargarnos de personales. No nos conformamos con ser segundos. Salimos a ganar. (Asamblea de Vista Alegre)

> Nosotros teníamos un estilo de boxear en los medios como el del primer Muhammad Ali: juegos de piernas, rapidez, no me tocas con el puño... jugábamos mucho. Pero ya han descubierto cómo se nos puede dar y ahora tenemos un estilo cuya clave es resistir un golpe y otro y otro." (Entrevista a Iglesias publicada en la revista *Jot Down,* 08/10/2015)[34]

> El programa va a ser un escudo sobre el que van a caer las flechas del adversario. (Errejón, en el DVD de Fernando León de Aranoa: *Política, manual de instrucciones*, 2016)

[33] Web 20 de marzo de 2017. http://www.elperiodico.com/es/noticias/politica/discurso-pablo-iglesias-debate-atresmedia-4734603.

[34] Web 20 de marzo de 2017. http://www.jotdown.es/2015/10/pablo-iglesias-me-considero-marxista-pero-soy-consciente-de-que-cambiar-las-cosas-no-depende-de-los-principios/.

> Me acojona pasar de partisanos a ejército regular. (Iglesias, Cursos de verano de El Escorial, 2016)

Pero las metáforas que utiliza Podemos son muy variadas: Podemos como "escoba para barrer la sociedad" (15 de noviembre de 2014, primer discurso como secretario general en el Teatro Nuevo Apolo, en Madrid, durante el acto de proclamación de la dirección del partido) y otras muchas como las que presentamos a continuación:

> Usted, Señor Rivera, es el chicle de Macgyver del régimen, vale para todo. (Twiter, 31 de agosto 2016 @podemos)

> En materia tributaria, su capitulación frente a la naranja mecánica (Ciudadanos) es sonrojante. Cuídese de la naranja mecánica, que no dudará en entregarle al PP. (Debate de investidura de Pedro Sánchez, 01/03/2016)

Ejemplificamos algunos procedimientos frecuentes en el discurso de iglesias a través de un breve fragmento de la Asamblea ciudadana de Vista Alegre:

> *Existe una mayoría social en este país que apuesta por la decencia que quiere que los ricos paguen impuestos,* *existe una mayoría social en este país* que sabe que la única manera de acabar con la corrupción es democratizar la economía, *existe una mayoría social en este país* que sabe que el problema de la crisis es que hemos estado gobernados por golfos y por mangantes.

Podemos ver anáfora (*existe una mayoría social [...] existe una mayoría social [...]*), paralelismos sintácticos (que apuesta [...] que sabe [...]), antítesis (mayoría social/ricos, mayoría social/corrupción, mayoría social/golfos y maleantes), tricolon (el texto se organiza en tres partes introducidas cada una de ellas por *existe una mayoría social*), gradación (los argumentos presentan una gradación) y el uso del argumento *ad hominem* (hemos estado gobernados por golfos y por mangantes)[35].

[35] El argumento *ad hominem* es frecuentemente utilizado por Podemos –"Dicen que han movilizado 500 policías, pero hay más delincuentes potenciales en esta Cámara que allí fuera" (Debate de investidura 27/10/2016)–, justificado, como señala Estrella Montolío: *Cicerón y el insulto en política*, en: *El País*, 05/06/2016, haciendo alusión a la retórica clásica de Cicerón, por el momento de crisis extrema en el que, según Podemos, nos encontramos. También son muy frecuentes los ejemplos de tricolons y de antítesis. Presentamos algunos ejemplos de tricolons: "Un pueblo con voz de gigante que pide cambio, justicia social y democracia". "Esta reestructuración tiene que ser rigurosa, solvente y honesta" (Discurso que el líder de Podemos pronunció el sábado 31 de enero al finalizar la "Marcha del cambio" en Madrid 2015). "Estamos aquí para ganar, estamos aquí para formar gobierno, estamos aquí para cambiar el país (tricolon, crescendo y anáfora)" (Asamblea ciudadana de Vista Alegre, 18 de octubre del 14). Y un ejemplo más de antítesis: "tender puentes" mientras otros "construyen muros" (Diciembre 2014, en el centro deportivo municipal Olímpics Vall d'Hebron). La antítesis es un procedimiento que Podemos usa frecuentemente oponiendo PP-PSOE/Podemos, lo viejo/lo nuevo, continuidad/cambio, defensa de las clases populares/corrupción…

Entre otros procedimientos, en el discurso de Podemos, señalamos las enumeraciones, el uso del español coloquial y el *storytelling*, que ejemplificamos con los tres textos que presentamos a continuación:

> De que seamos capaces de aprovechar este momento depende lo que le va a ocurrir a una generación entera, a nuestros hijos e hijas, a nuestros mayores, a nuestros hermanos y hermanas, a nuestros jóvenes, a nuestro país. (ejemplo de enumeración del discurso que el líder de Podemos pronunció el sábado 31 de enero al finalizar la "Marcha del cambio" en Madrid 2015)

> Puede que ganemos las elecciones en cuatro años o darnos una hostia de proporciones bíblicas. (ejemplo de uso de español coloquial en la intervención de Pablo Iglesias en los Cursos de verano de El Escorial de 2016)

> Yo también quiero ganar y tengo la derrota tatuada en mi ADN. A mi tío abuelo le fusilaron, a mi abuelo le condenaron a muerte y estuvo cinco años en la cárcel, mi padre estuvo en la cárcel, mis abuelas conocieron la humillación de los derrotados en una guerra civil, mi padre militó en la clandestinidad. (ejemplo de *storytelling* en el Debate con Garzón en febrero del 2015)[36]

8 A modo de conclusión

Estamos asistiendo a una nueva forma de hacer política que ejemplificamos con el estudio del uso del lenguaje del partido político Podemos. Con el presente artículo, hemos intentado poner de manifiesto que una parte importante del éxito de Podemos se debe a cómo utiliza el lenguaje y a cómo, a través de esta utilización, ha impuesto sus marcos conceptuales. Las palabras se reinventan, se redefinen o se dotan de nuevos significados en un nuevo enmarcado discursivo para tiempos de crisis que los adversarios políticos aceptan con facilidad. El emisor es un 'nosotros' que remite a voces diversas y se funde frecuentemente con el alocutario. Nos encontramos ante una política que se hace en los medios de comunicación y en las redes sociales más que en los parlamentos. Se trata de difundir las ideas y de llamar la atención con un uso del lenguaje en el que el significante es más importante que el significado, con textos muy bien estructurados y con una gran abundancia de recursos retóricos.

Para terminar, señalaremos una muestra más de cómo el partido al que nos referimos ha influido en el español actual dando lugar a nuevos términos como "pablemos",

[36] https://informepodemos.wordpress.com/2015/03/20/podemos-el-vestido-rojo-tenido-de-blanco/, último acceso 20/03/2017.

"pablistas", "podemitas", "podemizarse", "podemitis". Monago habló del "virus podemitis"[37], y no hace mucho tiempo circulaba por Madrid un "tramabus", en el que se denunciaban los casos de corrupción. Quizá es verdad que, como dijo Errejón, han podemizado España[38].

9 Referencias bibliográficas

Abbu-Assali Martínez, Ramy: *Las claves de la comunicación política de Podemos*, en: *Más poder local*, 23 (2015). https://livreteca.wordpress.com/tag/ramy-abou-assali-martinez, último acceso 10.03.2017.

Andueza López, Belén/San Emeterio, Begoña/ Miguel Jiménez, M. C./Pérez Arozamena, Rosa (dir.): *Podemos: la influencia del uso de las redes sociales en la política española*, Madrid 2015.

Arroyas Langa, Enrique/Pérez Díaz, Pedro Luis: *La nueva narrativa identitaria del populismo: un análisis del discurso de Pablo Iglesias (Podemos) en Twitter*, en: *Cultura, lenguaje y representación/Culture, Language and Representation* xv (2016), p. 51-63.

Asociación de Academias de la Lengua Española: *Diccionario de la lengua española*, Madrid 2014.

Authier-Revuz, Jacqueline: *Hétérogénéité(s) énonciative(s)*, en: *Langage* 73 (1984), p. 98- 111.

Carlin, John: *Los caballeros de la Mesa Redonda*, en: *El País* 27/01/2015.

Charaudeau, Patrick: *Reflexiones para el análisis del discurso populista*, en: *Discurso y Sociedad* 3/2 (2009), p. 253-279.

Dijk, Teun A. van: *Ideología y discurso*, Barcelona 2003.

Ducrot, Oswald: *El decir y lo dicho*, Barcelona 1984.

Errejón, Íñigo: *Política, conflicto y populismo (I): La construcción discursiva de identidades populares*, en: *Viento Sur* 114 (2011). http://www.vientosur.info/articulosabiertos/VS114_Errejon_Politica.pdf, último acceso 10/03/2017.

Fraguas, Toño: *Los errores de Pablo Iglesias en Sol*, en: *La marea.com* 03/02/2015. http://www.lamarea.com/2015/02/03/los-errores-del-discurso-de-pablo-iglesias-en-sol/, último acceso 17/03/2017.

Iglesias, Pablo: *Una nueva Transición. Materiales del año del cambio,* Madrid 2015.

Juliá, Santos: *Gente será, más gente empoderada*, en: *El País* 08/08/2014.

Lakoff, George: *Don't Think Of An Elephant*, Vermont 2004.

León de Aranoa, Fernando: *Política, manual de instrucciones*, DVD, 2016.

Lluch Villar, Pilar: *Podemos: nuevos marcos discursivos para tiempos de crisis. Redes sociales y liderazgo mediático*, en: *Dígitos* 1 (2015), p. 111-125.

Maarek, Philippe: *Marketing político y comunicación: Claves para una buena información política*, Barcelona 1995.

[37] Monago: Me ofende el calificativo de casta del "virus podemitis", en: *La Vanguardia*, 9-6-2014. http://www.lavanguardia.com/politica/20140609/54409783889/monago-me-ofende-el-calificativo-de-casta-del-virus-podemitis.html, último acceso 20/03/2017.

[38] http://www.elmundo.es/papel/lideres/2016/05/15/5735b4dfca474143638b459e.html, último acceso 20/03/2017.

Machuca, Pablo: *Entrevista a Pablo Iglesias: no es izquierda o derecha es dictadura o democracia*, en: *Huffington Post* 16/02/2014.

Montolío, Estrella: *No pienses en George Lakoff*, en: *Todo es lenguaje*, *RNE* 07/04/2016 (2016a).

Montolío, Estrella: *Cicerón y el insulto en política*, en: *El País* 05/06/2016 (2016b).

Muriel, Eduardo: *Cinco claves del éxito de la campaña electoral de Podemos*, en: *LaMarea.com* 26.05.2014.

Nho, Eun-Ju: *Metarepresentation. A Relevance-Theory Approach,* Amsterdam 2000.

Nølke, Henning: *Types d'êtres discursifs dans la ScaPoLine*, en: *Langue française* 164/4 (2009), p. 81- 96.

Solís, Jorge: *Podemos instaura sus términos en el lenguaje de los políticos españoles,* en: *Voz Pópuli*, 20/07/2014.

Sperber, Dan/Wilson, Deirdre: *La relevancia: comunicación y procesos cognitivos*, Madrid 1994, p. 279-280.

Tamames, Ramón: *¿Podemos? Un viaje de la nada hacia el poder,* Madrid 2016.

Torreblanca, José Ignacio: *Asaltar los cielos. Podemos o la política después la crisis*, Barcelona 2015.

Control sobre el discurso público, medios de comunicación y libertad de expresión – El caso *Radio Caracas Televisión* en el discurso político chavista

Gabriela Hoffmann-Oziemblo

1 Introducción

La actual situación político-económica de Venezuela ha sido objeto de frecuentes reportes en la prensa internacional. Bajo el gobierno de Nicolás Maduro –quien, después de la muerte del presidente Hugo Chávez y de haber sido designado por éste como su sucesor, fue electo en 2013– la economía venezolana ha colapsado, dejando a una gran parte de los venezolanos con hambre y a muchos enfermos sin atención médica ni medicinas. El espectáculo del derrumbe económico que ha ido mano en mano con la sucesiva deconstrucción de los mecanismos democráticos en Venezuela pareciera ser el escenario de una novela de ciencia ficción y no la realidad de uno de los países más ricos del mundo, en lo que a materias primas –sobre todo reservas petroleras– se refiere. Sin embargo, el estancamiento del desarrollo y la pobreza, además de la tendencia hacia el autoritarismo no son producto de un cambio repentino, sino de ya casi dieciocho años de gobierno chavista.

El presente artículo, basado en resultados parciales de la tesis doctoral de la autora, nos lleva al año 2007. En él, estudiamos la no renovación de la concesión de transmisión del canal de televisión privado más antiguo de Venezuela –*Radio Caracas Televisión*– por decisión del gobierno chavista, a través de textos de Chávez y otros miembros gubernamentales de alto rango. En este contexto, analizaremos diferentes estructuras del discurso, con el objetivo de develar cómo poder y dominación política se manifiestan a través del control de acciones discursivas (cf. Van Dijk 1993: 260), y cuáles son sus consecuencias para la libertad de expresión.

2 Antecedentes

Hugo Chávez Frías fue electo presidente de Venezuela en 1998 y asumió el poder en enero de 1999. Para una gran mayoría de los venezolanos, Chávez era el candidato antisistema, anticorrupción y una verdadera voz del pueblo. Durante una corta intervención televisiva, en la que asumió responsabilidad por el fallido golpe de Estado en contra del entonces presidente Carlos Andrés Pérez en 1992, Chávez, para muchos venezolanos, se convirtió en el símbolo de la disconformidad con el orden político-social establecido. Consciente pues, del gran poder de los medios de comunicación, Chávez, durante todo su gobierno, se esmeró por expandir el acceso del gobierno al discurso público. Siguiendo el ejemplo de su mentor Fidel Castro, se especializó en dar largos discursos, frecuentemente de carácter informal, en 'cadena nacional', es decir, intervenciones de transmisión obligatoria para todos los medios de comunicación de acceso abierto. Adicionalmente, Chávez creó el programa dominical de radio y televisión *Aló Presidente* que se convirtió en una nueva forma de hacer política (Bolívar 2003: 105), –en vivo y directo y sin protocolo alguno. Su impacto podría compararse, hasta cierto punto, con los tuits de Donald Trump que también se han convertido en una forma –si bien mucho más sucinta– no protocolaria y muy directa de hacer política. Consciente de su importancia, pues, el gobierno chavista trabajó constante y sucesivamente por asegurar el acceso mayoritario al discurso público. A pesar de su gran apoyo popular, el estilo autoritario e intransigente de Chávez fue convirtiéndose rápidamente en objeto de crítica, expresada a través de la prensa y televisión. De este modo, si bien, durante su primera campaña presidencial en 1998, Chávez gozó del apoyo de casi todos los medios de comunicación privados, esta situación rápidamente cambiaría, una vez que Chávez asumió el poder y comenzó a mostrar su aversión a opiniones críticas (cf. Hawkins 2003).

Al mismo tiempo, Chávez empezó a ejercer gran presión sobre los principales canales de televisión privados –RCTV, *Globovisión*, *Venevisión* y *Televen*– acusándolos, posteriormente, de haber participado en el golpe de Estado del 11 de abril de 2002. Ese día, después de un choque entre opositores y seguidores del chavismo, con un saldo de diecinueve muertos, y de una supuesta resignación del cargo de presidente como respuesta a los sucesos violentos, Chávez fue obligado a abandonar el poder. No obstante, tras grandes protestas por parte de sus seguidores y de acciones antidemocráticas cometidas por el presidente *de facto* Pedro Carmona, el 13 de abril Chávez fue repuesto al poder por el ejército.

Un giro significativo, con respecto a los medios de comunicación, es observable luego de la victoria del presidente Chávez en el referendo revocatorio de 2004. Específicamente, a partir de ese momento, los canales de televisión privados *Venevisión* y *Televen* "retiraron del aire sus programas de opinión más conflictivos y redujeron drásticamente su cobertura de noticias opositoras" (Human Rights Watch 2008: 130), mientras que tanto RCTV como *Globovisión* –un canal de televisión de suscripción paga y de alcance limitado– se mantuvieron firmes en su línea crítica (cf. Human Rights Watch 2008: 129-130). No obstante, en diciembre de 2006, Chávez anunció que la concesión de RCTV cesaría en 2007 y que ésta no sería renovada por el gobierno.

Efectivamente, el 8 de mayo de 2007, la señal de RCTV fue reemplazada por la señal de TVES (*Televisora Venezolana Social*), un canal de televisión cuya directiva es controlada por el gobierno. La medida de la revocación de la concesión a RCTV provocó una ola de protestas a nivel nacional e internacional. En Venezuela, fueron sobre todo los jóvenes –alumnos y estudiantes– quienes salieron a manifestar en contra de una medida que fue percibida como un atentado a la libertad de expresión y a los derechos humanos de los venezolanos. Esta misma preocupación fue expresada por distintas organizaciones y gobiernos a nivel mundial.

3 Metodología

Siguiendo los planteamientos teóricos y metodológicos del análisis crítico del discurso (cf. Van Dijk 1999, 2003; Wodak & Meyer 2001; Fairclough 1995; Jäger 2012), entendemos el discurso político como una forma de práctica social fuertemente polarizada, regida por el *cuadrado ideológico*, propuesto por Van Dijk (1999), que marca las diferencias entre grupos antagónicos; en este caso, correligionarios versus adversarios políticos. Debido a su naturaleza ideológica, el discurso político siempre está cargado de una intención argumentativa, de modo que el emisor, además de tratar de llevar a su auditorio a adherir a modos de ver, pensar y sentir, tratará de llevarlo a adherir a una tesis específica (cf. Amossy 2012: 3). La fuerza de persuasión del discurso político estará determinada por la conjunción tanto de *logos*, *ethos* como *pathos*, puesto que, además de los procedimientos argumentativos de deducción e inducción, son igualmente importantes la imagen que el emisor construye de sí mismo y de su auditorio dentro del discurso, y la forma en que apela a las emociones de éste (Amossy 2008: 5).

Debido a que entendemos el discurso político como un discurso ideológico, nuestro análisis está enfocado hacia las posibles construcciones discursivas que sirvan como índices de subjetividad y que permitan "determinar las marcas de la presencia del emisor en su enunciado, a través de las cuales manifiesta su actitud hacia el destinatario, hacia el contenido del mensaje e incluso hacia sí mismo" (Fernández Lagunilla 1999a: 51). El ámbito de la semántica es especialmente susceptible a influencias ideológicas, sobre todo en lo que se refiere a la selección o variación léxica que, además de reflejar una posición ideológica, puede tener un valor polémico (cf. Van Dijk 2003: 56; Amossy 2012: 185; Chumaceiro 2001: 41). En este sentido, como mantiene Kerbrat-Orecchioni (2014: 79), resulta evidente que "*toute unité lexicale est, en un sens, subjective*, puisque les 'mots' de la langue ne sont jamais que des symboles substitutifs et interprétatifs des 'choses'", de modo que "faire usage d'axiologiques, c'est dans une certaine mesure 'parler de soi'" (Kerbrat-Orecchioni 2014: 93).[1]

Desde una perspectiva de la lingüística cognitiva, la selección léxica es un producto y un reflejo de cómo las personas categorizan el mundo que los rodea, proceso que está largamente influenciado por el uso de metáforas (cf. Lakoff & Johnson 2003). Se evidencia, de este modo, la relación entre discurso e ideología, ya que el emisor siempre elegirá estructuras lingüísticas que encajen con su visión del mundo. Esto es lo que Lakoff (2007: 4) llama *enmarcado*, es decir, el hecho de que "[t]odas las palabras se definen en relación a marcos conceptuales [es decir, a] estructuras mentales que conforman nuestro modo de ver el mundo". Debido al carácter fuertemente ideológico, que hemos mencionado repetidamente, parece obvio que en el discurso político los emisores traten de utilizar términos que evoquen marcos conceptuales positivos para describir su posición política, con el objetivo de que también ésta sea percibida de forma positiva (cf. Eitz 2016: 44).

1 "toda unidad léxica es, en cierto sentido, subjetiva, dado que las 'palabras' de la lengua nunca son más que símbolos substitutivos e interpretativos de 'cosas'", de modo que "usar axiológicos es en cierto sentido 'hablar de sí'" (traducción propia).

Sobre la base de estos fundamentos teórico-metodológicos, hemos analizado el discurso chavista en torno al caso RCTV. Específicamente, el corpus está compuesto por diez textos de miembros importantes del gobierno chavista –Hugo Chávez, Nicolás Maduro, Cilia Flores, Jorge Rodríguez, Iris Varela y Andrés Izarra– del año 2007, relacionados a este tema. Se trata de seis discursos pronunciados ante un gran auditorio (CH1, CH2, CH3, NM2, JR1 y JR2), tres entrevistas formales (AI1, CF1 y NM1) y una declaración ante la prensa (IV1).[2] En el presente trabajo, con el propósito de desvelar las estructuras ideológicas subyacentes y en el contexto de la libertad de expresión, estudiaremos cómo la construcción discursiva de sujeto y auditorio(s) es utilizada por diferentes miembros del gobierno chavista para verbalizar la decisión del gobierno venezolano de no renovar la concesión de transmisión a RCTV y para responder a la serie de críticas y protestas que a raíz de ella surgieron a nivel nacional e internacional.

4 Análisis

4.1 La construcción del sujeto

Siguiendo las consideraciones precedentes, cabe destacar que, dada la intención del sujeto político de buscar la adhesión a su propio proyecto público, éste "debe desplegar [...] estrategias de construcción de imágenes de sí mismo, de manera que se haga, por una parte, creíble a los ojos de la instancia ciudadana (ethos de credibilidad), y por otra, atractivo (ethos de identificación)" (Charaudeau 2009: 263). Por consiguiente, el sujeto político construye su *ethos* tanto a partir de un discurso de la razón como del afecto (cf. Charaudeau 2005). Debemos aclarar, en este contexto, que cuando en el presente trabajo nos referimos a la construcción del sujeto en el discurso chavista, más que a la imagen individual de los diferentes representantes gubernamentales, nos referimos al *ethos* colectivo del gobierno. En otras palabras, para nuestro análisis hemos tomado en cuenta la autoimagen de los emisores en su función de voceros oficiales.

En relación con lo indicado anteriormente, el análisis de los diferentes textos del corpus demostró que, para resaltar la legitimidad del gobierno, los emisores construyen un *ethos* de credibilidad basándose sobre todo en los conceptos de 'democracia' y de *apoyo popular*. Adicionalmente, presentan sus decisiones –incluyendo la no renovación de la concesión a RCTV– como conformes a la ley y a la constitución y como expresión de su soberanía, es decir, utilizan un discurso de justificación basado en una razón superior (cf. Charaudeau 2005: 99ff). Ilustraremos la construcción del gobierno como un sujeto legítimo, democrático y soberano, a través de los siguientes fragmentos textuales:

1. Hugo Chávez, Presidente *legítimo ratificado* hace seis meses, por el 63 por ciento de los votos. Siete millones 300 mil votos *ratificaron*, el doble de la votación que obtuvo en su primera elección, a un Presidente *legítimo* que ha

[2] El significado de los códigos está especificado en las referencias bibliográficas primarias.

conducido un proceso parecido al de Panamá hace 30 años, de rescate de la *soberanía* en el uso de la energía que produce nuestro país (NM2).[3]

2. Venezuela pide respeto, exige respeto a su *soberanía*. Tenemos una *democracia* plenamente consolidada, con más libertad de expresión que muchos de los países que tratan de enarbolar esa bandera, con una *democracia* participativa, movilizada, amplia. Once *procesos_electorales* transparentes, conocidos, reconocidos, vistos por la comunidad internacional y Venezuela ha tomado una decisión *democrática, legal, justa, constitucional*, de crear una nueva televisora: Televisora de Servicio Público (NM2).

3. Ejerciendo ese *derecho*, ese *deber_constitucional_y_legal*, para cuidar la vida de los nuestros, para cuidar la posibilidad de que este país continúe creciendo sin odios, sin mentiras ni manipulaciones, sin tergiversaciones, es que este gobierno ha decidido no renovar la concesión (JR1).

4. Termina la concesión y el Gobierno que dirijo, haciendo uso de un *derecho legítimo*, ha anunciado la decisión, [...]. Por más presiones internacionales que muevan o traten de mover, la decisión sencillamente está tomada: no se va a renovar la concesión a ese canal de televisión (CH2).

5. Sobre lo que tiene que ver con este proceso de conspiración nacional e internacional que se ha abierto en esta nueva etapa, contra el gobierno del Presidente Hugo Chávez, contra la *democracia* venezolana, tomando como excusa el inicio de una nueva televisora en uso de nuestras facultades *legales*, *constitucionales* y en uso de nuestra *soberanía*, efectivamente se les va cayendo la máscara a quienes desesperados están detrás de bambalina, moviendo piezas en función de atacar a este gobierno *soberano* (NM1).

Como los ejemplos muestran, pues, la legitimidad del gobierno es expresada a través de la iteración semántica de unidades léxicas iguales y de significado parecido (cf. Greimas 1973): *Presidente legítimo*; *soberanía*; *democracia*; *Once procesos electorales transparentes, conocidos, reconocidos*; *gobierno soberano*; *un gobierno soberano, libre, democrático, que se rige con una Constitución democráticamente construida por su pueblo*. La isotopía de legitimidad también es utilizada en el discurso chavista para enmarcar la decisión de revocación de la concesión a RCTV, a través de unidades léxicas de significado parecido. Del mismo modo, como ya apuntábamos arriba, gran parte de la legitimidad del gobierno en el discurso chavista se construye también sobre la base de su apoyo popular, como muestran las siguientes unidades léxicas: *Presidente legítimo ratificado*; *Siete millones 300 mil votos ratificaron*; *apoyadas por la mayoría absoluta de nuestro pueblo*; *apoyo del pueblo*; *reelegido con una participación inédita*. En general, pues, la autoimagen construida es la de representantes de un gobierno soberano, demo-

[3] Todos los resaltados en los ejemplos son propios.

crático y legítimo, cuyas decisiones son igualmente legítimas y democráticas, además de que goza del apoyo popular.

No obstante, debemos apuntar aquí que en el discurso chavista justamente el topos del apoyo popular es utilizado como un argumento de falsa causalidad. De este modo, la argumentación parte de la premisa de que el haber votado por un candidato a presidente significa que todos los votantes automáticamente apoyan todas las decisiones del gobierno venezolano, sin reserva ni objeción alguna o que –simultáneamente– las decisiones y acciones del gobernante responderán siempre al mejor interés del gobernado, o serán buenas y positivas para éste. En otras palabras, según esta argumentación, la aceptación absoluta de todas las acciones y decisiones del gobierno viene dada *a priori* –en el momento de entregar su voto, el elector está entregando su voluntad al gobierno y será éste quien tendrá el derecho de tomar las decisiones que él considere adecuadas. El mecanismo de esta argumentación falaz se evidencia de forma directa en la siguiente interacción entre Cilia Flores y la reportera que conduce la entrevista:

6. Reportera: Una cosa es que el Presidente haya obtenido un respaldo significativo en las urnas y otra cosa es que los venezolanos *le compren todas sus propuestas*. Las encuestas señalan, por ejemplo, que cerca de 70% está en desacuerdo con que no se le renueve la concesión a RCTV.
   CF: El Presidente es *reelecto* porque tiene un *proyecto de país*: el socialismo del siglo XXI. Entonces, es absurdo que digan que los venezolanos apoyaron al presidente Chávez, pero no están de acuerdo con su proyecto. Los venezolanos *votaron por el presidente Chávez, votaron por su gestión y votaron por su propuesta de país* (CF1).

Desde otra perspectiva, el análisis mostró que, además de cadenas isotópicas de legitimidad, los diferentes emisores conceptualizan al gobierno como una víctima y a sus adversarios como victimarios. La misma estructura argumentativa también es aplicada al tema RCTV, de modo que las críticas y protestas surgidas a nivel nacional e internacional como respuesta a la revocación de su concesión son verbalizadas como ataques de 'ellos' en contra de 'nosotros', es decir, en contra del gobierno chavista y, por extensión, del 'pueblo venezolano'. Esta estrategia discursiva muy eficazmente divierte el interés del tema y lo enfoca toda hacia un conflicto de intereses personales entre grupos adversarios. Asimismo, la auto-presentación como víctima sirve como premisa para el argumento de que el gobierno no sólo está en su derecho legítimo, sino que incluso es su obligación responder a las provocaciones y a las agresiones de 'ellos', como una medida de defensa de la 'Revolución' y del 'pueblo venezolano'. De lo anterior se desprende que, para la construcción de su *ethos* de credibilidad, los representantes del gobierno nuevamente recurren a un discurso de justificación basado en una razón superior, en este caso, en una razón de estado, tal como los siguientes fragmentos ilustran:

7. Reportera: el Gobierno está incurriendo en gastos militares muy elevados...
   CF: ¿Ah, *no nos defendemos*? ¿Dejamos que *los que quieran invadirnos nos invadan*? Muchos quisieran que estuviéramos expuestos y en situación de vulnerabilidad. *Tenemos que defendernos* de los *enemigos internos y externos* (CF1).

8. la oligarquía venezolana y sus aliados de la oligarquía mundial, de la burguesía internacional *han arremetido* de nuevo contra el pueblo venezolano, *han arremetido* de nuevo contra la moral, *han arremetido* de nuevo contra la ética, contra la verdad, *han arremetido* de nuevo contra el Gobierno Bolivariano, *han arremetido* de nuevo contra la soberanía venezolana, *han arremetido* de nuevo contra este humilde soldado presidente de Venezuela (CH3).

9. la oligarquía mundial no se está dando cuenta a lo mejor, o se va a dar cuenta demasiado tarde, de que el *ataque contra Venezuela* se va a convertir en un ataque allá, un *contraataque* en su propio territorio (CH3).

10. Sigue nuestra Revolución *amenazada* por distintos *peligros*, *amenazas* desde dentro, *amenazas* desde fuera. Yo le tengo más cuidado a las *amenazas* desde dentro que a las *amenazas* desde fuera (CH2).

11. Venezuela [...] no acepta ser catalogada de ninguna manera y menos por el gobierno que ha mantenido, financiado, todos los *procesos de desestabilización y golpes de Estado* en contra del Presidente Chávez (NM2).

Las unidades léxicas resaltadas claramente revelan una imagen de profunda agresividad por parte de los adversarios políticos en contra del gobierno venezolano. Bajo esta perspectiva, observamos cómo el *ethos* de credibilidad se mezcla con un *ethos* de identificación, es decir, con un *ethos* basado en un discurso del afecto que busca conmover al auditorio y, como tal, se encuentra en la frontera con el *pathos* (cf. Charaudeau 2009: 263). En tal sentido, en las intervenciones de Chávez, llama la atención la intensificación de la apelación emotiva lograda a través de la frecuente repetición del verbo *arremeter* y del sustantivo *amenazas*. Pero también otras unidades léxicas sirven para construir la imagen del gobierno como víctima de ataques y agresiones. Como los ejemplos y, sobre todo, las unidades léxicas resaltadas muestran, pues, los políticos chavistas, en su discurso, transmiten la idea de que el gobierno está rodeado de amenazas que parten de una fuerza enemiga de carácter vago, infinitamente más aterradora en su indefinición. De este modo, podemos observar cómo las reacciones a la salida del aire de RCTV son enmarcadas discursivamente dentro de un contexto de agresión mayor y son presentadas como un elemento más en un gran plan cuyo objetivo es debilitar y derrocar al gobierno de Chávez. Al mismo tiempo, este marco conceptual sirve para presentar la decisión de la no renovación de la concesión a RCTV como una acción legítima e incluso necesaria en la defensa de la democracia venezolana en contra de un actor político criminal, es decir, sirve para la construcción del *ethos* de credibilidad chavista.

En el mismo orden de ideas, debemos subrayar que, además del *ethos* político, también la construcción discursiva del auditorio puede fungir como una técnica argumentativa: "Il s'agit de faire adhérer l'allocutaire à une thèse ou de lui faire adopter un comportement en projetant de lui une image dans laquelle il lui est agréable de se reconnaître" (Amossy 2012: 80).[4] Se puede afirmar, de este modo, que la construcción discursiva de sujeto y auditorio son procesos complementarios, puesto que uno es el reflejo del otro. En tal sentido, en el discurso chavista, específicamente, ocurre una identificación entre gobierno y pueblo, lo cual apunta al hecho, como detallaremos seguidamente, de que la construcción de este *ethos* de identificación está entrelazado de forma directa con la del auditorio.

4.2 La construcción del auditorio

Siguiendo las consideraciones precedentes, resulta importante, en primer lugar, resaltar que en el discurso chavista se puede observar una clara separación entre dos tipos de destinatarios (cf. Álvarez & Chumaceiro 2009: 33), que llamaremos el 'auditorio de correligionarios' y el 'auditorio de adversarios'. Asimismo, como ya apuntábamos, debemos aclarar que frecuentemente ocurre una identificación discursiva entre sujeto y auditorio de correligionarios como miembros del intra-grupo, contrapuesto al auditorio de adversarios, identificado como extra-grupo. Revisaremos, en primer lugar, la construcción del auditorio de correligionarios.

4.2.1 Auditorio de correligionarios

El análisis del corpus mostró que en el discurso chavista el auditorio de correligionarios es conceptualizado como una mayoría popular legítima, específicamente, como el 'pueblo venezolano'. Tal como explicábamos, incluso es así que los emisores crean una identificación discursiva entre pueblo y gobierno como entes inseparables:

12. Si *este gobierno*, si *este pueblo*, ha venido de más de ochos años rompiendo paradigmas, señalando que se puede crecer, que se puede tener una economía fuerte, que se puede tener una democracia plena, pero también se puede y se debe vencer las terribles inequidades e injusticias (JR1).

13. El intento de crear un escenario de disturbios, ensangrentar las calles de Caracas y de Venezuela por parte de quienes están detrás de este plan, para crear un escenario de alto impacto que le haga fácil el trabajo al intervensionismo porque quienes aspiran eso no han podido ni podrán derrotar electoralmente y políticamente *al Presidente Chávez y a la revolución bolivariana, al pueblo de Venezuela* (NM1).

14. Yo estaré aquí con mi fuego defendiendo la soberanía del *Estado venezolano*, del *Estado nacional venezolano*, del *pueblo venezolano* (CH1).

[4] "Se trata de hacer adherir al receptor a una tesis o de hacerlo adoptar un comportamiento por medio de la proyección de una imagen de él en la que le resulta agradable reconocerse" (traducción propia).

15. Yo viviré todo lo que me queda de vida para entregarme por entero a la Revolución Bolivariana, a la construcción del socialismo venezolano del siglo XXI. Mi vida, pues, no me pertenece, *le pertenece al pueblo venezolano* (CH2).

Como los ejemplos de arriba muestran, pues, *este gobierno*, el *Presidente Chávez*, el *Estado venezolano*, el *Estado nacional* y el *pueblo venezolano* son lo mismo. Específicamente, es gracias a Chávez, cuya vida *le pertenece al pueblo venezolano*, que ahora es el *pueblo* quien tiene el control y *quien está acumulando* poder en Venezuela. En otras palabras, los políticos chavistas construyen una especie de simbiosis discursiva entre gobierno y 'pueblo'. Basándose en esta identificación metafórica, los representantes del gobierno arguyen que cualquier ataque en contra del gobierno venezolano es también un ataque en contra del 'pueblo'. Esta argumentación sirve como base para tratar de persuadir al auditorio de correligionarios de que éste –para su propio bien– debe defender al gobierno en contra de lo que es un enemigo político común. Del mismo modo, debemos destacar, en este lugar, la intención de 'apropiación conceptual'[5] que se evidencia en estos ejemplos. Como ya apuntábamos arriba, el análisis desvela que el concepto abstracto *pueblo* en el discurso chavista se refiere siempre al intra-grupo, es decir, que es utilizado para referirse solamente a aquella parte de la población que apoya al gobierno chavista. De este modo, la apropiación de la palabra clave de connotación positiva *pueblo* cumple con el objetivo de transmitir la idea de que los seguidores del chavismo son la gran mayoría de los ciudadanos de Venezuela, mientras que sus adversarios, tal como exploraremos consecutivamente, son una minoría insignificante y negativamente connotada –la *oligarquía*, *burguesía* o *élite*.

4.2.2 Auditorio de adversarios

En relación con lo indicado anteriormente, cabe destacar que el análisis del corpus demuestra claramente que, para la construcción discursiva del auditorio de adversarios, los hablantes recurren a axiológicos peyorativos con intención estigmatizadora, mientras que, como veíamos antes, emplean axiológicos laudatorios en la construcción del sujeto y auditorio de correligionarios. Debido a la temática estudiada en este trabajo, nos concentraremos en revisar, específicamente, cómo en el discurso chavista se construye la imagen de las personas que adversan la decisión del gobierno de no renovar la concesión de RCTV, mostrando que éstas son conceptualizadas como enemigos del gobierno y, por extensión, del pueblo venezolano. De este modo, expondremos que la descalificación de RCTV, por parte de los representantes del gobierno, sirve como una forma de descalificar también a quienes han salido a manifestar en contra de esta medida. La argumentación que se esconde tras esta construcción discursiva es que las personas que adversan la medida de la revocación de la concesión a RCTV no están luchando por la libertad de expresión, sino que están defendiendo a un canal criminal, que es utilizado como un instrumento de guerra por parte de la 'oligarquía apátrida' y del 'imperialismo'. Estigmatizando a RCTV, pues, los representantes del gobierno estigmatizan tam-

[5] Concepto conocido en alemán con el término *Begriffsbesetzung* (cf. Dieckmann 1975; Klein 1989; etc.).

bién a quienes manifiestan a su favor, como ejemplificaremos a través de algunos fragmentos seleccionados:

16. Reportera: ¿No cree que no renovar la concesión de RCTV va a tener un alto costo político?
    AI: Sí, pero no hacerlo tendría un costo aún mayor, porque implicaría la programación por un montón de años con un operador en telecomunicaciones que es absolutamente *irresponsable*, y que por impulsar sus ambiciones es capaz de hacer cosas tan atroces como permitir 64 días de propaganda exclusivamente en *contra de un gobierno* para *desestabilizar* el país y *atentar* contra Venezuela. [...] Las razones [para no renovar la concesión] son que tenemos un operador que se ha dedicado a fomentar el *terrorismo*, la *desestabilización* y *alterar la paz* social en varias oportunidades (AI1).

17. Con el fin de la concesión al Canal 2 algunos dicen por ahí que Venezuela pierde. No, compadre, ¡la oligarquía pierde!, eso sí, la crema oligárquica pierde, los que desde hace muchos años están *envenenando el alma* de los niños, de las niñas: el *sexo_irresponsable*, los *antivalores*, el *odio*, el *consumismo*, esa oligarquía arrodillada al imperialismo va a perder un canal de televisión, eso sí es lo que va a pasar, y va a ganar el pueblo, va a ganar la Nación, va a ganar la decencia (CH1).

18. Esta medida de no renovación es una medida *de defensa* de respeto de la libertad de expresión, porque lo que tenían en ese canal era una *dictadura de la expresión* (JR1).

De los anteriores ejemplos se desprende que el canal RCTV es acusado de crímenes graves. No obstante, también salta a la vista que el común denominador originario de la mayoría de estas acusaciones es la posición anti-gobierno del canal. De este modo, y como ya explicábamos arriba, la presentación discursiva de RCTV como un canal criminal, sirve, al mismo tiempo, para estigmatizar también a las personas que han manifestado en contra de la medida de no renovación de su concesión. Ilustraremos este punto en el siguiente ejemplo, tomado de CH3:

19. Yo quiero también hacerle un llamado a los jóvenes venezolanos [...] que han estado en las calles en estos últimos días desde el domingo pasado, manifestando, protestando. En [...] muchos casos, desarrollando actos de *violencia* contra instalaciones, contra el público, *irrespetando* los derechos de los demás, *agrediendo* a los cuerpos policiales y militares que han salido incluso sin armas en muchos casos, para cuidar la seguridad de todos, incluyendo la de aquellos grupos de manifestantes. [...] El colmo de los colmos, para un joven, el colmo de los colmos para un muchacho es salir a *defender los intereses del imperialismo* que ha atropellado a su patria durante mucho tiempo, eso es el colmo de los colmos para un joven (CH3).

En concordancia con lo anterior, las palabras de Chávez muestran que las protestas, cuyo objetivo fue reclamar libertad de expresión, son discursivamente presentadas como *actos de violencia*, de irrespeto y agresión. Adicionalmente, la observable calificación de las manifestaciones por el caso RCTV como un acto de defensa de *los intereses del imperialismo* apunta al hecho –que seguidamente ilustraremos con más ejemplos– de que los representantes del gobierno chavista construyen una imagen de los manifestantes como personas que han sido manipuladas por la 'oligarquía' venezolana y por el gobierno estadounidense, con la intención de ser utilizadas por éstos como un instrumento de lucha política:

20. Debería darle vergüenza a cualquier venezolano, pero hasta ahí llega el extremo de la alineación ya dije, hasta ahí llega la *capacidad de manipulación mediática del imperio norteamericano y sus lacayos aquí en Venezuela*, la oligarquía, la burguesía, la clase que dominó a Venezuela desde hace 200 años pues (CH3).

21. Los símbolos son los mismos, las camisas negras, la bandera al revés; ustedes no ven incluso ese *show* para el que *usan* algunos muchachos que cuando llega la prensa, sobre todo internacional, salen corriendo y se arrodillan delante de una policía que no les está haciendo nada, se arrodillan y levantan las manos. Es un *show preparado* para que la foto esa recorra el mundo (CH3).

22. a esta revolución [...] no la para nadie, no la lograrán detener ni los *falsos* llantos, ni los golpes de pecho, ni la desestabilización que intentan emprender, intentan *manipular* las almas de algunos jóvenes, pero aquí están ustedes diciendo para siempre que a este Gobierno no lo detiene nadie (JR2).

23. Claro que [...] las decisiones del Gobierno Revolucionario [...] intentarán ser detenidas por quiénes por décadas y décadas asesinaron, persiguieron estudiantes, torturaron estudiantes, desaparecieron estudiantes; ahora intentan con el mismo expediente *poner a jóvenes como carne de cañón* (JR2).

Los ejemplos claramente reflejan la isotopía de manipulación presente en el discurso chavista en relación con las protestas por el caso RCTV. Según los representantes del gobierno, los jóvenes venezolanos solamente han salido a la calle a protestar por la revocación de la concesión a RCTV porque han sido manipulados por el <u>imperio norteamericano y sus lacayos aquí en Venezuela</u>, con la intención de desestabilizar al gobierno chavista. De este modo, las protestas son conceptualizadas como una maniobra utilizada por el enemigo político para volver a recuperar el poder y no como el ejercicio de un derecho democrático. Esta descalificación sirve como una distracción de la problemática de la libertad de expresión. En tal sentido, el control gubernamental sobre el discurso público, es decir, la exclusión de una voz crítica es presentada dentro de un marco de enfrentamiento entre 'nosotros', los buenos socialistas, y 'ellos', los malos capitalistas. Bajo esta perspectiva, los representantes del gobierno no conceden ninguna legitimidad ni autenticidad a las protestas y ninguna capacidad de reflexión ni de crítica a los manifestantes.

En líneas generales, en lo que se refiere a la construcción discursiva del adversario político, se puede observar el frecuente uso de ataques *ad hominem* como una estrategia de distracción, deslegitimación y polarización. De este modo, la descalificación del oponente sirve para cambiar el enfoque de la revocación de la concesión a RCTV por parte del gobierno venezolano a la mala actuación de 'ellos', con el propósito de provocar sentimientos de rechazo no sólo hacia los opositores de esta medida, sino también hacia las posiciones que éstos defienden.

4.3 Argumento de falsa dicotomía

En el mismo orden de ideas, el deseo de apelar a las emociones del auditorio y de polemizar, a través del uso de unidades léxicas axiológicas de valor contrario –apreciación para el intra-grupo y desprecio para el extra-grupo–, se evidencia de manera directa en los siguientes pasajes:

24. Del lado de quién se van a poner los estudiantes venezolanos en esta hora histórica que estamos viviendo, del lado del *pueblo* o del lado de la *oligarquía*, del lado de la *patria* o subordinados al *imperio norteamericano*, escojan pues (CH3).

25. Se acuerdan de la canción: "Me gustan los estudiantes, jardín de nuestra alegría"... eso son ustedes: jardín de la alegría necesaria, jardín del *pueblo*, jardín de la ternura, jardín de la sonrisa, jardín que le responde a los *oscuros_heraldos negros*. A los *heraldos de la oscuridad*: Aquí está el *pueblo*, aquí está la alegría, aquí está la construcción, aquí está la vida (JR2).

26. Con el fin de la concesión al Canal 2 algunos dicen por ahí que Venezuela pierde. No, compadre, ¡la *oligarquía* pierde!, eso sí, la *crema oligárquica* pierde, [...] esa *oligarquía* arrodillada al imperialismo va a perder un canal de televisión, eso sí es lo que va a pasar, y va a ganar el *pueblo*, va a ganar la *Nación*, va a ganar la decencia (CH1).

27. Se acabó la concesión que desde hace 53 años la *élite oligárquica venezolana* manejaba para su uso, abuso y beneficio del canal 2 de televisión, del espectro electromagnético venezolano, y hoy tenemos ese canal 2 liberado. Ya no es de la *oligarquía*, ni volverá a ser de la *oligarquía*, ahora es del *pueblo venezolano*, ahora es de la *sociedad venezolana* (CH3).

En concordancia con lo anterior, podemos observar una clara intención polémica en los fragmentos textuales seleccionados. De este modo, según vemos en el ejemplo (24), Chávez declara que existen sólo dos opciones posibles y completamente opuestas de las cuales hay que escoger una –o se puede estar *del lado del pueblo* y *de la patria* o *del lado de la oligarquía*. También los demás fragmentos hacen referencia a estas posiciones contrarias; así, mientras que de un lado están *los heraldos de la oscuridad, la crema oligárquica, la élite oligárquica venezolana*, del lado contrario está *el pueblo, la Nación, el pueblo venezolano, la sociedad venezolana*. Los ejemplos citados demuestran que en el discurso chavista no se aceptan posiciones intermedias. Esto corresponde a un argumento de falsa dicotomía, puesto que es posible no estar de acuerdo con todas las decisiones del gobierno sin por ello tener que convertirse necesariamente en un miembro de los llamados *oscuros heraldos negros* o de *la oligarquía apátrida*, por ejemplo. Es posible criticar una decisión del gobierno siendo adepto a éste, como igualmente es posible reconocer los méritos de ciertas decisiones gubernamentales desde una posición opositora.

Para la constitución de este esquema argumentativo, los emisores políticos, además de aspectos semánticos, se apoyan también en elementos pronominales y sintácticos. En tal sentido, en cuanto al uso pronominal, se puede observar una clara oposición marcada a través de los pronombres *nosotros* y *ellos*. En este contexto, destaca principalmente la importancia del uso del pronombre de la tercera persona del plural o de su respectiva desinencia verbal, ya que, como muestra el análisis, el pronombre *nosotros* es utilizado predominantemente con un significado exclusivo y no inclusivo. De este modo, la ambigüedad referencial del pronombre *ellos* permite a los emisores designar a adversarios sin necesidad de precisar si estos son reales, irreales o potenciales. Se evidencia, de este modo, una estrategia idiosincrática de distanciamiento y delimitación, puesto que, a través del sistema pronominal, los representantes del gobierno enfáticamente marcan contraste entre intra- y extra-grupo, tal como ilustran los siguientes fragmentos:

28. Aquí hubo una oposición que buscó cerrar la Asamblea, porque *estaban* trabajando con un plan b, el plan del golpe de Estado. [...] Aquí lo que *tenemos* es una cuerda de vendepatrias a quienes no les ha importado entregarse al imperio norteamericano. *Ellos* participaron en el golpe de Estado junto con Estados Unidos y *mataron* gente. *Hicieron* una grabación en casa de Napoleón Bravo antes de que hubiera los muertos. Son tan desnaturalizados que *planificaron* los asesinatos (CF1-6).

29. *Nosotros* hemos venido liberando al Estado, porque la sociedad civil burguesa controló el Estado venezolano a su antojo, *manejaban* el gobierno, *manejaban* el Poder Legislativo, *manejaban* el Poder Judicial, *manejaban* las empresas del Estado, *manejaban* la banca pública, *manejaban* el presupuesto nacional; todo eso *ellos* lo han venido perdiendo, si no totalmente, esencialmente. Y *ellos* están ahora replegados en los núcleos duros de la sociedad civil burguesa [...] *Dominaron* la Fuerza Armada, la *perdieron*. [...] *Dominaron* el canal 2 de televisión, lo *perdieron* y más nunca *volverán* a recuperarlo (CH3-25).

Dentro de la misma línea, la falta de especificidad del adversario político también es enfatizada a través de construcciones sintácticas impersonales, sobre todo a través de verbos utilizados impersonalmente y de nominalizaciones, como podemos notar a continuación:

30. Pero en ese canal constantemente *hacen* propaganda de guerra, *llamado* a la rebelión, *insultan* al presidente, *calumnian* a cualquier funcionario del gobierno.

A nosotros *nos han difamado, nos han vilipendiado* de la peor manera allí en ese canal (IV1-2).

31. Venezuela fue cien años una colonia petrolera norteamericana. Las corporaciones norteamericanas saquearon nuestro país y utilizaron el petróleo como un mecanismo para la *dominación*. Cien años de *dominación* petrolera que dejó como resultado, patético, un ochenta por ciento de la población en situación de *pobreza*, de *abandono* absoluto (NM2-5).

Los anteriores fragmentos ponen de manifiesto que los políticos chavistas utilizan verbos de forma impersonal (30) y nominalizaciones (31), con el objetivo de expresar acciones negativas sin especificar un agente definido responsable de las mismas. En tal sentido, evocan la imagen de un sujeto general y vago de connotación negativa.

Siguiendo las consideraciones precedentes, las estrategias discursivas antes referidas revelan que los emisores completamente estigmatizan a cualquiera que no apoye acríticamente al proyecto político del gobierno. De este modo, discursivamente dibujan dos lados opuestos e irreconciliables, de los cuales se puede escoger sólo uno. Se trata, en tal sentido, de una falsa dicotomía que causa real polarización. La siguiente cita de Chávez –que utiliza la biblia como argumento de autoridad y pone de manifiesto el elemento religioso del discurso chavista– perfectamente resume esta perspectiva ideológica que no acepta posiciones intermedias:

32. Debemos convencernos definitivamente de que tienen razón las sagradas escrituras cuando dicen: “No se puede estar bien con Dios y con el Diablo”. *O tú estás bien con Dios o tú estás bien con el Diablo*. Tiene razón Jesús, el Cristo redentor socialista cuando dijo: “El que no está conmigo, está contra mí”. Creo que es necesario, en fin, que nosotros terminemos –si alguien tiene duda– de convencernos de que con la oligarquía apátrida venezolana *no hay acuerdo posible* (CH2).

Desde otra perspectiva, cabe igualmente destacar que, apoyándose en este argumento de falsa dicotomía, los representantes del gobierno transmiten pautas de comportamiento –muchas veces en actos ilocucionarios directivos (cubiertos o encubiertos)– a sus seguidores. Específicamente, los exhortan a salir a la calle y a enfrentarse con quienes adversan al gobierno y manifiestan en contra de la medida de revocación de la concesión a RCTV. En líneas generales, pues, los emisores, a través de la conjunción de *logos*, *ethos* y *pathos*, tratan de persuadir al auditorio de correligionarios de que esta medida es legítima, justa y buena y que, por tanto, es su obligación ‘defenderla’ en contra del enemigo:

33. Por más presiones internacionales que muevan o traten de mover, la decisión sencillamente está tomada: no se va a renovar la concesión a ese canal de televisión. [...] Y yo *llamo a todo el país*, *llamo a todo el pueblo* a que se mantenga *movilizado*, desde hoy mismo hasta todos los días de mayo y de junio y siempre, pero sobre todo en esta coyuntura. *Movilizados* en Caracas, en todo el país, [...]; todos *activados* y haciendo los planes que haya que hacer para

neutralizar cualquier intento de *agresión interna o externa* contra Venezuela (CH2).

34. Muchos quisieran que estuviéramos expuestos y en situación de vulnerabilidad. Tenemos que *defendernos* de los *enemigos internos y externos* (CF1)

35. Los saludo bajo esta lluvia que nos lava, [...]; les saludo y les digo: mientras ustedes están *en las calles* con esa inyección de esperanza y optimismo a esta revolución, [...] *no la para nadie, no la lograrán detener* ni los falsos llantos, ni los golpes de pecho, ni la desestabilización que intentan emprender, [...] aquí están ustedes diciendo para siempre que a este Gobierno *no lo detiene nadie* (JR2).

En los anteriores ejemplos se cristaliza que los representantes del gobierno ordenan a sus seguidores estar *en las calles* para *neutralizar* cualquier intento de *agresión interna o externa*; para *defendernos* de los *enemigos internos y externos*; para *enfrentar* lo que haya que *enfrentar*. El peligro real que se esconde detrás de la conceptualización de las protestas, manifestaciones y críticas como actos de agresión, de violencia e incluso de guerra en contra del gobierno es que esta estructura argumentativa es utilizada en el discurso chavista como estrategia para legitimar una respuesta violenta de 'defensa' por parte del gobierno y de sus correligionarios.

5 Conclusiones

A lo largo de este trabajo, resaltamos cómo el discurso chavista se construye a partir del cuadrado ideológico de auto-presentación positiva y presentación negativa del 'otro', típico del discurso político. No obstante, el discurso chavista destaca por la vehemencia y el alto grado de violencia expresados en el enfrentamiento entre intra- y extra-grupo. Los adversarios políticos no sólo representan una posición contraria, sino que son conceptualizados como enemigos políticos y como una amenaza para el pueblo venezolano. En este sentido, todas las acciones políticas están enmarcadas dentro de un ámbito de lucha y enfrentamiento, en el que el gobierno, junto al pueblo venezolano, es discursivamente presentado como una víctima de un poder enemigo poco definido pero muy amenazador. De este modo, el arte de persuasión utilizado por los representantes del gobierno se hace en función de las premisas de que todas las acciones de 'ellos' están motivadas por recuperar el poder perdido, mientras que todas 'nuestras' acciones están motivadas por el deseo de defender al gobierno, a la revolución y, simultáneamente, al pueblo venezolano en contra de los ataques de 'ellos'. La estructuración argumentativa es claramente bipolar y reflejo del arquetípico enfrentamiento entre bien y mal. Esta posición ideológica, expresada a través del léxico, refuerza la polarización real existente entre ambos grupos.

La misma estructuración argumentativa es aplicada al caso RCTV y a las protestas y críticas surgidas a partir de la revocación de su concesión. De este modo, como pudimos observar en muchos de los fragmentos citados, el canal RCTV es conceptualizado como un instrumento de lucha empleado por los adversarios políticos para arremeter en contra del gobierno y del pueblo venezolano. Esta conceptualización acarrea graves consecuencias para la libertad de expresión –¿quién necesita medios de comunicación privados si éstos son utilizados por el adversario político como mecanismo para manipular al 'pueblo' y para atacar al gobierno? Consecuentemente, la no renovación de la concesión a RCTV es presentada discursivamente como un acto no solamente legítimo, sino incluso positivo y necesario, puesto que el enemigo político no sólo está perdiendo un instrumento de batalla y de manipulación, sino que, al mismo tiempo, el gobierno está resguardando la democracia en Venezuela y el bienestar del pueblo venezolano. También las protestas y críticas por el caso de RCTV son conceptualizadas como elementos de un plan de lucha mayor, preconcebido por los adversarios políticos para desestabilizar al gobierno de Chávez.

De este modo, pues, el escenario construido en el discurso chavista es uno que lo reduce todo a una cuestión de lucha violenta por el poder y en el cual se expresan juicios valorativos de coloración polémica. De este modo, los políticos no discuten temas sino posiciones. Asimismo, el fuerte componente afectivo de algunos de los términos revisados, cumple con la función de apelar a las emociones del auditorio y revela, además, la predominación de la función apelativa o incitativa por encima de la función representativa o denotativa en el discurso político, en general, y chavista, en particular. En este sentido, a los representantes del gobierno, más que describir hechos, les interesa construir ciertas imágenes –se trata de introducir al auditorio una tajante categorización de quiénes somos 'nosotros' y quiénes 'ellos' y de fijar una pauta de comportamiento tanto para seguidores como opositores.

Las principales estrategias discursivo-argumentativas que el análisis del corpus revela son las siguientes:

1) Deslegitimación de los medios de comunicación privados, en general, y de *Radio Caracas Televisión*, en particular.
2) Estigmatización de posiciones contrarias.
3) Descalificación de las protestas y críticas a la medida de RCTV como actos de desestabilización y no como legítima y verdadera preocupación por la libertad de expresión y los derechos humanos de todos los venezolanos.
4) Legitimación de violencia en contra de adversarios políticos, es decir, en contra de cualquier persona no alineada al proyecto político oficialista.

Concluyendo, podemos decir que el análisis del corpus demostró que la libertad de expresión y los derechos humanos de todos los venezolanos corren peligro bajo el régimen chavista y bajo su continuación en forma del régimen madurista. De este modo, observamos que en el discurso chavista se estigmatiza la pluralidad y se observa un claro deseo de acallar voces disidentes, con el objetivo de crear un solo discurso uniforme oficialista. No obstante, la dominación política que se manifiesta en este control de acciones discursivas, cuyo objetivo es tratar de crear un patrón de comportamiento y expresión unificado e impuesto a todos por igual, puede resultar en grave represión y autoritarismo. Cualquier sistema o estado realmente democrático debería estar regido por un discurso que conceptualiza a los medios de comunicación como valiosos instrumentos informativos y reflexivos, cuya finalidad es expresar y difundir opiniones de espectros político-ideológicos diversos. El hecho de construir el discurso político sobre la base de este concepto serviría –contrariamente a lo que ocurre en el discurso chavista– como baluarte de la libertad de expresión.

En relación con lo indicado anteriormente, el presente trabajo se inscribe dentro de una temática muy vigente, a saber, la preocupación por el aumento de movimientos populistas de inclinación autoritaria a nivel mundial. Inspirados justamente en el ejemplo de líderes carismáticos fuertes tales como Chávez, Putin y Erdogan –quienes han tomado "a slow and steady approach to dismantling democracy" (Kendall-Taylor/Frantz)[6] –, estos movimientos populistas siguen un rumbo que claramente se aleja de valores democráticos de consenso, inclusión, diversidad y libertad del individuo.

6 Referencias bibliográficas

6.1 Referencias primarias

Chávez, Hugo: *Juramentación del Presidente de la República Bolivariana de Venezuela.* 10/01/2007. http://www.mci.gob.ve, último acceso 25/06/2007 [Código CH1].

Chávez, Hugo: *Todo 11 tiene su 13: Quinto aniversario de la victoria popular del 13 de abril de 2002.* 13/04/2007. http://www.mci.gob.ve, último acceso 25/06/07 [Código CH2].

Chávez, Hugo: *Ahora la libertad de expresión es de todos.* 02/06/2007. http://www.mci.gob.ve, último acceso 25/06/07 [Código CH3].

Flores, Cilia: Entrevista publicada en el periódico *El Nacional*: *CILIA FLORES: El chavismo sin Chávez no existe* 14/05/2007. http://venezuelareal.zoomblog.com, último acceso 28/08/07 [Código CF1].

Izarra, Andrés: Entrevista publicada en el periódico *El Nacional*: *ANDRÉS IZARRA considera que deben evaluarse todos los operadores de la TV* 08/01/2007. http://venezuela real.zoomblog.com, último acceso 28/08/07 [Código AI1].

Maduro, Nicolás: *Entrevista hecha por el periodista y viceministro de relaciones exteriores para Asia, Medio Oriente y Oceanía, Vladimir Villegas, al canciller Nicolás Maduro Moros, por 'Unión Radio'* 01/06/2007. http://www.mre.gov.ve, último acceso 30/08/07 [Código NM1].

Maduro, Nicolás: *Discurso de Nicolás Maduro en la Asamblea General de la OEA* 05/06/2007. http://www.redglobe.org, último acceso 20/08/07 [Código NM2].

Rodríguez, Jorge: *Juramentación de Directiva de TVES.* 21/05/2007. http://www.vicepre sidencia.gov.ve, último acceso 20/08/07 [Código JR1].

Rodríguez, Jorge: *Discurso Vicepresidente Ante estudiantes Bolivarianos que marcharon hasta el Palacio Miraflores en apoyo a la medida adoptada por el Gobierno Nacional de no renovar la concesión a RCTV* 29/05/2007. http://www.vicepresidencia.gov.ve, último acceso 20/08/07 [Código JR2].

[6] "un enfoque lento y constante para desmantelar la democracia" (traducción propia). https://www.foreignaffairs.com/articles/2016-12-05/how-democracies-fall-apart, último acceso 21/02/2018).

Varela, Iris: *Declaraciones de la diputada Iris Varela a través de CNN en Español sobre el cese de la concesión a RCTV* 26/05/2007. http://www.youtube.com, último acceso 17/08/07 [Código IV1].

6.2 Referencias secundarias

Álvarez, Alexandra/Chumaceiro, Irma: *El discurso de investidura en la reelección de Uribe y de Chávez*, en: *Forma y Función* 22/2 (2009), p. 13-42.

Amossy, Ruth: *Argumentation et Analyse du discours: perspectives théoriques et découpages disciplinaires*, en: *Argumentation et Analyse du Discours* 1 (2008), p. 1-17.

Amossy, Ruth: *L'argumentation dans le discours*, Paris 2012.

Bolívar, Adriana: *La descortesía como estrategia política en la democracia venezolana*, en: Bravo, Diana (ed.), *Actas del primer coloquio del programa EDICE. "Perspectiva no etnocentrista de la cortesía: identidad sociocultural de las comunidades hispanohablantes"*, Stockholm 2003, p. 213-226.

Charaudeau, Patrick: *Le Discours politique. Les masques du pouvoir*, Paris 2005.

Charaudeau, Patrick: *Reflexiones para el análisis del discurso populista*, en: *Discurso & Sociedad* 3/2 (2009), p. 253-279.

Chumaceiro, Irma: *Léxico e ideología. El 27 de febrero de 1989 en el discurso de dos políticos venezolanos*, en: *Akademos* 3/2 (2001), p. 37-61.

Dieckmann, Walther: *Sprache in der Politik. Einführung in die Pragmatik und Semantik der politischen Sprache*, Heidelberg 1975.

Eitz, Thorsten: *Begriffe besetzen oder das Ringen um Wörter*, en: *Dossier: Sprache und Politik*, Bundeszentrale für politische Bildung 2016, p. 42-45.

Fairclough, Norman: *Critical Discourse Analysis. The Critical Study of Language*, London 1995.

Fernández Lagunilla, Marina: *La lengua en la comunicación política I: El discurso del poder*, Madrid 1999.

Greimas, Algirdas Julien: *En torno al sentido. Ensayos semióticos*, Madrid 1973.

Hawkins, Eliza Tanner: *Conflict and the Mass Media in Chávez's Venezuela*, en: *Latin American Studies Association, XXIV International Congress*, Dallas/Texas 2003, p. 27-29.

Human Rights Watch: *Una Década de Chávez: Intolerancia política y oportunidades perdidas para el progreso de los derechos humanos en Venezuela*, New York 2008.

Jäger, Siegfried: *Kritische Diskursanalyse: Eine Einführung*, Münster 2012.

Kerbrat-Orecchioni, Catherine: *L'Énonciation de la subjectivité dans le langage*, Paris 2014.

Klein, Josef: *Wortschatz, Wortkampf, Wortfelder in der Politik*, en: Klein, Josef (ed). *Politische Semantik. Bedeutungsanalytische und sprachkritische Beiträge zur politischen Sprachverwendung*, Opladen 1989, p. 3-50.

Lakoff, George: *No pienses en un elefante. Lenguaje y debate político*, Madrid 2007.

Lakoff, George/Johnson, Mark: *Metaphors We Live By*, Chicago 2003.

Van Dijk, Teun A.: *Principles of critical discourse analysis*, en: *Discourse & Society* 4/2 (1993), p. 249-283.

Van Dijk, Teun A.: *Ideologia. Una aproximacion multidisciplinaria*, Barcelona 1999.

Van Dijk, Teun A.: *Ideología y discurso*, Barcelona 2003.

Wodak, Ruth/Meyer, Michael (eds.): *Methods of critical discourse analysis*, London 2001.

Formes de contestation dans la sphère numérique. Une analyse de commentaires dans un forum de discussion concernant la réaction de François Hollande aux attentats de Paris en 2015

Nadine Rentel

1 Introduction

Dans le contexte du discours politique, les acteurs (par exemple les partis politiques ou les hommes politiques[1]) font des efforts pour construire une image positive d'eux-mêmes, mettant en avant leur capacité à diriger un pays. C'est en particulier dans les moments qui sortent de l'ordinaire que le public attend de leurs représentants politiques une réaction immédiate et adaptée à la situation. C'est le cas, entre autres, lors de crises politiques et/ou économiques ou bien d'actes violents comme les attentats. La réaction des représentants politiques est susceptible de convaincre le peuple que la classe dirigeante maîtrise la situation. Les discussions des citoyens portant sur les activités des hommes politiques se sont longtemps limitées au contexte privé et interpersonnel et à des échanges non-médiatisés ; elles n'atteignaient que rarement la sphère publique (par exemple sous forme de manifestations). Mais depuis quelques années, un nombre croissant de citoyens exprime leur opinion politique dans la sphère numérique, et cela très souvent sur les réseaux sociaux ou dans des forums de discussion en ligne :

> Die Nutzung digitaler, interaktiver Medien ist inzwischen zu einem wichtigen Bestandteil von Medienwahlkämpfen geworden. Genuiner Ausdruck dieser Entwicklung sind individuelle oder kollektive Kommunikationshandlungen von Bürgern, die politische Einstellungen, Eindrücke, Kommentare oder Meinungen zum Ausdruck bringen sollen. (Bieber 2013 : 197)[2]

En remettant ainsi en question la mise en scène contrôlée et positive des acteurs politiques au sein de leurs stratégies de communication (cf. Domke 2007), ces utilisateurs exercent du pouvoir communicatif grâce à l'usage de certaines stratégies linguistiques (ainsi que par des moyens non-verbaux ; cf. Stöckl 2004).

La plupart des analyses linguistiques portant sur la communication en ligne dans le contexte politique met l'accent sur la perspective des partis ou des hommes politiques, ne prenant que rarement en compte le rôle de l'électorat (cf. Klemm/Michel 2013 : 114). La présente contribution, quant à elle, met en avant cette perspective des citoyens. Elle est fondée sur une analyse qualitative de 120 messages postés sur le forum de

[1] Les termes masculins, utilisés dans cet article pour garantir une meilleure lisibilité du texte, réfèrent également aux femmes.

[2] L'usage des médias numériques et interactifs est devenu un élément important des campagnes électorales médiatisées. Cette évolution se manifeste à travers le comportement communicatif des citoyens, tant sur le plan individuel que collectif, qui expriment et partagent leurs opinions politiques, impressions, commentaires ou avis. [Traduction de l'auteure]

discussion *www.forum-politique.org*, qui est en accès libre ; seule la recherche par mots-clés ou dans les archives nécessite un enregistrement sur la plate-forme. Cette étude se propose d'identifier les stratégies linguistiques avec lesquelles les membres de la communauté discursive du forum commentent la réaction de l'ancien Président de la République, François Hollande, aux attentats parisiens du 13 novembre 2015. Après une classification des actes de communication dans le corpus, nous discuterons des moyens linguistiques sélectionnés pour rédiger les commentaires (en majorité négatifs, comme le montrera l'analyse). Dans la partie théorique de l'article, nous aborderons des notions centrales comme la fonction de la participation politique et de la construction identitaire sur internet ainsi que la fonction du partage d'expériences (le *sharing*) dans le contexte numérique. Après quelques réflexions concernant la visée persuasive des commentaires dans le domaine politique, nous présenterons brièvement notre corpus, pour ensuite discuter nos résultats de recherche. Notre contribution se terminera par une conclusion et des perspectives pour de futures analyses.

2 Cadre théorique et méthodologique

2.1 La participation politique sur le Web 2.0

Les innovations technologiques du Web 2.0 permettent aux citoyens de participer davantage au processus de formation de l'opinion politique. Le fait que l'internet propose aux citoyens de participer aux débats, à chaque moment, et en dépit des restrictions individuelles (cf. Emmer 2013 : 137) entraîne en effet des changements profonds dans les habitudes de communication ainsi qu'une ouverture des perspectives et des points de vue. Les commentaires critiques dans la sphère numérique, à l'écart du contrôle des partis politiques, peuvent alors être considérés comme un effort de la part des citoyens de construire un public alternatif. En même temps, on pourrait les caractériser comme un élargissement des formes de contestation traditionnelles, comme par exemple la participation à une manifestation :

> Der autokratischen Herrschaft einzelner Personen oder Gruppen bzw. der unkontrollierten bürokratischen Macht wird die Legitimation entzogen zugunsten einer Erweiterung der Entscheidungsbasis im Sinne von – formellen und informellen, direkten und repräsentativen – Formen der politischen Partizipation. […] In der Diskurspraxis der massenmedialen Öffentlichkeit treten an die Stelle allgemeiner Vernunft und kommunikativer Ethik häufig perspektivisch gebundene Eigeninteressen und Handlungslogiken der beteiligten Akteure […]. (Habscheid/Klemm 2007 : 2-3)[3]

[3] On retire la légitimation à la dominance autocrate d'individus ou de groupes, voire à un pouvoir bureaucratique incontrôlé, en faveur de l'élargissement de la base de décision dans le sens des formes de participation politique formelles et informelles, directes et représentatives. […] Dans le cadre des pratiques discursives d'un public médiatisé, le bon sens et l'éthique communicative sont souvent remplacés par les intérêts des acteurs. [Traduction de l'auteure]

Cependant, le concept de la 'participation (politique)' nécessite des précisions. Selon Emmer (2013), il faut prendre en compte la *dimension cognitive* (les opinions, les attitudes, le savoir) aussi bien que le niveau de *l'action politique* et être conscient de leur interdépendance. Par ailleurs, il faut prendre en compte trois types ou catégories de participation : l'usage d'informations politiques dans les médias, la participation aux décisions politiques (dans les cas où les citoyens participent aux élections, par exemple) et, enfin, la communication interpersonnelle (entre citoyens ou encore entre politiques et citoyens). Ces trois dimensions sont étroitement liées les unes aux autres. Pour illustrer cette interdépendance, prenons le cas d'un électeur qui s'informe sur des faits politiques sur internet (usage d'informations dans les médias) ou qui cherche à se faire une opinion concernant une prise de décision au niveau politique lors d'un entretien (communication interpersonnelle), avant de donner sa voix à un parti politique lors des élections (participation aux décisions politiques). Pour le présent article, dont l'objectif est de décrire les stratégies de communication dans les commentaires de citoyens dans un forum de discussion, la dimension de la communication interpersonnelle est la plus pertinente. S'agissant des deux dimensions mentionnées plus haut, elles sont toutes les deux importantes pour l'analyse. Lors de la discussion des résultats, nous montrerons en effet que les émetteurs cherchent, dans un premier temps, à influencer les récepteurs à travers des commentaires avec intention persuasive (la dimension *cognitive*), avant d'appeler leurs interlocuteurs à l'action (par exemple en donnant des consignes de vote aux membres de la communauté discursive ; c'est-ce qu'on appelle la dimension de *l'action politique*).

2.2 La construction identitaire dans la sphère numérique

Ce qui nous intéresse ici est de savoir quelle est la motivation des utilisateurs pour exprimer leur critique, voire leur mécontentement au sujet de la réaction de François Hollande aux attentats de Paris, dans la sphère numérique et publique. Il nous semble fort probable que, outre l'effort de construire un public alternatif opposé à l'auto-promotion des représentants politiques, c'est le besoin de construction identitaire des utilisateurs qui y joue un rôle. Marwick/Boyd (2010) désignent le phénomène de la construction identitaire dans les médias sociaux comme *personal branding* ou bien *self-commodification*. Contrairement à la communication en face-à-face, l'identité sociale des individus dans la sphère numérique se construit par l'échange communicatif, par interaction avec les autres membres d'une communauté discursive. Contrairement à la communication en face-à-face, l'usage des éléments non-verbaux et para-verbaux servant à construire l'identité des individus est limité dans la communication en ligne :

> In other words, self-presentation is collaborative. Individuals work together to uphold preferred self-images of themselves and their conversation partners, through strategies like maintaining (or 'saving') face, collectively encouraging social norms, or negotiating power differentials and disagreements. (Marwick/Boyd 2010 : s.p.)

Ce processus de construction identitaire est soumis à une modification permanente et dynamique car l'identité ne surgit qu'à travers l'application des routines de communication. Les défis de cette construction identitaire ne se trouvent pas au centre de la présente contribution ; on peut néanmoins supposer qu'une présentation positive de l'émetteur (par l'usage efficace de stratégies linguistiques) a le potentiel d'augmenter la visée persuasive d'un message posté et de contribuer de cette manière à la construction réussie d'un public alternatif. La négociation du pouvoir communicatif est un aspect central dans le débat public au sujet de la qualification de François Hollande comme Président de la République. En effet, la question de savoir qui est l'instance d'évaluation la plus importante de la compétence d'un représentant politique joue un grand rôle dans la sphère numérique : est-ce le candidat lui-même, les organes de la presse traditionnelle ou bien le public alternatif ? Nous ne pourrons pas répondre à cette question dans le cadre de cette contribution, mais elle devrait faire objet d'une autre analyse.

2.3 La notion du *Sharing*

Pour effectuer une analyse des commentaires critiques en ligne concernant les hommes politiques, il faut prendre en compte le rôle et la fonction du *Sharing* dans les médias sociaux. Tienken (2013) (cf. aussi Wee 2011) considère le *Sharing*, ou le fait de partager des expériences en les racontant, comme une des caractéristiques les plus prononcées des activités linguistiques sur internet sous sa forme participative dans le Web 2.0. Au centre d'une telle narration se trouve soit la présentation d'un événement terminé ou bien de quelque chose qui dure. Pour les interlocuteurs, ces deux constellations ont des fonctions différentes : c'est avant tout le récepteur à la recherche d'un conseil qui profite d'une expérience terminée racontée par l'émetteur alors que le bénéfice de raconter une expérience en cours revient plutôt à l'émetteur qui cherche le soutien de la communauté discursive et qui, en même temps, trouve un soulagement émotionnel dans le fait de partager sa situation.

2.4 La visée persuasive des commentaires dans le domaine politique

Avant de présenter les résultats de l'étude, il est nécessaire de définir la notion de « commentaire » ou bien l'acte de « commenter » (comme routine de communication). Dans de nombreuses études en linguistique textuelle, le « commentaire » est défini comme un genre de discours journalistique (cf. Lenk 2012). L'acte de commenter de manière informelle le comportement verbal et non-verbal des hommes politiques dans le domaine public partage avec les formes de commentaire du domaine journalistique la subjectivité, le caractère évaluatif et la visée persuasive.

Cependant, Lüger (2012) considère que le commentaire peut être défini non seulement comme un genre de discours, mais aussi comme une routine communicative. Dans le présent article, et malgré les similarités qui existent au niveau fonctionnel entre les commentaires dans le forum et le genre de discours « commentaire », nous comprenons donc le commentaire non pas comme un genre de discours, mais comme une routine complexe de communication (cf. Ehlich 2007) se manifestant dans l'usage de certaines stratégies linguistiques à la surface du texte. Néanmoins, la notion du type de texte « commentaire » et la routine de communication peuvent être étroitement liées.

> [s]ie [Lüger réfère au type de texte *commentaire* ; remarque de l'auteure] gehören der Klasse meinungsbetonter Texte an und beziehen sich in aller Regel auf einen aktuellen Sachverhalt, sie äußern Einstellungen, Bewertungen, nehmen Einordnungen vor, nennen Hintergründe, liefern Erklärungen, formulieren Empfehlungen, Warnungen, Schlußfolgerungen, Prognosen, widerlegen gegebenenfalls alternative Bewertungen oder entkräften Gegenpositionen. Ihr Ziel ist nicht allein die Übermittlung einer bestimmten Haltung oder Einstellung um ihrer selbst willen [...], sondern ebenso, zumal im öffentlichen Raum, deren Anerkennung und Übernahme durch den Rezipienten [...]. Hierin besteht gerade der persuasive Zweck von Kommentaren. (Lüger 2013 : 33)[4]

Les électeurs qui expriment leur mécontentement dans les forums de discussion visent l'acceptation de leur position par leurs interlocuteurs. De plus, les commentaires critiques dans le domaine numérique concernant le comportement verbal et non-verbal d'un homme politique peuvent être considérés comme une forme de protestation quand les utilisateurs opposent leur point de vue à l'auto-promotion des représentants. Avec Lüger,

> [werden] Texte als *Handlungsinstrumente* auf[gefasst], mit denen zum Beispiel auf einen gegebenen Zustand eingewirkt werden soll, durch die man bestimmte Aktivitäten auslösen möchte oder versucht, angenommene Voraussetzungen auf Rezipientenseite zu beeinflussen, zu verändern oder zu stabilisieren. (Lüger 2017 : 181) [mise en avant dans le texte original][5]

2.5 Présentation du corpus et méthode d'analyse

Les commentaires que nous avons analysés dans le cadre de notre étude ont été collectionnés sur une période de deux jours, immédiatement après les attentats parisiens, entre le 13 et le 15 novembre 2015. Le corpus comprend 120 commentaires, dans l'ordre chronologique dans lequel ils ont été postés dans la rubrique thématique « attentats de Paris » sur le site *www.forum-politique.org*. Dans un premier temps, nous avons essayé d'identifier différents types de commentaires dans le corpus, en classant les commentaires en dépendance de leur fonction communicative. L'approche méthodo-

[4] Ils font partie de la catégorie de textes qui mettent en avant l'expression des opinions des locuteurs. Ils réfèrent, en général, aux faits actuels, ils expriment des positions, des évaluations et des catégorisations, ils expliquent des choses, ils formulent des recommandations et des avertissements, ils tirent des conclusions et formulent des pronostics et, le cas échéant, ils réfutent des évaluations alternatives ou ils démentissent des positions contraires. Ce n'est pas leur objectif de communiquer une certaine position ou attitude [...], mais ils cherchent à être reconnus et acceptés par le récepteur [...]. C'est dans cet objectif que réside la finalité persuasive des commentaires. [Traduction de l'auteure]

[5] Les textes sont considérés comme des instruments avec lesquels on peut exercer une certaine influence, déclencher certaines activités ou influencer, modifier ou bien stabiliser des attitudes du côté du récepteur. [Traduction de l'auteure]

logique est donc inductive et d'une visée qualitative. Dans ce contexte, nous tenons à souligner la difficulté que constitue, sur le plan méthodologique, la délimitation exacte d'un acte de langage ou bien d'une illocution. Dans le corpus analysé, un message posté comporte rarement une seule illocution, autrement dit il a rarement une seule fonction communicative. Pour résoudre ce problème, Lenk (2012 : 129-131) propose une différenciation en termes de types d'illocution, que nous avons appliquée à la routine de communication « commenter » dans notre corpus :

- Les actes à visée informative (la narration du comportement de François Hollande).
- Les actes à visée évaluative (par exemple, donner des conseils ou bien déconseiller quelque chose, avertir).
- Les actes à visée appellative (s'adressant aussi bien aux électeurs qu'au candidat lui-même).

Outre la critique du comportement et des traits caractéristiques de François Hollande, combinant les actes à visée informative et évaluative, les émetteurs énoncent des prédictions (souvent ironiques), en expliquant à leurs interlocuteurs de quelle manière la France peut sortir du dilemme lors de la prochaine élection présidentielle (*Vous pouvez être sûr à 300 % qu'en 2017 le FN est président ; eux, ils vont fermer les frontières !*). Selon l'utilisateur cité dans l'exemple, le Front National va remporter la victoire lors des prochaines élections et ensuite prendre les mesures nécessaires pour lutter contre le terrorisme.

Dans un deuxième temps, nous avons catégorisé les stratégies linguistiques dans les commentaires. Dans cette deuxième étape de notre analyse, nous avons essayé de mettre la forme linguistique en relation avec les différents types de la routine communicative « commenter » mentionnés ci-dessus.

3 Discussion des résultats

Dans cette section, nous présenterons les résultats de l'analyse linguistique de notre corpus. Pour éviter des répétitions, nous nous concentrerons sur la présentation de quelques stratégies linguistiques sélectionnées qui, dans notre corpus, ont comme objectif d'évaluer le comportement de François Hollande après les attentats de Paris en novembre 2015. Dans ce qui suit, nous aborderons trois stratégies linguistiques que nous avons pu identifier dans les commentaires : les phraséologismes, l'ironie et les appels adressés à Hollande comme individu.

3.1 Phraséologismes

Notre analyse montre que les émetteurs cherchent, dans un premier temps, à influencer les récepteurs à travers des commentaires avec intention persuasive (la dimension *cognitive*), avant d'appeler leurs interlocuteurs à l'action (par exemple en donnant des consignes de vote aux membres de la communauté discursive ; c'est-ce qu'on appelle la dimension de *l'action politique*).

On peut d'abord constater la fréquence élevée, le haut degré d'expressivité et le caractère imagé des unités phraséologiques, qui permettant aux émetteurs non seulement d'exprimer des faits complexes et abstraits sous forme comprimée, mais leur offrent la possibilité de trouver un certain soulagement émotionnel. Les unités phraséologiques, dont l'usage indique plus généralement un degré élevé d'engagement émotionnel (cf. Voss 1999 et Hümmer 2006 : 38) des interlocuteurs, peuvent servir à exprimer des évaluations positives et négatives, de même qu'à soutenir et développer des argumentations (Stöckl 2004). Selon Burger (2015), les unités phraséologiques sont des :

> komplexe sprachliche Zeichen […], mit denen ein Sprecher/Schreiber referieren, prädizieren und/oder illokutive Handlungen durchführen oder modifizieren kann und gleichzeitig gegenüber den nicht-phraseologischen Entsprechungen ein Bündel weiterer evaluativer Handlungen, Einstellungen, Imagebezeugungen usw. ausdrücken kann. Phraseologismen sind also gewissermaßen pragmatisch ‚besonders geladen' […]. (Kühn 1994 : 420)[6]

Dans ce qui suit, nous regarderons de plus près quelques exemples tirés du corpus, servant d'illustration des fonctions des unités phraséologiques discutées ci-dessus.[7]

1. *On est dirigé par des guignols*, il ce passe des trucs bien plus atroce tous les jours. [U18]

2. *On est belle et bien en guerre*, et on va morfler vue l'incompétence de notre gouvernement à reagir rapidement. [U23]

3. *Le sang de ces innocents coule* sur hollande et valls [U41]

4. Et à côté de ça, on a toujours des « hippisounours » qui continue à *prendre les choses avec des pincettes...* [U79]

5. Non. C'est un gouvernement composé de personnes compétentes dans leur domaine respectif avec *un président qui a la tête sur les épaules.* [U105]

Dans l'exemple (1), l'utilisateur met en avant l'incompétence politique de François Hollande et de son gouvernement, auxquels il réfère à l'aide de la métaphore *des*

6 […] des unités lexicales complexes […], avec lesquelles un locuteur peut faire référence à quelque chose, réaliser ou bien modifier des actes illocutoires. En même temps, et contrairement à leurs équivalents non-phraséologiques, ces unités lexicales lui permettent d'accomplir beaucoup d'autres actes évaluatifs, des attitudes, etc. Les phraséologismes se caractérisent donc par le fait d'être « particulièrement chargés » au niveau pragmatique […]. [Traduction de l'auteure]

7 Pour garantir l'anonymat des utilisateurs (même si dans la plupart des cas, ils utilisent des pseudonymes), nous avons étiqueté les commentaires de manière alphanumérique (U [=Utilisateur]1, U2, U3, etc., suivant l'ordre chronologique de l'apparition des posts dans le forum). Dans les cas où un utilisateur a rédigé plusieurs commentaires, nous avons attribué la même lettre à tous les commentaires.

guignols.[8] Cette métaphore n'est pas utilisée uniquement pour commenter le comportement du gouvernement dans la sphère numérique, mais apparaît également dans la presse écrite ou à la télévision quand il s'agit de commentaires sur les responsables du monde de la politique en général. Dans ce contexte, on peut mentionner l'émission de télévision satirique *Les Guignols.* Cette émission est diffusée depuis 1988 sur Canal +, et son objectif principal consiste à caricaturer le monde politique et ses personnalités.

Dans l'exemple (2), par l'usage de la métaphore *être en guerre,* qui sert à renforcer l'idée d'une situation difficile après les attentats, rendant nécessaire une réaction immédiate, l'utilisateur critique l'immobilité et l'indifférence de François Hollande, qui contrastent avec l'état de guerre proclamé par le président lui-même. L'exemple (3) illustre de quelle manière des unités phraséologiques permettent aux interlocuteurs de mettre en avant leur critique du comportement de leur chef d'État : l'expression lexicale complexe « Le sang des innocents coule sur Hollande » souligne la responsabilité de François Hollande dans les attentats, due à son inactivité et son incapacité à mettre en vigueur des mesures efficaces avant cet acte terroriste. L'exemple (4) contient un commentaire critique concernant le comportement hésitant de François Hollande, jugé incapable de prendre des décisions, ne voulant pas prendre ses responsabilités. La critique est soulignée par l'usage de l'unité phraséologique *prendre les choses avec des pincettes,* servant à caractériser une personne qui agit avec trop de précautions. Enfin, dans l'exemple (5), l'unité phraséologique a comme objectif d'évaluer de manière positive le bon sens de François Hollande ainsi que ses réactions conformes à ce qu'on attend du Président de la République (l'unité phraséologique *avoir la tête sur ses épaules* sert à caractériser une personne équilibrée et sensée).

3.2 Ironie

L'ironie au niveau du contenu des messages joue également un rôle important dans le contexte des commentaires des utilisateurs portant sur François Hollande.

6. Hollande a l'air vachement ému quand même. […]. *Il est surtout énervé d'avoir raté la fin du match.* [U47]

7. Triste France : Hollande vient de dire : « nous allons fermées les frontières ».. Non *mais mort de rire*.. fallait qu'il se passe cela pour qu'ils comprennent qu'ils ne fallait pas les ouvrir .. [U55]

8. l doit être content, *le flamby*!!! *pour lui il faudrait des attentats tous les jours!!!!* [U80]

Dans l'exemple (6), l'utilisateur commente le fait que François Hollande n'a pas tout de suite compris la dimension des attentats et qu'il aurait préféré regarder un match de foot

[8] Dans les exemples discutés, les éléments de texte pertinents pour l'analyse sont mis en avant en italiques. Nous n'avons pas corrigé d'éventuelles fautes au niveau grammatical ou orthographique. Par conséquent, et pour garantir la lisibilité des exemples, nous avons renoncé à marquer chaque infraction à la norme par [*sic !*].

s'il avait pu. Il s'agit donc d'un président qui n'est pas capable d'exercer les fonctions qu'exige sa position de responsabilité, car il n'a pas compris le sérieux de la situation. Dans l'exemple (7), l'utilisateur critique les mesures prises par le gouvernement, selon lui inefficaces et mises en vigueur trop tard. Il aurait préféré que le Président de la République instaure des contrôles aux frontières plus tôt pour éviter un flux migratoire incontrôlé car il est d'avis que la vague d'immigration est la cause des attentats. Il ajoute qu'il aurait été préférable de ne pas ouvrir les frontières du tout. Dans l'exemple (8), la critique porte sur l'instrumentalisation des attentats par François Hollande dans l'objectif de faire augmenter sa popularité (« pour lui il faudrait des attentats tous les jours !!!! »). L'exemple contient la métaphore *le flamby*, servant à désigner le Président de la République.[9] Cette métaphore réfère à son inactivité ainsi qu'à son apparence physique, au fait qu'il serait « mou ».[10] Cet exemple montre, qui plus est, la manière dont les utilisateurs se servent de la répétition de points d'exclamation pour exprimer leur indignation.

3.3 Les appels adressés à Hollande comme individu

Nous en venons à une troisième catégorie de moyens linguistiques qui permettent aux utilisateurs du forum de commenter (de préférence de manière négative) le comportement du Président de la République. Il s'agit des appels adressés à Hollande ou encore à l'élite politique dans son ensemble. Nous avons donc affaire à un dialogue fictif entre les utilisateurs et les représentants du gouvernement :

9. Voilà, Hollande prends maintenant la parole.
10. HOLLANDE FERME LES FRONTIERES ENFIN !!!!
11. Hollande doit abdiquer en faveur de Vladimir « Bearwalker » Poutine.
12. C'est au gouvernement de protéger les citoyens français. S'ils n'en sont pas capable qu'ils dégagent!!!

Les exemples (9) et (10) s'adressent directement au Président de la République ; le fait que l'utilisateur tutoie le président français indique un certain manque de respect car la forme d'adresse réduit la distance sociale entre les interlocuteurs (fictifs). Tandis que les revendications dans l'exemple (9) ne sont pas spécifiées (Hollande doit juste prendre la parole, c'est-à-dire réagir, et réaliser ses promesses), l'exemple (10) contient une référence exacte à la crise migratoire. L'utilisateur appelle Hollande à prendre position et à fermer les frontières car selon lui, les immigrés vivant en France se trouvent à l'origine des attentats. L'usage de majuscules ainsi que l'itération des points d'exclamation

[9] Cet exemple montre que les commentaires dans notre corpus contiennent parfois plusieurs stratégies linguistiques qui s'imbriquent.

[10] Pour une analyse de remarques dévalorisantes de représentants politiques voir aussi l'étude de Klemm/Michel (2013) dans laquelle les auteurs analysent les commentaires de citoyens portant sur les hommes politiques allemands.

soulignent le fait qu'il est désabusé et sur le point de perdre patience. Ces deux exemples sont directement adressés à François Hollande par l'usage de l'impératif, même s'il est fort probable que le président ne les lise pas. La critique est donc surtout destinée aux membres de la communauté discursive qui partagent l'opinion de leur interlocuteur, dans l'objectif de renforcer la cohésion sociale. La stratégie d'adresser les commentaires à un public hétérogène peut être considérée comme élément constitutif de textes médiatisés dont l'audience ne représente pas un groupe homogène, mais se compose d'un ensemble de groupes ayant des intérêts différents :

> Schließlich sorgt auch der Faktor ‚Mehrfachadressierung' für eine Erweiterung des Bedeutungspotentials von Kommentartexten. Öffentlich vorgestellte Texte sind gleichsam per se einem heterogenen Publikum ausgesetzt, unterschiedliche Adressatengruppen können sich angesprochen fühlen und je spezifische Interpretationen vornehmen. (Lüger 2017 : 201)[11]

Dans les exemples (11) et (12), l'utilisateur exprime sa critique de manière prononcée, en soulignant l'incompétence de François Hollande et de son gouvernement (l'usage de la 3e personne de singulier, en combinaison avec le verbe de modalité *devoir* dans l'exemple (11), met en avant l'idée que François Hollande n'a pas de choix et qu'il faut maintenant agir de manière adéquate). Dans le dernier exemple, l'appel est indirectement adressé aux responsables politiques dans leur ensemble, à la 3e personne du pluriel.

4 Conclusion et perspectives

Dans le cadre de notre étude, nous espérons avoir pu montrer que le fait de commenter le comportement de représentants politiques dans la sphère numérique peut être considéré comme une forme de contestation ou comme un effort de constituer un public alternatif. Des électeurs critiques propagent leur point de vue subjectif dans les réseaux sociaux, tout en opposant leur position à la communication stratégique orientée vers l'auto-présentation positive. Du passage du discours politique dans le domaine public résulte une image des représentants politiques dont les citoyens sont co-auteurs :

> Zugleich ermöglicht die Existenz leicht nutzbarer Informationsquellen außerhalb des von Mainstream-Medien dominierten redaktionellen Informationsproduktions- und -disseminationsprozesses eine pluralistischere und unabhängigere Informationsversorgung. Auf diese Weise ermöglicht das Internet ein alternatives, möglicherweise facettenreicheres Bild von der (politischen) Realität. (Jackob 2013 : 104)[12]

[11] Enfin, un résultat du fait que les textes sont adressés à un public dispersé (adressage multiple) est un élargissement des interprétations potentielles du sens des commentaires. Comme les textes publics s'adressent à un public hétérogène, différents groupes de récepteurs peuvent les interpréter différemment. [Traduction de l'auteure]

[12] En même temps, l'existence de sources d'information facilement accessibles aux utilisateurs, situées en dehors du processus de la génération et de la dissémination d'informations dominé

La protestation publique et numérique se fonde sur la supposition que :

> das Netz [eröffnet] gewisse alternative Zugangswege zu politischen Öffentlichkeiten jenseits der massenmedialen Gatekeeper, was öffentlichkeitstheoretisch ein Fortschritt in Richtung einer besseren Berücksichtigung der Positionen der gesamten Bürgerschaft im politischen Diskurs darstellt. (Emmer 2013 : 142)[13]

L'analyse met au jour plusieurs types de commentaires qui sont constitutifs du corpus et peuvent être classés en différents types illocutoires. Les actes de visée informative, évaluative et appellative s'avèrent être dominants. Dans ce contexte, nous avons signalé le défi méthodologique de délimiter les types d'illocution pour tous les exemples.

Pour commenter le comportement de François Hollande de manière critique, les émetteurs ont recours à des stratégies verbales et non-verbales. Au niveau linguistique, les unités phraséologiques permettent aux utilisateurs de communiquer des contenus complexes de manière condensée. De plus, l'usage des unités phraséologiques montre clairement que les commentaires comprennent des éléments d'un style émotionnel. S'y ajoutent l'ironie et les appels adressés de manière directe ou indirecte aux représentants politiques.

Pour terminer, nous tenons à souligner que les stratégies linguistiques identifiées ne sont pas réservées aux discussions dans les forums en ligne, mais qu'on peut les relever également dans d'autres formes de la communication politique.

5 Bibliographie

Bieber, Christoph : *Papier, Maschine, Netzwerk? Auswirkungen des Medienwandels auf die Organisation politischer Wahlen*, dans : Roessing, Thomas/Podschuweit, Nicole (éds.) : *Politische Kommunikation in Zeiten des Medienwandels*, Baden-Baden 2013, p. 197-218.

Burger, Harald : *Phraseologie. Eine Einführung am Beispiel des Deutschen. 5., neu bearbeitete Auflage*, Berlin 2015.

Domke, Christine : *Werbung, Wahlkampf, Weblogs. Zur Etablierung einer neuen Kommunikationsform*, dans : Habscheid, Stephan/Klemm, Michael (éds.) : *Sprachhandeln und Medienstrukturen in der politischen Kommunikation*, Tübingen 2007, p. 335-353.

Ehlich, Konrad : *Sprache und sprachliches Handeln. Pragmatik und Sprachtheorie, Prozeduren des sprachlichen Handelns, Diskurs, Narration, Text. Schrift.* 3 volumes, Berlin/New York 2007.

Emmer, Martin : *Evolution oder Revolution? Der Einfluss des Internets auf die Rolle der Bürger in der Politik*, dans : Roessing, Thomas/Podschuweit, Nicole (éds.) : *Politische Kommunikation in Zeiten des Medienwandels*, Baden-Baden 2013, p. 137-161.

par les médias dominants, rend possible un plus haut degré d'indépendance concernant les informations qu'on met à la disposition du public. [Traduction de l'auteure]

13 [...] l'internet ouvre, au-delà des « gardiens » des mass-médias, des accès alternatifs au public politique. Cela peut être considéré comme un progrès en direction d'une meilleure prise en compte des positions de la totalité des citoyens dans le contexte du discours politique. [Traduction de l'auteure]

Fleischer, Wolfgang : *Phraseologie der deutschen Gegenwartssprache. 2., durchgesehene und ergänzte Auflage*, Tübingen 1997.

Habscheid, Stephan/Klemm, Michael : *Politische Kommunikation in der Mediengesellschaft: Problemhintergrund, Fragestellungen, Analyseansätze. Zur Einführung in den Band*, dans : Habscheid, Stephan/Klemm, Michael (éds.) : *Sprachhandeln und Medienstrukturen in der politischen Kommunikation*, Tübingen 2007, p. 1-9.

Hümmer, Christiane : *Semantische Besonderheiten phraseologischer Ausdrücke. Korpusbasierte Analyse*, dans : *Linguistik Online* 27 (2006), p. 29-56.

Jackob, Nikolaus : *Internetnutzungsfrequenz, gesellschaftliches Vertrauen und politische Beteiligung. Befunde aus einer repräsentativen Querschnittsstudie*, dans : Roessing, Thomas/Podschuweit, Nicole (éds.) : *Politische Kommunikation in Zeiten des Medienwandels*, Baden-Baden 2013, p. 103-135.

Klemm, Michael/Michel, Sascha : *Der Bürger hat das Wort. Politiker im Spiegel von Userkommentaren in Twitter und Facebook*, dans : Diekmannshenke, Hajo/Niehr, Thomas (éds.) : *Öffentliche Wörter. Analysen zum öffentlich-medialen Sprachgebrauch*, Stuttgart 2013, p. 113-136.

Kühn, Peter : *Adressaten und Adressatenkarussell in der öffentlichen politischen Auseinandersetzung*, dans : *Rhetorik* 11 (1992), p. 51-66.

Kühn, Peter : *Pragmatische Phraseologie: Konsequenzen für die Phraseographie und Phraseodidaktik*, dans : Sandig, Barbara (éds.) : *EUROPHRAS 92. Tendenzen der Phraseologieforschung*, Berlin 1994, p. 411-428.

Lenk, Hartmut E.H. : *Von der Illokutionsstruktur zum Handlungsweg*, dans : Lenk, Hartmut E.H./Vesalainen, Majo (éds.) : *Persuasionsstile in Europa. Methodologie und Empirie kontrastiver Untersuchungen zur Textsorte Kommentar*, Hildesheim/Zürich/New York 2012, p. 115-158.

Lenk, Hartmut E.H./Vesalainen, Marjo : *Der Kommentar als persuasiver Text*, dans: Lenk, Hartmut E.H./Vesalainen, Majo (éds) : *Persuasionsstile in Europa. Methodologie und Empirie kontrastiver Untersuchungen zur Textsorte Kommentar*, Hildesheim/Zürich/New York 2012, p. 7-32.

Lüger, Heinz-Helmut : *Persuasion als medienlinguistisches Phänomen*, dans : Lenk, Hartmut E.H./Vesalainen, Majo (éds.) : *Persuasionsstile in Europa. Methodologie und Empirie kontrastiver Untersuchungen zur Textsorte Kommentar*, Hildesheim/Zürich/New York 2012, p. 63-92.

Lüger, Heinz-Helmut : *Journalistisches Kommentieren gestern und heute*, dans : *Jahrbuch der ungarischen Germanistik* (2013), 33-57.

Lüger, Heinz-Helmut : *Kommentieren als komplexes Sprachhandeln*, dans : Giessen, Hans W./Lenk, Hartmut E. (éds.) : *Persuasionsstile in Europa III: Linguistische Methoden zur vergleichenden Analyse von Kommentartexten in Tageszeitungen europäischer Länder*, Hildesheim/Zürich/New York 2017, p. 179-203.

Marwick, Alice/Boyd, Danah : *I Tweet Honestly, I Tweet Passionately: Twitter Users, Context Collapse, and the Imagined Internet*, dans : *New Media and Society.* nms.sagepub.com/content/early/2010/06/22/1461444810365313.full.pdf+html, consulté le 15/10/2015.

Stöckl, Hartmut : *Die Sprache im Bild – das Bild in der Sprache. Zur Verknüpfung von Sprache und Bild im massenmedialen Text. Konzepte – Theorien – Analysemethoden*, Berlin 2004.

Tienken, Susanne : *Sharing. Zum Teilen von Erzählungen in Onlineforen*, dans : Álvarez López, Laura/Seiler Brylla, Charlotta/Shaw, Philip (éds.) : *Computer-mediated discourse across languages*, Stockholm 2013, p. 17-43.

Voss, Cornelia : *Textgestaltung und Verfahren der Emotionalisierung in der BILD-Zeitung* [= Münchener Studien zur literarischen Kultur in Deutschland, Band 31], Frankfurt am Main et al. 2013.

Wee, Lionel : *Sharing as an activity type*, dans : *Text&Talk* 31/3 (2011), p. 355-373.

Control y escaladas de tensión políticas: El uso mediático de las locuciones preposicionales *sin duda*, *al parecer* y *con certeza* en el contexto político-periodístico

Verónica Böhm/Anja Hennemann

1 Introducción

Mediante los discursos políticos se establece una relación entre el emisor y su audiencia. Dependiendo de la intención del emisor, el texto o contenido de una comunicación política puede estar 'controlado' mediante diversos medios lingüísticos (por ejemplo, selección de palabras, determinados usos de estructuras sintácticas, etc.) que marcan la dirección temática de un contenido político o determinadas acciones políticas. Por ejemplo, las noticias sobre la guerra en Irak son producidas y entendidas sobre la base del conocimiento que tiene el emisor y el lector acerca de esta guerra (cf. Van Dijk 2005: 16). Pero por el contrario, cuando por medio de una comunicación política se trata de producir impulsos o una reacción específica en la audiencia, se trata de un discurso 'no controlado', por medio del cual se produce una 'escalada de tensión'. Por ejemplo, "cuando los libros de texto, artículos de prensa o discursos políticos son usados para difundir prejuicios racistas o sexistas, o cuando el presidente engaña a los ciudadanos respecto a la amenaza atribuida y representada por las armas ficticias de destrucción masiva en el país que él quiso invadir a toda costa" (Van Dijk 2004: 11). Todo esto se hace mediante el uso de diversos medios lingüísticos que permiten controlar o escalar el contenido de una comunicación política, ya sea expresada por los mismos políticos o por personas involucradas en el ámbito político o de opinión pública, como es el caso de los periodistas.

Uno de esos medios lingüísticos son las locuciones preposicionales, como *sin duda*, *al parecer* y *con certeza*. Defendemos la hipótesis de que estas locuciones preposicionales son usadas como una estrategia medial-comunicativa 'especial' entre el emisor del enunciado y el destinatario/lector en el contexto político-periodístico (cf. también Böhm/Hennemann 2016). Por medio de ellas se trata de 'controlar' el contenido de un enunciado o de una información noticiosa sobre un tema o suceso político y 'escalar' tensiones entre los actores de la comunicación, ya sea entre el emisor político o emisor periodista y el destinatario (público o lector). De este modo, existe una relación entre la política y los medios de comunicación, por lo que los medios de comunicación se convierten en transmisores o mediadores de informaciones, discursos o enunciados políticos o de temas relacionados con la política.

El objetivo de este estudio es analizar, desde el punto de vista mediático-comunicativo, el uso de las locuciones preposicionales del tipo [preposición + sustantivo], como *sin duda*, *al parecer* y *con certeza*. A continuación, obsérvese la representación formal de las locuciones preposicionales:

preposición	sustantivo
sin	*duda*

al	*parecer*
con	*certeza*

Tabla 1: Representación formal de las locuciones preposicionales

Por medio del uso de determinadas construcciones lingüísticas se representan o expresan los sucesos o hechos políticos y sociales que pueden ser expresados mediante discursos u opiniones políticas dichas por los propios políticos (acto de habla primario) o transmitidas por medio de informaciones periodísticas (acto de habla secundario). Por eso, en este estudio también se comprobará que mediante el empleo de las locuciones preposicionales *sin duda, al parecer* y *con certeza* el emisor de la enunciación, especialmente, el periodista, sirve como 'intermediario' o 'mediador' de la información entre el emisor original y el lector, y se convierte en un actor comunicativo-político que puede controlar y hacer escalar tensiones políticas sobre un tema o situación política determinada. La información noticiosa, que está marcada por tales locuciones, traspasa su función, y se establece así una interacción especial entre los actores de la comunicación: político-periodista-lector (público).

Para fines de este estudio analizaremos a) la interacción de estas locuciones preposicionales con otros medios lingüísticos que aparecen en la misma proposición y observaremos b) sus diferentes posiciones sintácticas y sus diversos significados que resultan de ellas, así como sus diversos usos en el contexto mediático-político. Por ejemplo, cuando aparecen al inicio de la proposición o se encuentran insertadas entre comas o cuando se usan en posición parentética, etc.

El tipo de análisis del corpus es predominantemente cualitativo, cuyos ejemplos han sido tomados del programa de corpus en línea CREA (Corpus de Referencia del Español Actual), del tema de 'política', de los medios 'periódicos' y 'revistas' y sin restricción geográfica.

2 Fondo teórico

2.1 Sobre la información periodística y la estrategia comunicativa mediática

La información (en general) es definida, por un lado, como la acción de informar y, por el otro, como el efecto de ser informado: "Información es la acción y efecto de informar, o sea de enterar, de instruir, de enseñar en todos los dominios del pensamiento y la actividad humana-política, económica, social, artística, científica, técnica" (Benítez 2001: 31). "[L]a información periodística debe asegurar y posibilitar el conocimiento de los hechos, ideas y opiniones", (Dragnic 1994: 140), también debería estar vinculada a la actualidad (Benítez 2001: 31). De la misma forma, 'los artículos periodísticos deben ser claros, significativos, precisos e interesantes' (Cappon 2005: 11).

Estilísticamente, los textos periodísticos deberían redactarse de una manera simple, objetiva y directa: "[...] cada información debe tener la misma sencillez y claridad con respecto a su objetivo" (cf. Cappon 2005: 17). "El mundo periodístico conoce, pues, unos 'trucos' para que una información noticiosa pueda parecer directa y concisa sin serlo en realidad y/o llevar implícitos otros mensajes" (Böhm/Hennemann 2016: 306). De este modo, las locuciones preposicionales *sin duda, al parecer* y *con certeza* –que no solo son usadas por los periodistas, sino también por los políticos– podrían ser consideradas como unos 'trucos periodísticos', por medio de las cuales el emisor original (el político) o el intermediario (el periodista) desea crear un efecto o determinada reacción en el destinatario (lector/público). Estas locuciones se usan, entonces, con fines pragmático-comunicativos, es decir, se convierten en una estrategia medial-comunicativa 'especial' entre el emisor del enunciado y el destinatario/lector. Cabe mencionar que las locuciones preposicionales *sin duda, al parecer* y *con certeza* también asumen una función evidencial-epistémica, indicando la actitud del hablante sobre el conocimiento o la obtención de la información y señalando implícitamente que no se puede identificar de dónde proviene la información o que la información procede de terceras fuentes. Mediante ellas se expresa un cierto distanciamiento por parte del hablante frente a su enunciado y se crea un efecto pragmático de duda o incertidumbre sobre la información en el lector:

> [i]n these means of expression the functional-semantic categories of evidentiality and epistemic modality seem to overlap: on the one hand, they are used if the state of affairs talked about cannot be verified, i.e., if there is still a moment of insecurity concerning the transmitted information. On the other hand, [*al parecer* is] often used if the information being talked about comes from an external information source, i.e., an information source which cannot be identified as the speaker or author. (Böhm/Haßler/Hennemann 2017: 87-88)

Entonces, con el empleo de estas locuciones preposicionales (*sin duda, al parecer* y *con certeza*) en el contexto político se logra controlar el contenido de una información noticiosa respecto a un tema o suceso político, así como crear escaladas de tensión en el ámbito político. Por otro lado, el periodista asume el rol de 'intermediario' o 'mediador' de la información entre el emisor original y el lector, reproduciendo los discursos políticos y creando efectos o reacciones en el destinatario. De modo que la información noticiosa marcada por tales locuciones parece traspasar su función primaria, y se establece una interacción especial entre el periodista y el lector.

2.2 Los diferentes actos de habla

En este estudio, se diferencian dos tipos de emisores del enunciado: En la reproducción de discursos (políticos) directos por parte de los periodistas, los emisores del enunciado original (acto de habla primario) son los mismos políticos (véase ejemplo 1), y en los discursos (políticos) indirectos, los periodistas, que reproducen y transmiten el enunciado original en forma de noticias informativas, en la prensa o en la televisión, se convierten en emisores secundarios de la enunciación (acto de habla secundario, como en el ejemplo 2):

1. Insistió en que él no tiene "una peseta en Suiza, por lo que no sé qué se podrá hinchar o intoxicar en torno a eso, pero lo que sé *con certeza* es que no tengo una peseta allí, ni la he tenido nunca". (*La Vanguardia* 17/06/1994)

2. Las jugosas historias de pasiones y romances no fueron *al parecer* el entretenimiento preferido de los presidentes republicanos [...] (*Vistazo* 06/11/1997)

Los actos de habla primario son representados por:

a) citación directa,
b) en contexto de la primera persona (en singular o plural) o
c) el tipo de texto de entrevista.

No se han considerado para el análisis cualitativo los casos en que la locución preposicional sirve como respuesta, es decir, cuando esta no es parte del *dictum*, como es el caso de *sin duda* en el ejemplo (3):

3. - ¿Siguen sosteniendo que Alfonso Guerra tiene responsabilidad política en el caso?
- *Sin duda*. Y cada día que pasa está más claro. (*El Tiempo* 17/12/1990)

3 Análisis cualitativo

El análisis cualitativo se divide en dos partes: a) análisis de *sin duda*, *al parecer* y *con certeza* en los actos de habla primario (3.1) y b) análisis del uso de estas locuciones preposicionales en los actos de habla secundario (3.2). Nos enfocaremos, por un lado, en la posición sintáctica de estas locuciones, teniendo en cuenta su scopus; y por el otro, en el significado de toda la proposición marcada por *sin duda*, *al parecer* o *con certeza*, lo que será de mucho interés. También se analizará la interacción entre estas locuciones y otros medios que aparecen en la misma proposición.

Tal y como se ha mencionado anteriormente, los ejemplos han sido extraídos del Corpus de Referencia del Español Actual (CREA) y contienen informaciones periodísticas relacionadas con algún tema político. Para garantizar la autenticidad de los ejemplos se ha escrito el nombre del periódico y la fecha en que se ha emitido el enunciado periodístico. Asimismo, la búsqueda y selección de los ejemplos no se limitan solo a informaciones periodísticas del español peninsular (por ejemplo, *Vanguardia*, *El País*, etc.), sino también del americano (por ejemplo, *El Universal* de Venezuela, *El Tiempo* de Colombia, entre otros). Los emisores de los enunciados son, naturalmente, los periodistas que transmiten la información, pero también reproducen los enunciados tal y como lo expresan los políticos o las personas relacionadas con alguna gestión política.

3.1 Las locuciones preposicionales en los actos de habla primario

Comparando la locución preposicional *sin duda* con sus equivalentes en francés, Martín Zorraquino (2004) explica:

> En lo que se refiere a *sin duda*, Larousse (1999, I, 309) señala como definición 'sans doute' (añade *sin duda alguna* 'sans aucun doute'; *no cabe duda*, *no hay duda*, *sin lugar a dudas*

> 'il n'y a pas de doute'), y, a su vez, incluye *sans doute* bajo *doute*, con el valor de 'sin duda' (y *sans aucun doute* 'sin duda alguna') (II, 224). Por otra parte, aporta una observación interesante: "Hoy *sans doute* significa más bien *quizás, probablemente*" (Larousse 1999, I, 309). Pero eso sucede también en el español, lengua en la que *sin duda* puede expresar certeza, pero también probabilidad (frente a *desde luego*, que señala lo evidente o indudable de algo, como experimentado por el propio hablante) (cf. Martín Zorraquino/Portóles Lázaro, 1999, 4158). Por su parte, Reyes (1958, 1074) define *sin duda* simplemente como 'sans doute'. (Martín Zorraquino 2004: 60)

Apoyándose en Martín Zorraquino/Portóles Lázaro (1999: 4158), Martín Zorraquino (2004: 62) afirma también que "la partícula *sin duda*" ha sido "caracterizada como signo de modalidad epistémica, indicador de 'evidencia' o 'certeza indudable'". Esta definición es similar a la de Volkmann (2005: 299) que caracteriza *sin duda* como marcador inferencial. En los siguientes ejemplos, la locución preposicional *sin duda* asume una función de adverbio oracional cuando aparece al inicio de la proposición y se encuentra separado por comas, es decir, cuando aparece con un scopus muy amplio, modificando semánticamente toda la proposición:

4. "*Sin duda*, Al Qaeda intenta golpear fuerte" en Arabia Saudí, declaró la consejera de Seguridad Nacional, Condoleezza Rice, a la cadena CNN. (*El País* 14/06/2004)

En el ejemplo anterior (4), *sin duda* hace referencia a la actitud epistémica del hablante, es decir, a su aparente conocimiento obtenido que tiene sobre la situación expresada. Puede ser que el hablante cuente con claras evidencias para expresar tales enunciados. Por el contrario, en el siguiente ejemplo, *sin duda* –que también aparece al inicio de la proposición, pero sin coma– refuerza la certeza y seguridad del contenido mismo de la proposición que se está enunciando:

5. Cascos fue más explícito: "*Sin duda* lo mejor es lo que ha hecho el señor Belloch" [...] (*La Vanguardia* 02/03/1995)

En el ejemplo anterior (5) *sin duda* expresa su significado literal, es decir, que 'no hay ninguna duda' de la situación expresada en la proposición. No obstante también se usa *sin duda* parentéticamente, cuando aparece, sobre todo, separada por comas. Lo interesante es que su función es similar a la del adverbio oracional, con la única diferencia que su scopus puede estar a la izquierda del adverbio:

6. En cualquier caso, opino que tanto los gallegos que han ido a las urnas como los que no han querido ir no pretendían con sus respectivas acciones dar ejemplo de nada y mucho menos causar pena a nadie. Otra cosa, *sin duda*, es la existencia de espíritus sensibles y mentes afligidas, de lo que, me parece a mí, los gallegos no tienen la culpa. (*El País* 03/01/1981)

Por el contrario, en el siguiente ejemplo (7), *sin duda* es parte de la predicación y modifica el predicado pos- y antepuesto:

7. Andrés Allamand, uno de los vicepresidentes de Renovación Nacional y partidario de una elección presidencial directa en lugar del plebiscito, reconoció que la crisis en su partido "*sin duda* va a afectar las posibilidades de triunfo". (*El Universal* 17/04/1988)

En el siguiente ejemplo (8), *sin duda* aparece al final de la oración y funciona como adverbio oracional que modifica toda la proposición:[1]

8. No creo que eso sea así. Nosotros, el PASOC, tenemos representación institucional en muchas zonas y en otras la vamos a tener, *sin duda*. (*El Tiempo* 10/12/1990)

También se han observado casos en los que *sin duda* va antepuesta al futuro sintético.[2] Según Martín Zorraquino (2004: 60), es bastante probable que la combinación del uso de la locución preposicional *sin duda* con el futuro sintético exprese 'quizás/probablemente', es decir, probabilidad en vez de certeza, por lo que se puede crear un efecto de incertidumbre en el lector respecto a la información transmitida. En este ejemplo, la función evidencial indirecta e inferencial del futuro sintético se superpone al significado adverbial de *sin duda*, como por ejemplo:

9. El primer ministro francés, Edouard Balladur, anunció que, debido a la difícil situación económica del país, va a pedir "esfuerzos y sacrificios" a la ciudadanía con medidas que "*sin duda serán* impopulares". (*El Universal* 21/04/1993)

Sin embargo, cuando el futuro sintético aparece con la locución preposicional *con certeza*, *con certeza* asume una función adverbial, modificando solo el predicado subsiguiente, por lo que su scopus no es amplio:

10. Los miembros del CEN y el propio Presidente y sus amigos íntimos, *sabrán con certeza* quién soy [...]. (*El Siglo* 19/05/1997)

Lo mismo parece ocurrir en el siguiente ejemplo, donde *con certeza* aparece con la forma verbal perfecta y asume una función adverbial:

11. *No he sabido con certeza* si el presidente González ofreció, en su día, a Adolfo Suárez la Embajada de Brasil o la de Argentina "más un 'status' especial de embajador volante iberoamericano". (*ABC* 17/11/1983)

No obstante, el uso del futuro sintético con la locución preposicional *con certeza* es mucho más frecuente, subrayando un contexto de especulación o inferencia que puede ser considerado 'bastante cierto':

1 Cabe mencionar que de acuerdo a los casos analizados en el CREA, esta posición sintáctica final de *sin duda* en la proposición parece ser no muy frecuente, porque encontramos solo un caso.

2 Respecto al uso del futuro sintético, Squartini (2001: 321) dice que esta forma verbal es usada para expresar evidencia indirecta, mejor dicho, una inferencia (véase también Volkmann 2005: 287-289; Gévaudan 2008 o Hennemann 2013a: 381-399 y Hennemann 2014).

12. El diseño político de Duhalde es conseguir el triunfo este año en la provincia de Buenos Aires, porque ese logro **será** el que lo *dejará* posicionado *con certeza* para 1999. (*La Nueva Provincia* 04/09/1997)

Por otro lado, la locución preposicional *al parecer* puede expresar inferencia y hacer una referencia a 'otras voces' (véase también Hennemann 2013a: 150-153). Según Martín Zorraquino (2004: 62), esta locución preposicional también ha sido clasificada como "[marcador] de modalidad epistémica [orientativo] sobre la fuente del mensaje" (Martín Zorraquino/Portóles Lázaro: 1999, 4159-4161), así como "modalizadora polifónica" en el sentido de "según los indicios o de acuerdo con la opinión o los informes de otro" (Santos Río 2003: 491):[3]

13. Cristina Ubani, portavoz de Denon Artean, una de las organizaciones que junto con Gesto por la Paz apoyan a los trabajadores de Alditrans, señaló que [...]. "*Al parecer* -opinó- las movilizaciones de HB decaen si no se producen enfrentamientos. *Parece que* sólo buscan salir en la prensa por los motivos que todos conocemos." (*La Vanguardia* 30/09/1995)

En el ejemplo anterior (13), la locución preposicional asume la función de un adverbio oracional, y por lo tanto, tiene un scopus amplio, modificando toda la proposición.

En los siguientes ejemplos, la función inferencial de *al parecer* se hace aún más notoria, sobre todo, cuando es introducida por *dice* o aparece en combinación con la conjunción causal *porque*, que introduce una justificación por parte del locutor indicando que el locutor hace una inferencia sobre la base de algunas evidencias:

14. Dice Montemayor: "*Al parecer* Seguridad Nacional funciona con dos años de retraso, porque ese reporte detallado ya le llegó ahora, cuando no puede hacer más. [...]" (*Proceso* 02/02/1997)

15. - No es seguro todavía. En Acción Popular hay dos corrientes. Una, la del aparato del partido, se opone a aliarse.
    - *Al parecer porque* esperan que así el partido tenga la necesaria depuración para ser más fuerte para la próxima... (*Revista Hoy* 25-31/07/1984)

Desde el punto de vista lingüístico, en el ejemplo (16), el periodista decide reproducir la cita del locutor original para distanciarse de su enunciado, creando así un efecto de incertidumbre o duda respecto a la situación expresada en el enunciado, el cual es contextualizado (por el periodista) con la información "al ser preguntado por la veracidad de la información":

16. "*Al parecer* es así", aseguró Juan Carlos Esguerra, que está al frente de esta cartera, al ser preguntado por la veracidad de la información. (*El Mundo* 13/04/1996)

El uso de *al parecer* en contextos políticos parece ser una herramienta muy sutil por parte del locutor para escalar la información y generar un efecto de 'rumor' sobre lo que se está

[3] Véase también Martín Zorraquino (2004: 63).

hablando. En el siguiente ejemplo, la locución preposicional *al parecer* es usada parentéticamente, haciendo referencia explícita a la opinión del locutor respecto a la situación expresada:

17. No en balde seguimos, *al parecer*, representando el "reservorio espiritual de Europa", que, por lo visto, nunca ha sabido agradecérnoslo demasiado. (*Triunfo* 02/07/1977)

Al parecer también funciona como adverbio oracional, tal y como lo muestra el siguiente ejemplo (18), en el que *al parecer* aparece en segunda posición antes del verbo. La respuesta del interlocutor "Así lo he oído" confirma la función de "modalizadora polifónica". Los dos locutores hablan sobre una información adquirida por terceros:

18. - Ravinet *al parecer* no cederá en cuanto a que el tema se resuelva en una elección.
-Así lo he oído. (*Caras* 22/12/1997)

En el siguiente ejemplo (19), el scopus de *al parecer* está limitado, pues *al parecer* no modifica toda la proposición, sino más bien el elemento sintáctico que aparece a su derecha:

19. Y explica: "El EPR ha insistido, en sus comunicados, en una organización en la que *al parecer* nadie se ha fijado. [...]". (*Proceso* 02/02/1997)

3.2 Las locuciones preposicionales en los actos de habla secundario

Tal y como lo hemos visto en los ejemplos de actos de habla primario, la locución preposicional *sin duda* es usada como adverbio oracional con un scopus muy amplio y aparece, por lo general, seguida de una coma:

20. *Sin duda*, esa proximidad con la guerra y la irreversibilidad de lo que ha pasado en Bosnia fuerzan a retomar el pacifismo de nuestra primera juventud y a pensar de nuevo desde una perspectiva adulta. (*La Vanguardia* 16/12/1995)

En el ejemplo anterior (20), *sin duda* modifica toda la proposición y expresa la conclusión o inferencia del hablante respecto a una situación sobre la base de claras evidencias.

En el uso del futuro sintético y futuro compuesto con *sin duda* (21), *sin duda* indica que se trata de un 'contexto de certeza limitada':

21. *Sin duda podrá contar* con el ultranacionalista Vladímir Zirinovski [...]. (*El País* 09/12/2003)

También se ha podido observar que *sin duda*, no separada por una coma, modifica la predicación pospuesta, por lo que su scopus se encuentra limitado:

22. *Sin duda* entiende que no podrá jugar con la FRR como lo ha estado haciendo con los cascos azules [...] (*La Vanguardia* 30/07/1995)

En el ejemplo (23), el scopus de *sin duda* está aún más restringido. Además expresa certeza:

23. Eso sería hacer de menos al electorado español. Tiene que haber causas más hondas; y *sin duda las hay*. (*Triunfo* 02/07/1977)

En el siguiente ejemplo (24), *sin duda* aparece separada por comas, modifica toda la proposición y es usada como paréntesis (parentéticamente). El hablante parece añadir solo un comentario o un juicio, o expresar su punto de vista respecto a la situación presentada en el enunciado. Si se omite *sin duda*, esto no altera en absoluto el mensaje principal del enunciado:

24. La encuesta refleja una curiosa paradoja respecto a nuestro país. Los españoles son, *sin duda*, el colectivo menos euroescéptico de todo el continente. (*La Vanguardia* 01/06/1994)

Sintácticamente, *sin duda* también puede aparecer al final de la frase como adverbio oracional. En estos casos, *sin duda* adquiere una función discursiva y de conclusión, enfatizando la opinión del locutor sobre la situación expresada:

25. Más escuetamente, un anciano afirmaba alegremente en un bar la misma noche del domingo: "¡Ya era hora de que les diéramos una lección a esos fanfarrones!". Un sentimiento compartido por muchos burgaleses, *sin duda*. (*Triunfo* 09/07/1977)

Sin duda también puede aparecer seguida de una conjunción causal (ejemplo 26), así como *al parecer* (véase ejemplos anteriores), sobre todo, en contextos inferenciales o de incertidumbre, ofreciendo una aparente justificación:

26. [...] muy al contrario sigue formando parte de la realidad de nuestro país agudizada *sin duda por* la combinación del desempleo, los bajos salarios y las dificultades de inserción laboral de los jóvenes y las personas no cualificadas. (*El Socialista* nº 651: 04/2003)

A continuación obsérvense más ejemplos con *sin duda* + futuro sintético, en los cuales se interpreta un contexto de inseguridad o inferencial. Mientras que la locución preposicional en posición parentética en el ejemplo (27) parece tener un scopus más amplio porque modifica toda la proposición, en el ejemplo (28) su scopus está más restringido porque el hablante desea enfatizar o resaltar solo algunos aspectos de la situación expresada:

27. El PP *usará*, *sin duda*, sus nuevas plataformas para hacerle comprender a CiU que la situación ha cambiado, y que en España hay un poder emergente con el que hay que contar. (*La Vanguardia* 30/05/1995)

28. Lo que de allí resulte en respuesta al voto esperanzado del pueblo colombiano, *definirá sin duda* el destino de la nación. (*El Tiempo* 01/06/1990)

Con respecto a *con certeza,* no se ha encontrado ningún caso en el CREA en los que esta locución preposicional aparezca en la posición inicial de la proposición. En textos periodísticos (pero en 'revistas' no encontramos ningún caso), *con certeza* se usa como paréntesis y aparece separada por comas:

29. Los que lo critican son de Caracas, tránsfugas de cualquier organización, librepensadores, homosexuales o, *con certeza*, no son diputados o senadores ni tienen oportunidad de serlo [...]. (*El Nacional* 07/01/1997)

En el ejemplo anterior (29), *con certeza* modifica solo una parte de la proposición (situada a la derecha), por lo que su scopus no es tan amplio. Por el contrario, en el ejemplo (30), *con certeza* –además de usarse parentéticamente– modifica toda la proposición, marcando así un scopus muy amplio:

30. En este sentido puede hablarse realmente de la autonomía como reto y no como prebenda, como desafío y no como sinecura. Considerarla así es, *con certeza*, la mejor y quizá la única vía para obtener de ella resultados positivos. (*El País* 17/12/1980)

En el siguiente ejemplo (31) *con certeza* aparece introduciendo un enunciado final en la proposición:

31. Y sin embargo, a pesar de las negativas oficiales sobre un posible compromiso matrimonial entre el príncipe de Gales y la princesa María Astrid, de Luxemburgo, la duda permanece en la mente de todos los ingleses, *con certeza* por el deseo general de ver pronto casado al soltero más codiciado del mundo. (*El País* 10/07/1980)

A nuestra opinión, el uso de *con certeza* en el ejemplo anterior (31) es inferencial, es decir, no indica necesariamente que el locutor (o periodista) se encuentre seguro de lo que está afirmando, sino más bien es una inferencia o conclusión que hace el locutor respecto a una situación dada las evidencias del caso. De este modo, *con certeza* podría tener el significado de *al parecer*. En el siguiente ejemplo (32), *con certeza* asume su significado literal en un contexto negativo ("No se sabe"). Además, el contexto más amplio subraya que no se puede saber con certeza tal información porque hay "distintas versiones", el uso del condicional ("serían")[4] enfatiza la inseguridad o incertidumbre del hablante:

32. *No se sabe con certeza* cuántos son los principales miembros del gobierno pero *según distintas versiones serían* más de veinte. (*El Tiempo* 02/01/1990)

4 Sobre el uso del condicional evidencial reportativo, véase también Dendale (1993), Guentchéva (1994), Kronning (2002; 2004), Wachtmeister Bermúdez (2004: 7), Sullet-Nylander (2006), Gévaudan (2008), Hennemann (2013a: 366-381), Hennemann (2013b) o Böhm/Hennemann (2014).

Tal y como ya se ha observado en los ejemplos de actos de habla primario, en general, *saber* y *con certeza* representan una combinación de palabras muy frecuentes[5]:

33. Hasta mañana, miércoles, o quizá hasta el fin de semana, *no se sabrá con certeza* quién ha triunfado en las elecciones suecas del domingo. (*El País* 13/04/1979)

Asimismo, como se ha observado, tanto mediante el uso de *sin duda*, como *con certeza*, el periodista ofrece su opinión sobre la información, y en algunos casos, indica implícitamente que sabe o parece saber de lo que está hablando. De este modo, el periodista parece garantizar la veracidad del contenido de la información, pero al mismo tiempo hace que el lector interprete la información a su modo.

En el caso de *al parecer*, como también lo hemos visto anteriormente, se crea una interpretación de incertidumbre, especulación o rumor sobre lo que se está informando, ya que el periodista no dice explícitamente si se basa en evidencias directas o indirectas para presentar su información, lo que deja la veracidad de la información abierta a cualquier interpretación posible del lector.

Veamos algunos ejemplos sobre la función de *al parecer* de acuerdo con su posición sintáctica. Se han encontrado ejemplos donde su posición sintáctica al inicio de la proposición modifica el elemento situado a su derecha –véase *al parecer mentiría el gobernador* en el ejemplo (34), por medio del cual su scopus se encuentra restringido,[6] no siendo así en el ejemplo (35), donde *al parecer* también aparece al inicio de la proposición, pero es usado con función evidencial, haciendo referencia a la información procedente de otras fuentes o de otras 'voces' o como marcador inferencial, indicando la inferencia o conclusión que hace el hablante sobre la situación expresada. En los siguientes ejemplos, ambos usos inferenciales de *al parecer* son introducidos por elementos que motivan o conducen a la conclusión del hablante:

34. ¿Quién miente en esta cacofonía? *Al parecer mentiría* el gobernador cuencano ya que renunció a su cargo y la renuncia le fue aceptada de un solo toque. Mas conociendo al gobernador, es improbable que haya mentido. (*Vistazo* 23/01/1997)

35. Esperemos resultados. *Al parecer* –y ojalá así sea– sí se trata de una "pantomima armada", *como lo afirma el titular de Gobernación*. Pero todavía faltan pruebas. (*Excélsior* 11/07/1996)

En el siguiente ejemplo, *al parecer* asume una función conclusiva, pues el mismo hablante confirma esta conclusión mencionando los nombres de los que participarán en el fulbito:

36. Se disponen a jugar fulbito. *Al parecer* son 8 los que juegan: Cerpa, Rolly, Tito, Salvador, Dante, Mexicano, Charapa y Chibolo. (*Caretas* 26/06/1997)

5 En el CREA, en todos los medios, en el tema de política, y sin restricción geográfica, se registra un total de 54 resultados de *con certeza*, de los cuales 26 casos aparecen con el verbo *saber*, como por ejemplo: "No se sabe con certeza [...]." (*El Tiempo* 02/01/1990)

6 No obstante, el uso del condicional 'de rumor' subraya, en el ejemplo (34), el carácter polifónico de *al parecer*.

Cuando *al parecer* aparece al final de la proposición, este parece asumir una función evidencial, indicando que la información procede de otras fuentes, lo que podría reemplazarse con *según fuentes*, *según dicen* o *según indicios*:

37. Desde noviembre pasado el cargo de secretario ejecutivo del Consejo de Coordinación Judicial que ocupaba la ministra Miriam Schenone se encuentra vacante. No por mucho tiempo, *al parecer*. (*Caretas* 03/04/1997)

El uso anterior de *al parecer* está relacionado con su función polifónica (véanse Cornillie 2007a: 36; Cornillie 2007b: 123; Hennemann 2013a: 150-153; Kotwica 2013 o Böhm/Haßler/Hennemann 2017), es decir, en cuanto a *según indicios*, *según evidencias*, *según lo que dicen otros*, o *según dicen*. Por eso, el uso de *al parecer* se adecúa muy bien con el uso de construcciones evidenciales que se encuentran explícitos en el contexto:

38. En un principio, *portavoces de la Secretaría de Estado de la Comunicación aseguraron* a DV que no les constaba la existencia del encuentro, ya que no figuraba en la agenda del presidente. *Al parecer*, la reunión pretendía ser reservada pero [...]. (*El Diario Vasco* 19/09/1996)

No obstante, cabe resaltar el hecho de que *al parecer* también pueda indicar implícitamente la inferencia del hablante, pero a su vez pueda aparecer en posición parentética, debido a que la locución preposicional *al parecer* aparece insertada entre comas en la proposición. Su scopus no es, por lo tanto, amplio:

39. No obstante que Fernando y José estuvieron durante varios lustros cobijados por las mismas siglas, nunca aparecieron públicamente juntos en tareas partidistas y, *al parecer*, nunca lo *harán* después de que José renunció al partido [...]. (*Proceso* 09/02/1997)

Por el contrario, cuando *al parecer* aparece sin comas insertada en posición intermedia en una proposición, parece expresar una función adverbial que modifica solo el elemento situado a su derecha (véanse también ejemplos anteriores en 3.1):

40. Dada una situación que *al parecer* dejaría a Gore con un[a] mayoría del voto popular [...]. (*Revista Semana* 13-19/11/2000)

De acuerdo con los ejemplos analizados, "*Al parecer* is predominantly used parenthetically; it can be placed at the beginning of a phrase or inserted within it. It is largely used with a broad scope, but usages with a narrow scope are also possible [...]" (Böhm/Haßler/Hennemann 2017: 94), tal y como lo muestra el siguiente ejemplo, donde la conclusión o inferencia u opinión del hablante se enfoca o se refiere solo a alguna parte de la situación expresada:

41. Los indígenas mexicanos son personas nobles y dignas que buscan pertenecer a un espacio legítimamente propio, pero *al parecer prestado*. (*Proceso* 22/12/1996)

En el ejemplo anterior, *al parecer* es usado con un scopus estrecho.

4 Conclusión

Desde el punto de vista mediático-comunicativo, se ha podido observar que dependiendo de la posición sintáctica en que aparezcan las locuciones *sin duda*, *al parecer* y *con certeza*, estas pueden ser usadas para expresar solo la opinión del emisor, donde parece que la información transmitida es 'controlada', como es el caso de *con certeza* (en todas las posiciones sintácticas) y *sin duda* en posición parentética y al final de la proposición, a diferencia de *sin duda* cuando aparece al inicio de la proposición y *al parecer*, en todas las posiciones sintácticas, que conllevan a interpretar la información como una especulación, por lo que es una información 'no controlada' que genera 'escalas de tensión' –diversas reacciones– entre todos los participantes de la comunicación, sobre todo, en los receptores del enunciado.

Asimismo, las locuciones preposicionales *sin duda* y *al parecer* pueden ser usadas como adverbios oracionales, las cuales modifican toda la proposición, sobre todo, cuando aparecen al inicio de la proposición y aparecen separadas por comas. No obstante, en el caso de *sin duda*, cuando esta aparece entre comas e insertada en medio de la proposición también puede asumir una función adverbial a nivel oracional. También se encontraron casos –aunque no muchos– en los que ambas locuciones preposicionales aparecen al final de la proposición, insertadas mediante una coma. En el caso de *con certeza*, no se encontró ningún caso en el CREA que muestre que tal locución es usada al inicio de la oración. Apenas se encontraron dos casos (solo en periódicos), en los que *con certeza* aparece insertada en la proposición entre comas, lo que lleva a su interpretación parentética. En la mayoría de los casos, *con certeza* se usa con función adverbial, solo marcando un predicado, y teniendo un scopus bastante estrecho. *Al parecer* y *sin duda* también pueden ser usadas parentéticamente, y dependiendo del contexto, su scopus puede estar restringido, es decir, modificar solo el elemento que aparece a su derecha.

Con respecto a su función semántico-pragmática, se pudo comprobar para *sin duda* la hipótesis de Moratín Zorraquino (2004): la locución preposicional puede expresar 'sin duda alguna' (el significado literal), pero también puede significar 'quizás/probablemente'. Mejor dicho, por un lado, puede expresar probabilidad, por otro lado, seguridad. En el caso de *al parecer*, esta locución asume en la mayoría de los ejemplos la función de "modalizadora polifónica" en el sentido de "según los indicios o de acuerdo con la opinión o los informes de otro" (Santos Río 2003: 491). Esto conlleva a que se cree una interpretación de rumor o especulación sobre lo que se está informando. También se ha podido confirmar su significado inferencial. Tal y como lo hemos visto en varios ejemplos, su scopus puede ser de diferente amplitud.

En los actos de habla primario, los locutores usan las locuciones preposicionales para mitigar o reforzar sus informaciones, o para hacer referencia a 'otras voces', es decir, a terceras fuentes de donde procede el contenido de su proposición.

En cuanto a los actos de habla secundario, podemos decir que mediante el empleo de las locuciones preposicionales, el hablante, en este caso el periodista, sirve como 'intermediario' o 'mediador' de la información entre el emisor original y el lector. La información noticiosa –marcada por tales locuciones– traspasa su función, y se establece una interacción especial con el periodista y el lector. En suma, podemos decir que la prensa, como medio de comunicación, se vale de ciertos recursos para traspasar su función intermediaria en la transmisión de la información (cf. Böhm/Hennemann 2016: 318). Así, el discurso político reproducido puede ser controlado, mitigado o reforzado mediante las locuciones preposicionales *sin duda*, *al parecer* y *con certeza*. Estas locuciones preposicionales se prestan muy bien para expresar la opinión, creencia o juicio del hablante respecto a una situación que puede ser polémica y requiera ser suavizada (controlada) o exagerada (escalada) cuando sea producida en forma de información o de noticia.

5 Referencias

Benítez, José Antonio: *La noticia integral*, La Habana 2001.

Böhm, Verónica/Hennemann, Anja: *The Evidential Use of the Spanish Imperfect and the Conditional in Journalistic Contexts*, en: *Studia Neophilologica* 86/2 (2014), p. 183-200.

Böhm, Verónica/Hennemann, Anja: *El pretérito imperfecto como un medio estratégico en textos periodísticos*, en: Bürki, Yvett/Partzsch, Henriette (eds.), *Redes de comunicación: La prensa en el mundo hispánico*, Berlin 2016, p. 305-319.

Böhm, Verónica/Haßler, Gerda/Hennemann, Anja: *On the evidential use of English adverbials and their equivalents in Romance languages and Russian. A morpho-syntactic analysis*, en: Marín-Arrese, Juana I./Haßler, Gerda/Carretero, Marta (eds.), *Evidentiality Revisited: Cognitive Grammar, Functional and Discourse-Pragmatic Perspectives*, Amsterdam 2017, p. 87-104.

Cappon, Rene J.: *Journalistisches Schreiben*, Berlin 2005.

Cornillie, Bert: *Evidentiality and Epistemic Modality in Spanish (Semi-)Auxiliaries. A Cognitive-Functional Approach*, Berlin 2007a.

Cornillie, Bert: *On the continuum between lexical and grammatical evidentiality. Evidence from Spanish*, en: *Italian Journal of Linguistics* (*Evidentiality between Lexicon and Grammar*) 19/1 (2007b), p. 108-129.

CREA. *Corpus de Referencia del Español Actual*. http://corpus.rae.es/creanet.html.

Dendale, Patrick: *Le conditionnel de l'information incertaine : marqueur modal ou marqueur évidentiel?*, en: Hilty, Gerold (ed.), *Actes du XXe Congrès International de Linguistique et Philologie Romanes, Université de Zurich (6–11 avril 1992)*, Tübingen 1993, p. 165-176.

Dragnic, Olga: *Diccionario de Comunicación Social*, Caracas 1994.

Gévaudan, Paul: *Das kleine Einmaleins der linguistischen Polyphonie*, en: *PhiN* 43 (2008), p. 1-10. http://web.fu-berlin.de/phin/phin43/p43t1.htm, último acceso: 10/11/2010.

Guentchéva, Zlatka: *Manifestations de la catégorie du médiatif dans les temps du français*, en: *Langue Française. Les sources du savoir et leurs marques linguistiques* 102 (1994), p. 8-23.

Hennemann, Anja: *A Context-sensitive and Functional Approach to Evidentiality in Spanish or Why Evidentiality needs a Superordinate Category*, Frankfurt am Main 2013a.

Hennemann, Anja: *The Journalistic Conditional in Spanish*, en: Brumme, Jenny/Falbe, Sandra (eds.), *The Spoken Language in a Multimodal Context. Description, Teaching, Translation*, Berlin 2013b, p. 167-182.

Hennemann, Anja: *The Spanish Synthetic Future as a Means of Expression of Inference*, en: *Studies in Literature and Language* 9/1 (2014), p. 11-26.

Kotwica, Dorota: *Los valores del significado de la partícula evidencial al parecer: la atenuación y el efecto de disociación*, en: Cabedo Nebot, Adrián/Aguilar Ruiz, Manuel José/López-Navarro Vidal, Elena (eds.), *Estudios de lingüística: investigaciones, propuestas y aplicaciones*, Valencia 2013, p. 403-410.

Kronning, Hans: *Le conditionnel 'journalistique': médiation et modalisation épistémiques*, en: *Romansk Forum* 16/2 (2002), p. 561-575.

Kronning, Hans: *Modalité et médiation épistémiques*, en: Delamotte-Legrand, Régine (ed.), *Les Médiations Langagières. Des faits de langue aux discours. Actes du colloque international. La médiation: marquages en langue et en discours*, Rouen 2004, p. 35-65.

Martín Zorraquino, María Antonia: *El tratamiento lexicográfico de los marcadores del discurso y la enseñanza de E/LE*, en: *SELE. Actas XV* (2004), p. 53-67. http://cvc.cervantes.es/ensenanza/biblioteca_ele/asele/pdf/15/15_0051.pdf, último acceso 30/11/2016.

Martín Zorraquino, María Antonia/Portóles Lázaro, José: *Los marcadores del discurso*, en: Bosque, Ignacio/Demonte, Violeta (dir.), *Gramática Descriptiva de la Lengua Española*. Tercera parte, Madrid 1999, p. 4051-4213.

Santos Río, Luis: *Diccionario de partículas*, Salamanca 2003.

Squartini, Mario: *The internal structure of evidentiality in Romance*, en: *Studies in Language*. 25/2 (2001), p. 297-334.

Sullet-Nylander, Françoise: *Paratexte, contexte et intertexte dans Le Monde (2005): conditionnels journalistiques et discours rapportés*, en: *Pratiques* 129/130 (2006), p. 123-138.

Van Dijk, Teun: *Discurso y Dominación*, en: *Grandes Conferencias*, Nro. 4. Facultad de Ciencias Humanas, Universidad de Colombia, Sede Bogotá (2004), p. 1-28. http://www.discursos.org/oldarticles/Discurso%20y%20dominaci%F3n.pdf, último acceso 30/11/2016.

Van Dijk, Teun: *Ideología y análisis del discurso*, en: *Utopía y Praxis Latinoamericana*/Afio 10, Nro. 29 (Abril Junio, 2005), p. 9-36.

Volkmann, Gesina: *Weltsicht und Sprache. Epistemische Relativierung am Beispiel des Spanischen*, Tübingen 2005.

Wachtmeister Bermúdez, Fernando: *La categoría evidencial del castellano: metonimia y elevación del sujeto*, en: *Boletín de Lingüística* 22 (2004), p. 3-31.

Estrategias multimodales para el análisis del control y de la escalada en algunas áreas políticas

Approches multimodales : Contrôle et escalades verbales dans quelques domaines politiques particuliers

Violence verbale dans le discours politique ivorien : analyse de la lettre de Anaky Kobena à François Hollande

Adou Amadou Ouattara

1 Introduction

Dans la vie des Etats, il est des faits ou des évènements qui provoquent inévitablement la réaction de ses acteurs sociopolitiques, du fait de leur particularité. Ces réactions protéiformes sont toujours arrimées aux idéologies et ambitions politiques. C'est le cas de la lettre ouverte d'ANAKY Kobena adressée aux autorités françaises[1], dans le cadre du procès de l'ancien président de la République de Côte d'Ivoire, Laurent GBAGBO.

En effet, suite à la crise post-électorale de 2010-2011, il a été procédé à l'arrestation du président sortant le 11 avril 2011 et à son transfèrement à la Cour Pénale Internationale (CPI) sis à la Haye, le 21 novembre 2011. Le procureur de cette cour l'accuse d'être co-auteur indirect de crimes contre l'humanité, de crimes de guerre, en termes de viols, de meurtres, d'exactions perpétrées contre des populations civiles et sans défense. Cependant, ce transfèrement ne rencontre pas l'adhésion de tous les acteurs politiques du pays. A la lecture de la lettre adressée au Président de la République française, au Président du Sénat français et au Président de l'Assemblée Nationale française et objet de cette étude, on peut classer son auteur, Anaky Kobena, dans la catégorie de ceux qui estiment qu'elle n'est pas justifiée et surtout qu'elle empire la situation sociopolitique déjà délétère depuis le coup d'Etat de 1999. Ainsi, dans sa correspondance, il exprime sa volonté de voir les autorités françaises s'impliquer pour que le prisonnier soit remis en liberté, après avoir présenté le contexte circonstanciel qui a prévalu à son arrestation et montrer le caractère salutaire, pour la France et la Côte d'Ivoire, de cette implication souhaitée.

Aussi, l'on note, dans cette lettre, des propos, des termes ou expressions qui intègrent la violence verbale d'autant plus qu'ils mettent implicitement à mal les faces des autorités françaises, destinataires principaux et de certaines autorités ivoiriennes délocutées.

Pourquoi et à quelles fins, dans une correspondance qui formule des doléances, Anaky produit-il des actes menaçant les faces[2] de ceux qu'il adresse ? Ces actes ne fragilisent-ils pas sa démarche ? Comment se manifestent-ils d'ailleurs ?

[1] La lettre a été publiée le 23 mai 2016 sur le profil facebook d'Anaky Kobena, sous le titre « Procès de Gbagbo. Anaky parle aux autorités françaises ». Mais le lendemain, elle a été reprise et commentée par la presse ivoirienne et s'est vue attribuée le nouveau titre de « Lettre ouverte d'Anaky Kobena à François Hollande ».

[2] C'est à Goffman qu'il faut attribuer la notion de Face Threating Acts (FTA), traduit en français par Actes menaçant la face par Kerbrat-Orecchioni. Cette notion a été complétée par elle avec la notion contraire de Face Flattering Acts (FFA), en français : Actes valorisant la face.

Dans cette étude, nous présenterons dans un premier temps les manifestations énonciatives et discursives de la violence verbale et dans un second temps, son caractère argumentatif. Pour y parvenir, nous nous appuierons sur la théorie de la politesse linguistique de Brown et Levinson d'une part et sur l'analyse argumentative de Ruth Amossy d'autre part.

2 Les manifestations énonciatives et discursives de la violence verbale

2.1 Cadre théorique

La violence verbale se définit comme « une montée en tension contextualisée qui se décline à travers différentes étapes (incompréhension, négociation, évitement, renchérissement, renforcement…), marquée par des ‹ déclencheurs de conflit › et par l'emploi d'une importante variété d'actes de langage (harcèlement, mépris, déni, insulte…) » (Auger/Moïse 2005 : 293-302). Autrement dit, elle est caractérisée par l'emploi dans une interaction verbale, de termes pouvant porter atteinte à la dignité, à l'intégrité morale, à l'amour-propre des locuteurs. La face s'entendant comme « l'ensemble des images valorisantes que l'on tente, dans l'interaction, de construire de soi-même et d'imposer aux autres » (Kerbrat-Orecchioni 1986 : 156). Mais la menace de cette face est, selon Auger et Moïse, fonction du contexte qui en contient les « déclencheurs ». De ce point de vue, il n'y a pas de propos ou d'actes de langage violents en soi ; c'est le cadre de l'échange dans lequel l'acte est convoqué et l'effet performatif qui déterminent son caractère violent. Aussi, pour Pénélope Brown et Stephen Levinson, à qui Kerbrat-Orecchioni attribue « le cadre théorique le plus élaboré » (Kerbrat-Orecchioni 2002 : 440), tous les actes de parole sont-ils potentiellement violents, entendu qu'ils peuvent à tout moment porter atteinte aux faces[3] et aux territoires[4] des protagonistes de l'interaction. Cependant, ils rebaptisent ces notions goffmaniennes en « face positive » et « face négative » qu'ils classent en quatre (04) catégories :

> (1) Actes menaçants pour la face négative de celui qui les accomplit : c'est par exemple le cas des promesses par lesquelles on s'engage à faire, dans un avenir proche ou lointain, quelque chose qui risque de venir léser son propre territoire.
> (2) Actes menaçants pour la face positive de celui qui les accomplit : aveux, excuses, autocritiques et autres comportements « auto-dégradants ».
> (3) Actes menaçants pour la face négative de celui qui les subit : offenses proxémiques, contacts corporels indus, agressions visuelles, sonores et olfactives, mais aussi questions « indiscrètes », ordres, interdictions, conseils et autres actes qui sont à quelque titre dérangeants et « impositifs ».

[3] Ce terme est à prendre au sens figuré dont il est revêtu dans les expressions « perdre la face », « sauver la face ».

[4] Il désigne l'ensemble des territoires du moi : territoire corporel, spatial, temporel, biens matériels ou symboliques.

> (4) Actes menaçants pour la face positive de celui qui les subit : critiques, réfutations, reproches, insultes, moqueries et autres comportements vexatoires. (Brown/Levinson 1987 : 260).

Aussi, notre réflexion portera-t-elle exclusivement sur les actes des deux dernières catégories, c'est-à-dire les actes qui menacent les faces négatives et positives de celui qui les subit ; en l'occurrence le régime ivoirien actuel et les autorités françaises.

2.2 Actes menaçant les faces des destinataires

De fait, dans le cadre de la présentation du contexte qui a prévalu à l'arrestation puis au transfèrement de l'ancien président Laurent Gbagbo, Anaky note que ces évènements se sont produits avec l'appui militaire et logistique de la France, que les populations ivoiriennes n'ont guère apprécié :

> […] les populations ivoiriennes retinrent qu'au final, c'est la ferme implication de l'armée française, par les airs, les eaux, puis au sol jusqu'à la résidence bunkerisée de Laurent Gbagbo qui fit la décision. Leur expliquer que l'armée française agissait sous mandat de l'ONU est un exercice tout aussi byzantin que stérile.

Dans cet énoncé, le destinateur procède à une focalisation par extraction.

On parle de focalisation par extraction lorsque le procédé emphatique « associe une locution identifiante (notamment c'est) et une relative pour extraire un constituant de la phrase et qui permet d'obtenir ainsi une phrase clivée. […] L'élément extrait est appelé focus ou foyer […] » (Riegel/Pellat/Rioul 1994 : 725-726). Ici, le groupe nominal « la ferme implication de l'armée française, par les airs, les eaux, puis au sol jusqu'à la résidence bunkerisée de Laurent Gbagbo » constitue le focus, car encadré par le présentatif « c'est » et le pronom relatif « qui ». Cette emphatisation permet au destinateur de mettre en relief le contenu propositionnel du constituant extrait, en l'occurrence l'implication de l'armée française sans laquelle Alassane Ouattara n'aurait pu parvenir au pouvoir. Le faisant, il présente ce contenu comme un fait ou un état de fait constaté et donc effectivement accompli ; réalité d'ailleurs amplifiée par la typologie assertive de sa phrase. Les auteurs sus-cités notent même que « sémantiquement, l'information apportée par la phrase se dissocie en posé et présupposé : la séquence qui suit le relatif est présupposé […] et l'élément extrait est posé » (idem : 726). Ainsi, Anaky pose que la France s'est effectivement impliquée via son armée et présuppose que c'est cette intervention qui a joué en défaveur de Laurent Gbagbo. D'ailleurs l'adjectif antéposé « ferme » qui caractérise cette intervention laisse deviner le caractère sérieux des moyens humains et logistiques qui ont pu être mobilisés. Mais avant cette focalisation, le destinateur précise dans la proposition principale, dont la phrase clivée est en réalité la subordonnée complétive, que c'est ce que l'opinion ivoirienne a retenu de la crise post-électorale. Il indique certes que cette intervention était sous-tendue par un mandat onusien, surtout que la Force Licorne bénéficiait désormais de ce mandat[5], mais laisse entendre que la présentation de cet argument était inutile et incapable d'apaiser les cœurs des Ivoiriens. Cet énoncé qui, par la focalisation par extraction, pose que l'armée française est intervenue en faveur d'Alassane Ouattara et présuppose que c'est ce qui lui a permis de parvenir au pouvoir, constitue alors un acte d'accusation. Les autorités françaises sont accusées de s'être ingérées dans les affaires internes d'un Etat, et surtout en faveur d'un candidat. Conformément aux dispositions légales qui régissent les relations internationales et à la constitution ivoirienne, les autorités françaises sont accusées d'avoir réalisé un coup d'Etat en Côte d'Ivoire et contre le président Laurent Gbagbo. L'argument du mandat onusien devrait être considéré comme fallacieux selon les Ivoiriens, parce que la France aurait agi outre ce dernier. Et l'auteur qui se fait ainsi porte-voix de ce peuple « remonté » contre la France s'approprie, pour ainsi dire, cette accusation.

Cela se perçoit à travers l'adjectif qualificatif « ferme » antéposé au nom « implication » dans l'énoncé que nous venons d'analyser. De fait, le destinateur opère une modalisation par l'emploi de cet adjectif qui apparait comme subjectif. Selon Charaudeau, « la modalisation ne constitue qu'une partie du phénomène de l'énonciation, mais elle en constitue le pivot dans la mesure où c'est elle qui permet d'expliciter ce que sont les positions du sujet parlant par rapport à son interlocuteur, à lui-même et à son propos » (1992 : 572). Et traitant des modalités[6] en tant qu'expression ou manifestation de la modalisation, Nicole Le Querler distingue les modalités subjectives et les modalités intersubjectives. Les premières sont « l'expression seulement du rapport entre le sujet énonciateur et le contenu propositionnel (et les secondes), le rapport établi entre le sujet énonciateur et un autre sujet, à propos du contenu propositionnel » (1996 : 63). Dans notre cas, il s'agit d'une modalité subjective traduite par l'adjectif « ferme ». Selon Le Grand Robert, cet adjectif a pour synonyme vigoureuse, déterminée, hardie, énergique, décidée. Selon Anaky donc, l'intervention de l'armée française s'est opérée d'une façon qui serait déterminée, énergique ou vigoureuse. Eu égard au fait qu'aucune déclaration officielle des concernés et de leur mandant (l'armée française et l'ONU) n'ait ainsi qualifié l'intervention en question, l'on peut déduire que l'emploi de cet adjectif relève d'un jugement de valeur personnel[7] de la part du destinateur. Il s'implique ainsi dans son énoncé et accuse lui aussi, par ricochet, les autorités françaises à qui il s'adresse.

Or, l'accusation fait partie des actes menaçants pour la face positive de celui à qui elle est adressée, surtout dans le cadre politique ou judiciaire. S'il s'avère que la France a outre-passé ce mandat par son intervention, l'évocation de cet acte de violation devient alors FTA et remet en cause la crédibilité de cette puissance occidentale. Et ce serait effectivement « un exercice tout aussi byzantin que stérile » que d'expliquer le contraire aux Ivoiriens. D'ailleurs, à en croire l'auteur, ces derniers pensent que c'est plutôt par connivence avec le camp d'Alassane Ouattara que la France est intervenue.

5 http://www.defense.gouv.fr/operations/cote-d-ivoire/actualites/cote-d-ivoire-accueil-de-ressortissants-sur-le-camp-de-port-bouet [archive].

6 Elle définit la modalité comme l'« expression de l'attitude du locuteur par rapport au contenu propositionnel de son énoncé » (1996 : 63).

7 N. Le Querler parle de modalité appréciative (approbation, blâme, indignation).

Cela se perçoit dans l'assertion suivante ; laquelle a des allures de narration marquée par les verbes au passé simple : « De cet épisode naquit et s'installa dans la conscience collective des Ivoiriens une sorte d'association entre le pouvoir d'Alassane Ouattara et les autorités de la République française ». Et ce qu'il nomme « sorte d'association » semble être revendiquée d'une part par la France et entretenue d'autre part par le pouvoir mis en place. De fait, il écrit :

> Et aujourd'hui encore, est restée vivace dans l'esprit de tous en Côte d'Ivoire, la belle envolée du Premier Ministre français, François Fillon, qui, le 14 juillet 2011, à la résidence de France à Abidjan, déclarait au monde entier que : ‹ la France est le partenaire de référence de la Côte d'Ivoire ›. [...] cette espèce de tutorat s'installa d'autant plus aisément dans les esprits que les rapports personnels, entretenus de longue date, entre les deux présidents (Ouattara et Sarkozy), ont toujours été associés à l'image publique de Ouattara ; ses communicateurs ont régulièrement puisé dans ce filon.

Ici, les désignatifs « partenaire de référence » et « espèce de tutorat » resonnent en écho à la complicité présumée entre les autorités françaises et le camp Ouattara, laquelle se fonde sur des « rapports personnels, entretenus de longue date, entre les deux présidents (Ouattara et Sarkozy) ». N'ayant donc pas agi en vertu du mandat onusien ou pour le bonheur des Ivoiriens, la France devient donc coupable en complicité de tous les maux qui ont fait suite à son action. Le caractère ouvert de cette correspondance dans laquelle cet état de fait est mis à nu, renforce alors le caractère menaçant de cet acte de dénonciation. L'accusation devient publique et une accusation de cette nature délégitime et discrédite les mis en cause, en l'occurrence la France et le camp Ouattara. Le premier perd du crédit aux yeux de toute la communauté internationale, surtout qu'il est l'ancienne puissance coloniale, du fait d'avoir agi en violation du principe international de non-ingérence dans les affaires internes des pays et de la loi fondamentale de la République de Côte d'Ivoire; et le second du fait qu'il est parvenu au pouvoir avec l'aide d'un ami et sans avoir gagné les élections, en violation donc des règles de la démocratie et de la même loi fondamentale qui consacre la voie des élections comme unique moyen d'accession au pouvoir d'Etat. Cette accusation dissimulée sous forme de narration de faits ou de rappel historique apparait ainsi comme acte de violence verbale. A cela s'ajoute les propos tendant à déculpabiliser Laurent Gbagbo :

> Aujourd'hui, cinq années plus tard, et au vu du déroulement du procès entamé à la Haye depuis le 28 janvier 2016, il ne fait pratiquement plus de doute que l'on a imposé au Procureur de la CPI la mission impossible d'arriver à prouver qu'un Chef d'Etat pouvait répondre de sa personne de débordements et exactions commis par des éléments de ses forces armées sur le terrain en période de guerre. L'ONU et son bras judiciaire, la CPI, se sont, de toute évidence, englués dans une affaire engagée dans l'impréparation la plus totale, peut-être pour ne pas contrarier un partenaire dont l'engagement signalé se devait d'être récompensé.

On le voit, l'auteur de la lettre admet qu'il y a eu débordements et exactions commis par des éléments des forces armées, mais fait remarquer que le président en exercice au moment de ces méfaits n'en est pas le coupable. Il targue de « mission impossible » la procédure judiciaire engagée pour prouver sa culpabilité. D'ailleurs, pour lui, cette mission impossible a été imposée au Procureur de la CPI. Il ne désigne pas explicitement l'instigateur du procès ou de l'imposition, mais procède par périphrase[8] : « le partenaire dont l'engagement signalé se devait d'être récompensé ». Ce partenaire, c'est à n'en point douter la France, dont les soldats, par les airs, les eaux et le sol sont intervenus pour mettre fin au régime de Laurent Gbagbo et dont le Premier Ministre proclamera quelques mois après qu'elle est le partenaire de référence de la Côte d'Ivoire. Le Procureur à qui l'on impose la mission de prouver la responsabilité pénale de l'ex-Président ivoirien et qui engage la procédure sans la préparer faisant ainsi preuve d'amateurisme ; et l'ONU qui utilise son bras judiciaire, la CPI, pour récompenser un partenaire de taille, se retrouvent ainsi mis en cause par Anaky. Les groupes nominaux « mission impossible » et « une affaire engagée dans l'impréparation la plus totale » fonctionnent comme des marqueurs de modalité subjective à valeur de désapprobation. En indiquant l'implication du destinateur dans son énoncé, ils charrient son point de vue sur le procès en cours à la Haye. Il serait, selon lui, mal préparé et même voué à l'échec ; et cela risque fort de faire perdre la face à cette institution internationale.

Aussi, dans la mesure où à l'en croire, la France est le bénéficiaire de cette action en justice et surtout que la lettre est adressée à ses dirigeants, elle se retrouve également indexée par cette dénonciation. Ainsi, la présomption de complicité avec le camp de Ouattara s'en trouve confirmée et légitimée. Il va sans dire qu'Anaky pointe du doigt la France comme le principal responsable de l'arrestation et du transfèrement de Laurent Gbagbo à la Haye et de la situation de crise socio-économique et politique en Côte d'Ivoire, qui en a résulté et qui perdure encore. Pour l'auteur, l'arrestation et le transfert de l'ex-président sont injustifiés d'autant plus que « ce transfèrement, qui surprit tout le monde en Côte d'Ivoire, fut unanimement désapprouvé en Afrique Noire. A commencer par les Chefs d'Etats qui furent nombreux à le faire savoir ».

Il est certes vrai que l'unanimité ne fait pas le droit, mais elle a son pesant d'or dans une affaire politique, donc qui engage la vie d'un peuple. D'ailleurs, une loi n'est consacrée qu'après son adoption à une majorité. Or, en dehors de certains cas spécifiques de vote, l'unanimité peut être placée, sur une échelle, à un niveau relativement supérieur à la majorité. Elle pourrait même légitimer la véracité d'une opinion ou d'un fait. A partir de ce moment, l'argument du nombre convoqué par Anaky (l'unanimité, nombreux), tend à consolider son point de vue sur l'arrestation de Laurent Gbagbo : si son transfèrement a été désapprouvé à l'unanimité en Afrique noire et que de nombreux Chefs d'Etats l'ont fait comprendre, alors ce dernier est selon Anaky injuste et injustifié. Ses auteurs et leurs complices se retrouvent alors au banc des accusés pour violation de droit et pour coup d'Etat, puisqu'il s'agit d'un président en exercice. Plus clairement, la France, reconnue comme pays de droit et de liberté, aurait prêté main forte à Alassane Ouattara pour réaliser un coup d'Etat contre le président Gbagbo qui se retrouve transféré à la CPI et que l'on tente d'emprisonner injustement. L'image de marque de la France et de ses autorités s'en trouve alors ternie et l'acte langagier qui les inculpe constitue à n'en point douter un cas de violence verbale, du point de vue de la théorie de la

[8] C'est un procédé qui « consiste à exprimer d'une manière détournée, étendue, et ordinairement fastueuse, une pensée qui pourrait être rendue d'une manière directe et en même temps plus simple et plus courte » (Fontanier 1977 : 361).

politesse linguistique. Anaky peut alors s'interroger : « La France de 2016, grandement impliquée et active sur le Continent Africain, (...) cette même France peut-elle se permettre de traîner un tel boulet de frustration devant les masses d'Afrique Noire ? » L'auteur insinue que les autorités françaises gagneraient à inverser la tendance, à rétablir la justice pour redorer le blason ainsi sali d'une France dont les « vaillants soldats (...) ne cessent de donner leur vie au Sahel pour la défense de la même Afrique Noire ».

Pour ce faire, l'auteur de la lettre propose que le droit soit appliqué et que la France l'accompagne d'une volonté politique forte :

> Les voies et moyens pour mettre un terme à la détention de Laurent Gbagbo, sans porter atteinte à la crédibilité et au prestige du système des Nations Unies, de la CPI et des puissances occidentales, sont multiples, et l'imbroglio CPI/Laurent Gbagbo peut être dénoué par le droit, sous la conduite d'une volonté politique forte. Et pour cette volonté politique, les braves populations Ivoiriennes et Africaines ne regardent que la France.

3 Argumentativité de la violence verbale

3.1 Rappels théorique et méthodologique

« Toute parole est nécessairement argumentative. [...] Tout énoncé vise à agir sur son destinataire, sur autrui, et à transformer son système de pensée » (Plantin 1996 : 18). De même, dans l'introduction au *Petit dictionnaire des injures politiques*, Bruno Fulgini fait remarquer qu'« en politique en effet, les mots sont des armes » (Fulgini 2011 : 19). Il va sans dire que les actes langagiers d'accusation et de dénonciation produits par Anaky et qui sont caractéristiques de la violence verbale dans cette lettre ne sont pas fortuits. L'auteur les produit à dessein et son projet argumentatif est sous-tendu par son ambition politique.

En effet, il est l'un des membres fondateurs du Rassemblement des Houphouëtistes pour la Démocratie et la Paix (RHDP)[9] qui a endossé la candidature d'Alassane Ouattara au second tour des élections présidentielles ivoiriennes de 2010. Il fait de ce fait partie du régime en place, car conformément aux accords de cette alliance, une fois les élections gagnées, le pouvoir devait être partagé et co-géré par ses membres. Il se trouve donc affublé des tares reprochées à ce régime et essuie « l'aversion » des partisans du président déchu.

[9] Cette alliance politique a été créée à Paris le 18 mai 2005 par Henri Konan Bedie (président du Parti Démocratique de Côte d'Ivoire-Rassemblement Démocratique Africain), Alassane Dramane Ouattara (président du Rassemblement Des Républicains), Innocent Anaki Kobena (président du Mouvement des Forces d'Avenir) et Albert Mabri Touakeusse (président de l'Union pour la Démocratie et la Paix de Côte d'Ivoire). Dans le cadre des élections présidentielles de 2010, ces cinq signataires de la Plate-forme de création du RHDP se sont engagés à soutenir le candidat qui passerait le cap du premier tour.

Pourtant, après quelques années de participation à la gestion des affaires de l'Etat avec le président Alassane Ouattara, Anaky Kobena, se sentant certainement lésé ou moins servi, se mue en un farouche opposant au régime, dont ses déclarations et autres prises de parole fréquentes et régulières dénoncent sans ménagement les faiblesses. A titre d'illustration, nous pouvons citer ses déclarations suivantes :

« Il y a une manière certaine, une dérive dictatoriale totalitaire du régime du président Alassane Ouattara, qui s'installe peu à peu dans le pays. Il importe de la dénoncer et la faire corriger dès maintenant. »[10]

« Pourquoi est-ce que l'exercice du pouvoir par Alassane Ouattara devrait imposer en permanence des prisonniers politiques, en Côte d'Ivoire et à la Haye, et des milliers d'exilés ? »[11]

L'image que l'opinion ivoirienne s'est faite de lui en 2011 connait alors un changement. Or, en politique particulièrement, sinon dans toutes les interactions verbales en général, l'image produite par un sujet parlant dans un discours ou par un comportement qui vise à convaincre son auditoire est transcendantale. Depuis l'Antiquité, Aristote y a mené des travaux qui la présentent comme l'un des piliers de l'argumentation :

> C'est le caractère moral (de l'orateur) qui amène la persuasion, quand le discours est tourné de telle façon que l'orateur inspire la confiance. Nous nous en rapportons plus volontiers et plus promptement aux hommes de bien, sur toutes les questions en général, mais d'une manière absolue, dans les affaires embrouillées ou qui portent à l'équivoque. Il faut d'ailleurs que le résultat soit obtenu par la force du discours, et non pas seulement par une prévention favorable à l'orateur. Il n'est pas exact de dire […] que la probité de l'orateur ne contribue en rien à produire la persuasion, mais c'est, au contraire, au caractère moral que le discours emprunte je dirai presque sa plus grande force de persuasion. (Aristote 1991 : 83)

Ainsi, le discours d'un sujet parlant est crédibilisé par l'image qu'il y projette de lui-même, ce que la rhétorique antique nomme ethos[12]. Cette notion a été reprise par Ruth Amossy dans le cadre de l'Analyse argumentative, méthode d'analyse qui fait le pont entre les théories rhétoriques, logiques et pragmatiques de l'argumentation et qui « se propose de décrire et d'expliquer les modalités selon lesquelles le discours oral ou écrit tente d'agir sur un public. Elle étudie donc la force de la parole dans la situation de communication concrète où elle s'exerce » (Amossy 2000 : VI).

Contrairement à Aristote, elle ouvre la perception de l'ethos ou l'image de soi[13], qu'elle pose comme foncièrement positif(ve), à l'extra-discursif :

> Plutôt que de se demander si la force de persuasion vient de la position extérieure de l'orateur ou de l'image qu'il produit de lui-même dans son discours, il semble plus

10 *Soir Info* du 17 avril 2015.

11 Lettre ouverte adressée à à Alafé, à Alpha Blondy, à Venance Konnan et aux ivoiriens, publiée le 23 juin 2017.

12 L'ethos constitue avec le logos et le pathos la trilogie aristotélicienne des moyens de preuve.

13 Elle emprunte cette expression à Erving Goffman.

> fructueux de voir comment le discours construit un ethos en se fondant sur des données prédiscursives diverses. (Amossy 2000 : 69)

Ainsi, son analyse se situe à deux niveaux :

> au niveau prédiscursif : le statut institutionnel du locuteur, les fonctions ou la position dans le champ qui confèrent une légitimité à son dire ; l'image que l'auditoire se fait de sa personne préalablement à sa prise de parole ; (et) au niveau discursif : l'image qui dérive de la distribution des rôles inhérents à la scène générique et au choix d'une scénographie ; l'image que le locuteur projette de lui-même dans son discours telle qu'elle s'inscrit dans l'énonciation (…) et la façon dont il retravaille les données prédiscursives. (Amossy 2000 : 71)

3.2 Analyse de l'ethos du destinateur

Sur la base de l'approche proposée par Ruth Amossy, notre analyse des ethè du destinateur procèdera des images préalables ou ethè prédiscursifs qui circulent sur sa personne dans l'espace politique national.

En effet, il est à noter qu'Anaky Kobena tente de construire de lui, par le biais de cette lettre ouverte, une image réajustée, qui sera mieux acceptée de tous les Ivoiriens, mais particulièrement de ceux qui adhèrent à l'idéologie de Laurent Gbagbo. Les Ivoiriens savent qu'il fait partie des membres fondateurs du Front Populaire Ivoirien (FPI)[14], qu'il a quitté ce parti pour créer le sien et qu'à l'avènement de Gbagbo au pouvoir en 2000, il était dans l'opposition. De même, en 2005 il s'associe aux autres opposants pour former le RHDP et a applaudi l'arrestation de son ancien camarade de lutte, Laurent Gbagbo. On le revoit devenir opposant du régime qu'il a contribué à mettre en place. Ainsi, avant sa prise de parole, ces actes ont construit de lui l'image d'un homme politique instable, qui s'allie et agit au gré des réalités et de ses intérêts du moment. Il n'est donc pas crédible, pourrait-on dire.

Dans cette correspondance, il essaie donc de se faire proche du peuple, sinon de ses aspirations. Il relève dans sa missive que la popularité du prisonnier de la Haye ne fait plus aucun doute et que la majorité des Ivoiriens lui accordent leur affection par devoir historique : « Ce n'est point un problème d'ethnie ou de séduction devant le charisme d'un individu ; c'est un saut dans la revisitation d'une partie de l'histoire africaine enfouie dans les consciences », prévient-il. Ne dit-on pas qu'un 'bon' politicien est celui qui est en phase avec le peuple ? Il se met désormais du côté du peuple ivoirien et partage ses aspirations. Mieux, il s'en fait le porte-voix auprès de ceux jugés capables de changer la donne, en l'occurrence la France. Il se donne à voir comme faisant désormais partie des partisans de Laurent Gbagbo, sinon de sa libération qui, à l'en croire, à l'instar des membres du camp de ce dernier, est le gage de la vraie réconciliation en Côte d'Ivoire :

[14] Le parti politique que Laurent Gbagbo a dirigé et dont il a été le candidat lors de l'élection présidentielle de 2000.

> C'est que, encore cinq années après la fin de la crise post-électorale, très peu de pas significatifs ont été faits vers une véritable réconciliation des Ivoiriens. A la fracture initiale [...] se sont ajoutés d'autres avatars [...] auxquels les Ivoiriens opposent désormais une indifférence résignée, pour ne rêver qu'au retour du prisonnier de la Haye, attendu tel un Messie.

Anaky parle aux autorités françaises de l'incommensurable intérêt de libérer Gbagbo, au nom du peuple ivoirien. Pour ce faire, il établit une comparaison qui est censé opérer efficacement auprès de son auditoire principal, la France. La comparaison se perçoit à travers « tel un Messie ». Laurent Gbagbo (le comparé) désigné par la périphrase « prisonnier de la Haye » est comparé à un « Messie » (le comparant) par l'entremise du comparatif « tel ». Or, le messie, c'est le libérateur, le sauveur, celui qui vient et qui est capable de changer une situation de souffrance en situation de paix, de bonheur. On pourrait donc dire que le destinateur insinue que ce prisonnier est le seul capable de transformer la vie actuelle des Ivoiriens (situation de non réconciliation) en une vie plus heureuse (situation de réconciliation). C'est ce qui justifie l'emploi du verbe « rêver » pour indiquer l'attente de sa libération par les Ivoiriens.

Aussi, cette libération n'est-elle pas souhaitée comme le fruit d'un arrangement politique, mais plutôt comme l'aboutissement du droit et de la justice. Il se projette alors comme un homme de droit et de justice, un politicien soucieux du respect de règles fondamentales de la démocratie et en phase avec le peuple, qui met son intelligence, son énergie et son temps à la disposition de celui-ci. Comment faire autrement quand le peuple n'attend que Laurent Gbagbo ? D'ailleurs, tous les opposants l'ont compris et l'ont exprimé implicitement à l'occasion des élections présidentielles de 2015 :

> Le phénomène n'a pu échapper à la France qui a bien vu que, à la dernière présidentielle il y a six mois, tous les candidats concurrents d'Alassane Ouattara ont mis en avant une relation particulière avec le prisonnier de la Haye. Cela aussi, la France doit se résoudre à en tenir compte.

Autrement dit, il faut désormais selon lui revendiquer une certaine accointance avec Laurent Gbagbo pour être écouté ou accepté par les Ivoiriens, lorsqu'on est dans l'opposition. Il revendique ainsi son statut d'opposant, mais d'opposant réaliste qui veut se faire aimer du peuple en participant, à sa manière, à la libération du président déchu attendu par le peuple comme « un Messie », laquelle libération est confiée aux autorités françaises. Il les invite, dans la dernière phrase de cet énoncé, à s'y mettre dans la mesure où cela devient une nécessité. D'ailleurs, cette phrase est une assertion modalisée par la présence du verbe modal « doit » qui pour Benveniste est un verbe « modalisant par excellence » (1974 : 188). Dans le carré logique des modalités ontiques d'Aristote[15], le verbe modal « devoir » est de l'ordre de l'obligation. Implicitement, le destinateur pose comme une obligation pour la France d'œuvrer à la libération du prisonnier ivoirien. De plus, la sémantique du verbe « se résoudre » vient corroborer cette volonté

15 Aristote distingue les modalités du possible, de l'impossible, du nécessaire et du contingent qui sont appelées modalités aléthiques pour les deux premières et ontiques pour les deux dernières.

de l'auteur. « Se résoudre à » peut s'entendre comme prendre la résolution de ; accepter de ; comprendre la nécessité de ; etc. Les autorités françaises sont ainsi appelées à comprendre la nécessité et à prendre la résolution de compter désormais avec le fait qu'il faut être attaché d'une manière ou d'une autre à Laurent Gbagbo pour être aimé et accepté des Ivoiriens ; d'où l'urgence de sa libération.

On comprend alors que les accusations et dénonciations dont le pouvoir en place est l'objet, participent activement de la diabolisation, de la dénégation de ce dernier. Par le truchement de la violence verbale, Anaky pose que le régime actuel n'est pas légitime et légal, d'autant plus qu'il a été installé avec l'appui de la France dans un cadre qui jure avec les principes régissant les relations internationales et la loi fondamentale de la Côte d'Ivoire. De même, il l'accuse d'être à la base de la dislocation du tissu social ivoirien en organisant le transfert de l'ex-président à la CPI avec l'aide de l'ONU qui entendait ainsi récompenser un partenaire de taille (la France), et d'être incapable de réconcilier les Ivoiriens et de leur assurer un mieux-être. Cette incapacité est exprimée par le champ lexical de la souffrance des Ivoiriens : « pauvreté aggravée, chômage généralisé et jeunes diplômés aux abois, le mal vivre, etc. » La France doit donc être interpellée par ces « avatars » présentés par Anaky qui se positionne en intermédiaire entre les autorités françaises et le peuple ivoirien et son action doit par ricochet être urgente pour le salut de la Côte d'Ivoire dont il est tout de même le partenaire privilégié depuis les temps coloniaux.

L'auteur, parallèlement aux images mélioratives qu'il projette de lui-même, construit également des ethè négatifs de son adversaire, Alassane Ouattara. Ce sont les images de putschiste, de président incapable de gérer le pays et de réconcilier les Ivoiriens. Ces images adressées au « tiers » d'Aristote, c'est-à-dire à ceux qui assistent au débat (juge, arbitre, public, peuple, etc.), par une sorte de trope communicationnel, apparaissent alors comme un mode opératoire de l'argumentation, c'est-à-dire un moyen par lequel l'orateur convainc ou persuade son auditoire. Ces ethè négatifs ne sont guère principalement adressés à la France qui constitue l'auditoire premier de l'auteur.

Aussi, eu égard au caractère ouvert de la lettre, nous pouvons déduire que l'opinion publique (nationale et internationale) est également adressée, en second plan certes, mais est prise à témoin. La violence verbale qui caractérise cette missive devient donc stratégie argumentative.

4 Conclusion

Au terme de cette étude, il importe de relever que la violence verbale s'invite dans les productions verbales de tous ordres et qu'à côté de ses marques traditionnelles (injure, insulte, outrage, diffamation, moquerie, ironie, etc.), elle s'exprime également implicitement par les accusations et dénonciations ainsi qu'il en a été le cas dans notre corpus.

L'objectif était de démontrer que par ces actes langagiers, Anaky menace les faces positives et négatives de ses destinataires, notamment les autorités françaises, mais également le régime ivoirien et l'ONU, qu'il situe en délocutés. Aussi, par le truchement de ces actes caractéristiques de la violence verbale dans cette lettre qu'il adresse aux autorités françaises, il construit et projette de lui l'ethos d'un homme politique en phase avec le peuple, démocrate, réaliste et respectant le droit et la justice. Par la même occasion, il attribue au régime ivoirien, dont il est désormais l'un des opposants affichés, des ethè d'illégitime, de putchiste, d'incompétent car incapable de réconcilier les Ivoiriens et de leur assurer un bien-être. La violence verbale devient alors mode opératoire de l'argumentation.

5 Bibliographie

Amossy, Ruth : *La Présentation de soi : Ethos et identité verbale*, Paris 2010.

Amossy, Ruth : *L'argumentation dans le discours*, Paris 2000.

Aristote : *Rhétorique*, Paris 2007.

Auger, Nathalie/Moïse, Claudine : *Violence verbale, malentendu ou mésentente ? Le malentendu, Actes du colloque de Sousse (Tunisie), 15-17 avril 2004*, Volume 14 Septembre 2005, Sousse 2005.

Auger, Nathalie/Fracchiolla, Béatrice/Moïse, Claudine/Schultz-Romain Christina : *Interpellation et violence verbale : essai de typologisation*, Corela 2010.

Avodo Avodo, Joseph : *La qualification péjorative comme forme de violence verbale et d'agir professoral*, dans : *Signes, Discours et Sociétés* 8 (2012).

Beneveniste, Emile : *Problèmes de Linguistique générale*, Tome 2, Paris 1974.

Brown, Penelope/Levinson, Stephen : *Politeness: Universals in Language Usage*, Cambridge 1987 [1978].

Burke, Peter : *Les langages de la politesse*, dans : *Terrain* 33 (1999), p. 111-126.

Charaudeau, Patrick : *La conquête du pouvoir*, Paris 2013.

Charaudeau, Patrick/Maingueneau, Dominique : *Dictionnaire d'analyse du discours*, Paris 2002.

Desmons, Éric/Paveau Marie-Anne : *Outrages, insultes blasphèmes et injures : violence du langage et polices du discours*, Paris 2008.

Doury, Marianne : *Argumentation. Analyse textes et discours*, Paris 2016.

Fontanier, Pierre : *Les figures du discours*, Paris 1977.

Fulgini, Bruno : *Petit dictionnaire des injures politiques*, Paris 2011.

Goffman, Erving : *Les rites d'interaction*, Paris 1974.

Kerbrat-Orecchioni, Catherine : *Les interactions verbales*, tome 2, Paris 1992.

Kerbrat-Orecchioni, Catherine : *L'impolitesse en interaction : Aperçus théoriques et étude de cas*, dans : *Lexis Special* 2 (2010), p. 35-60.

Le Querler, Nicole : *Typologie des modalités*, Caen 1996.

Moïse, Claudine : *Argumentation, confrontation et violence verbale fulgurante*, dans : *Argumentation et Analyse du Discours* 8 (2012).

Moïse, Claudine : *Analyse de la violence verbale : quelques principes méthodologiques*, dans : *Actes des XXVIème journées d'études sur la parole*, 2006, p. 103-114.

Moïse, Claudine/Auger, Nathalie/Fracchiola, Beatrice/Schultz-Romain, Christina : *La violence verbale*, Paris 2008.

Plantin, Christian : *L'argumentation*, Paris 1996.

Riegel, Martin/Pellat, Jean-Christophe/Rioul, René : *Grammaire méthodique du français*, Paris 1994.

Vincent, Diane/Barbeau, Geneviève Bernard : *Insulte, disqualification, persuasion et tropes communicationnels : A qui l'insulte profite-t-elle ?*, dans : *Argumentation et Analyse du Discours* 8 (2012). https://journals.openedition.org/aad/1252.

LETTRE OUVERTE D'ANAKY KOBENA PARLE AUX AUTORITES FRANÇAISES

— Président de la République
— Président du Sénat
— Président de l'Assemblée Nationale

Le 28 novembre 2010 s'est tenue en Côte d'Ivoire le second tour de l'élection présidentielle, la compétition opposant Laurent Gbagbo Koudou, candidat de l'alliance politique LMP, à Alassane Dramane Ouattara, représentant l'alliance RHDP. La double proclamation des résultats, d'abord le 2 décembre 2010 par la Commission Electorale Indépendante en faveur d'Alassane Ouattara, et ensuite celle du 3 décembre 2010 par le Conseil Constitutionnel, donnant Laurent Gbagbo vainqueur, a plongé la Côte d'Ivoire dans une grave crise sociale et politique, qui s'est muée en véritable guerre civile, chacun des deux candidats appelant le peuple et ses partisans à défendre sa victoire.

Ce n'est que le 11 Avril 2011, que fut mis fin à cette guerre des tranchées, mais à quel prix ! Après quatre longs mois d'intercessions et médiations où s'investirent toutes les Institutions Africaines les Nations Unies, l'Union Européenne et toutes les grandes puissances.

Période où alternèrent espoir, déceptions et désespoirs sur fonds d'engagements militaires et d'atrocités infligées aux populations civiles.

Pour la quasi-totalité des populations Ivoiriennes, à l'époque, seules importaient la cessation des hostilités et la fin des privations et des exactions.

Et, s'il ne leur est pas aisé de marquer leur reconnaissance à la grande hydre onusienne aux 154 visages, les populations Ivoiriennes retinrent qu'au final, c'est la ferme implication de l'armée Française, par les airs, les eaux, puis au sol jusqu'à la résidence bunkerisée de Laurent Gbagbo qui fit la décision.

Leur expliquer que l'armée Française agissait sous mandat de l'ONU est un exercice tout aussi byzantin que stérile.

De cet épisode naquit et s'installa dans la conscience collective des Ivoiriens une sorte d'association, entre le pouvoir d'Alassane Ouattara et les autorités de la République Française.

Cette espèce de tutorat s'installa d'autant plus aisément dans les esprits que les rapports personnels, entretenus de longue date, entre les deux Présidents (Ouattara et Sarkozy), ont toujours été associés à l'image publique de Ouattara ; ses communicateurs ont régulièrement puisé dans ce filon.

Et, aujourd'hui encore, est restée vivace dans l'esprit de tous en Côte d'Ivoire, la belle envolée du Premier Ministre Français, François Fillon, qui, le 14 juillet 2011, à LA résidence de France à Abidjan, déclarait au monde entier que : « la France est le partenaire de référence de la Côte d'Ivoire ».

La vie reprit son cours en Côte d'Ivoire.

Ainsi, alors que les Ivoiriens reprenaient une vie normale où importaient reconstruction, désarmement, réconciliation et harmonie sociale, voilà que, comme un coup de tonnerre, éclata la nouvelle du transfèrement de Laurent Gbagbo à la Cour pénale internationale (CPI) à la Haye, le 29 novembre 2011.

Ce transfèrement, qui surprit tout le monde en Côte d'Ivoire, fut unanimement désapprouvé en Afrique Noire.

A commencer par les Chefs d'Etat qui furent nombreux à le faire savoir. En effet, l'envoi en exil d'un ancien chef d'état Africain déclencha, sur tout le continent noir, une effervescence historico- culturelle que les Français qui, dans leur histoire, ne subirent que très peu le joug de la colonisation, ne peuvent appréhender.

Dans la condition du colonisé se trouvent entremêlées des imageries de douleur et d'humiliation sous le lourd couvercle d'arrogance hégémonique du colonisateur. Que n'a-t-on pu pressentir que le souci d'écarter d'éventuels mouvements incontrôlés des partisans de Laurent Gbagbo, peut être couplé avec une punition que l'on voulait stigmatisante et exemplaire, risquaient à terme de transformer le prisonnier en mythe ?

Aujourd'hui, cinq années plus tard, et au vu du déroulement du procès entamé à la Haye depuis le 28 janvier 2016, il ne fait pratiquement plus de doute que l'on a imposé au Procureur de la CPI la mission impossible d'arriver à prouver qu'un chef d'Etat pouvait répondre de sa personne de débordements et exactions commis par des éléments de ses forces armées sur le terrain en période de guerre.

L'ONU et son bras judiciaire, la CPI, se sont, de toute évidence, englués dans une affaire engagée dans l'impréparation la plus totale, peut-être pour ne pas contrarier un partenaire dont l'engagement signalé se devait d'être récompensé. Mais, en Afrique Noire, le cas Laurent Gbagbo c'est désormais une houle montant de la base vers le haut, et les élites ne l'ont bien réalisé qu'en écoutant le silence lourd et réprobateur des braves populations.

Ce n'est point un problème d'ethnie ou de séduction devant le charisme d'un individu ; c'est un saut dans la revisitation d'une partie de l'histoire africaine enfouie dans les consciences.

La France de 2016, grandement impliquée et active sur le Continent Africain, et dont l'armée est engagée au Nigéria, au Tchad, en Centrafrique, au Mali, etc...., La France à qui semble échoir naturellement la conduite de la lutte contre le terrorisme et l'extrémisme religieux armé sur le Continent Africain, cette même France peut-elle se permettre de traîner un tel boulet de frustration devant les masses d'Afrique Noire ?

Quel paradoxe, lorsque l'on pense aux vaillants soldats Français qui ne cessent de donner leur vie au Sahel pour la défense de la même Afrique Noire !

– Il est par ailleurs un autre fait, qui interpelle le même Etat Français, qui a été aux premières loges pour le retour à une situation de paix en Côte d'Ivoire depuis la survenue du conflit armé de 2002.

C'est que, encore cinq années après la fin de la crise post-électorale, très peu de pas significatifs ont été faits vers une véritable réconciliation des Ivoiriens. A la fracture initiale entre les deux blocs politiques qui se disputaient le pouvoir se sont ajoutés d'autres avatars – pauvreté aggravée, chômage généralisé et jeunes diplômés aux abois, le mal vivre, etc... – auxquels les Ivoiriens opposent désormais une indifférence résignée, pour ne rêver qu'au retour du prisonnier de la Haye, attendu tel un Messie.

Le phénomène n'a pu échapper à la France qui a bien vu que, à la dernière présidentielle il y a six mois, tous les candidats concurrents d'Alassane Ouattara ont mis en avant une relation particulière avec le prisonnier de la Haye.

Cela aussi, la France doit se résoudre à en tenir compte.

Les voies et moyens pour mettre un terme à la détention de Laurent Gbagbo, sans porter atteinte à la crédibilité et au prestige du système des Nations Unies, de la CPI et des puissances occidentales, sont multiples, et l'imbroglio CPI/Laurent Gbagbo Peut être dénoué par le droit, sous la conduite d'une volonté politique forte. Et pour cette volonté politique, les braves populations Ivoiriennes et Africaines ne regardent que la France.

Nous accompagnons la présente adresse de l'assurance de notre considération distinguée.

Abidjan le 23 Mai 2016
Le Président du MFA
KOBENA I. ANAKY

Climax e anticlimax. Il discorso politico in *blob*

Silvia Verdiani

1 *blob:* una lettura critico-satirica della simbiosi fra politica viva e mass-media

Il ruolo dei media nella comunicazione politica, cruciale per la natura stessa degli strumenti di cui dispone, è stato declinato in modi diversi a seconda dei contesti culturali di riferimento, incidendo in modo spesso molto creativo sui fenomeni linguistici e sui modelli discorsivi. Un caso interessante in Italia è quello della trasmissione *blob*. Trasmessa da *Rai 3* in prima fascia, subito dopo i notiziari serali, la trasmissione propone al pubblico un particolare tipo di satira politica, realizzato attraverso un montaggio televisivo fatto di brevi citazioni tratte dalla programmazione televisiva delle ultime settimane che vengono combinate in sequenza secondo una logica di climax o anticlimax. La trasmissione offre allo spettatore una lettura critico-satirica della simbiosi fra politica viva e mass-media, e, avvalendosi di numerosi elementi intertestuali e intermediali (Fig. 1), fa emergere con vivacità una lettura originale delle problematiche politiche su cui è incentrata che in molti casi incide sulle posizioni future dei singoli attori. Per le sue caratteristiche *blob* è un caso che si presta particolarmente bene a essere analizzato alla luce della prospettiva teorica dell'iconolinguistica (*Bildlinguistik*) e della teoria della costituzione interattiva del significato (*Interaktive Bedeutungskonstitution*), questi due ambiti della ricerca linguistica sono infatti fortemente ancorati alla prassi comunicativa e dunque consentono di valorizzare il ruolo dei materiali multimediali nella lettura del dibattito politico proposta dalla trasmissione.

La persistenza lessicale del termine *blob* e dei suoi derivati nelle abitudini linguistiche degli italiani è un segno non solo del successo della trasmissione – a partire dal 1989 fino ad oggi – ma anche di quanto la modalità di produzione del significato che la caratterizza sia ormai ben radicata e condivisa nella realtà linguistica italiana. *blob* è una delle prime testimonianze del fatto che la multimodalità del contesto comunicativo – inevitabilmente legata alla multimedialità delle sue realizzazioni – sia un dato di cui si è tenuto conto ben prima della svolta digitale della comunicazione, e sembra anzi anticipare molte delle modalità che attualmente permeano la scrittura partecipata online.

Fig. 1: Immagine del sito e copertina della prima puntata di *blob*[1]

2 *blob* di tutto di più

blob è una trasmissione satirica a sfondo prevalentemente politico ideata da un gruppo di critici cinematografici, fra cui spiccano autori del calibro di Enrico Ghezzi e Marco Giusti, insieme ad Angelo Guglielmi, dirigente storico di Rai 3[2]. La trasmissione, che va in onda in Italia dal 17 aprile 1989, può senz'altro essere considerata uno dei programmi televisivi italiani più longevi. Il termine inglese *blob*, adottato come titolo della trasmissione, è una citazione del film dell'orrore americano *The blob* di Irvin Yeaworth, Russell S. Doughten del 1958[3], il riferimento è al tempo stesso verbale, visuale e filmico (Fig. 2).

Fig. 2: Locandina del film *The blob* (1958) e copertina della prima puntata di *blob*[4]

1 https://www.youtube.com/watch?v=wicp2-pu454, ultimo accesso 01/11/2017.

2 Alla realizzazione della trasmissione partecipano numerosi autori: Paolo Luciani, Ciro Giorgini, Fulvio Toffoli, Filippo Porcelli, Marco Melani, Peter Freeman, Simona Buonaiuto, Vittorio Manigrasso e Alberto Piccinini, etc.

3 Il titolo della versione italiana del film, *Fluido mortale,* non corrisponde all'originale; mentre il tedesco mantiene l'originale: *Blob – Schrecken ohne Namen.* Si tratta di un film horror fantascientifico del 1958, al quale nel 1988 fece seguito un rifacimento.

4 https://www.youtube.com/watch?v=wicp2-pu454, ultimo accesso 01/11/2017.

Come recita la didascalia presente sull'homepage della trasmissione: "Venti minuti di 'surrogato televisivo'. La TV smontata, rimontata e messa a nudo attraverso il montaggio per svelare cosa il video e i suoi protagonisti di tutti i giorni ci dicono in realtà. *blob*". La caratteristica principale del format è che gli autori impegnati nella sua redazione hanno sviluppato un linguaggio originale e innovativo, basato sull'utilizzo creativo di video registrati da altre trasmissioni televisive, film o altro: "*blob* è esattamente tutto e il contrario di tutto, perché è prima di tutto non un programma, ma un *sistema di scrittura* [...] non è mai chiuso, concluso, è sempre da rivedere, da riscrivere, da riutilizzare" (Giusti/Ghezzi/Fava 1993: 12). La trasmissione nasce in un particolare momento storico. Come ricorda lo stesso Enrico Ghezzi nel corso di un'intervista con Anne Preckel, al momento della sua presentazione nel 1989 "Rai Tre era già un '*blob*' in sé, un 'mega *blob*', era la prima televisione che lavorava a fondo sui nuovi formati, sulle nuove libertà, sulle nuove contaminazioni televisive" (Preckel 2008: 41). Angelo Guglielmi, dirigente storico di Rai 3, già alla fine degli anni Ottanta, con una certa preveggenza, considerava il *blob*[5] del film americano del 1958 la metafora perfetta di quel "sistema gelatinoso" in cui si stava trasformando non solo la televisione ma tutta la cultura italiana[6]. La trasmissione *blob*[7] va in onda ogni sera da *Rai 3* in prima fascia alle 20.10, subito dopo i notiziari serali, secondo una logica, come ci spiega Anne Preckel (2008: 45), di "doppio counterprogramming".

> Diese Platzierung entspricht einer Strategie des "Counterprogramming" (Bemers 1994: 393f.), bei dem gegen eine erfolgreiche Sendung der Konkurrenz ein Programm gesetzt wird, das eine grundlegend andere Struktur aufweist. Im Fall von *Blob* konnte man von einem doppelten "Counterprogramming" sprechen, da die Platzierung der Sendung sowohl der offiziellen Informationsvermittlung als auch der kommerziellen Unterhaltung Konkurrenz macht. Das Senden eines "Zappingspiels" im Programm zur besten Sendezeit fuhrt dem Zuschauer selbstironisch genau das vor, was die Programmmacher vermeiden wollen: Das Umschalten zu einem anderen Kanal. (Preckel 2008: 45)[8]

[5] Un fluido gelatinoso che invade il mondo raggiungendo e soffocando gli spazi vitali a partire dalle stesse infrastrutture.

[6] Cfr. Guglielmi/Sgarbi 2004; Magrì 2009; Preckel 2008; Porcelli 2007; Gennaro 1997.

[7] Il programma dispone di una pagina online dove è possibile rivedere la programmazione settimanale: https://www.raiplay.it/programmi/blob/, ultimo accesso 01/11/2017. La pagina contiene anche le puntate speciali realizzate in occasione della fine dell'anno o di eventi di particolare rilievo, e alcune puntate in *extended version.* Cfr. *Speciale blob 25 anni* https://www.youtube.com/watch?v=KsKmBWWGIac, ultimo accesso 01/11/2017; *blob 17-03-2007 Vota Antonio:* https://www.youtube.com/watch?v=brM22EfwMLk, ultimo accesso 01/11/2017. La programmazione storica completa è invece disponibile solo sui terminali degli archivi delle *Teche Rai* presenti sul territorio italiano. Per i dettagli relativi alla consultazione dei documenti conservati nelle *Teche Rai* cfr. Verdiani 2016: 23-28.

[8] "Questo posizionamento corrisponde a una strategia di 'Counterprogramming' (Bemers 1994: 393f.), secondo la quale nella stessa fascia oraria di una trasmissione di successo della concorrenza viene messo in palinsesto un programma che ha una struttura completamente diversa. Nel caso di *blob* si potrebbe parlare di un doppio 'Counterprogramming', infatti il posizionamento della trasmissione fa concorrenza sia alla diffusione ufficiale delle informazioni, che a programmi d'intrattenimento commerciali. Mandare in onda un programma fatto da una sequenza di 'Zapping' in prima serata significa far vedere allo spettatore, in modo in un certo

Fig. 3: Due puntate di *blob extended version,* fruibili online sul sito di *Raiplay*[9]

3 Persistenza lessicale del termine *blob* e dei suoi derivati

Un primo elemento interessante riguarda la persistenza lessicale del termine *blob* e dei suoi derivati in italiano a partire dalla data della prima messa in onda della trasmissione, cioè dal 17 aprile 1989, fino ad oggi. Oltre che in modo filologicamente più vicino al suo uso, cioè per designare un particolare tipo di montaggio televisivo, il termine *blob* viene usato in italiano anche in senso più generale per designare una strana mescolanza di elementi. La parola è via via entrata nell'uso e, insieme ai suoi derivati, è ormai attestata da tempo nei dizionari della lingua italiana:

> *blob*/blɔb, *ingl.* blɒb/[dal n. del film dell'orrore americano '*The blob*' del 1958, poi titolo di una fortunata trasmissione televisiva italiana; in ingl., propr. 'goccia di sostanza vischiosa'; 1989] s. m. inv. ● rapida successione di spezzoni selezionati da varie trasmissioni televisive, accostati in modo da provocare effetti comici, satirici o grotteschi | (*est.*) serie di insoliti accostamenti, strana mescolanza, gioco di contrasti: *nei giornali c'è il blob della campagna elettorale.*
>
> *blobbàre*/*blob*'bare/[denominale di *blob*; 1991] v. tr. (io blòbbo) ● assemblare immagini o sequenze di immagini in modo apparentemente casuale, ma con l'intento di sottolineare aspetti comici o grotteschi | (est.) fare oggetto di satira
>
> *ẓàpping*/'dzappin(g), ingl. 'zæpɪŋ/[vc. ingl., propr. 'eliminazione (di spot pubblicitari o programmi non graditi)' da to zap 'cancellare' di origine onomat.; 1988] s. m. inv. ● passaggio frequente e spesso casuale da un canale televisivo all'altro mediante il telecomando: fare lo zapping per evitare le interruzioni pubblicitarie (Zingarelli 2018)

La presenza del termine nel lessico italiano da ormai quasi trent'anni ha lasciato spazio anche a svariati processi di derivazione e giochi lessicali come *blobbare, blobbista.* Filippo Porcelli, uno degli autori di *blob*, a proposito del *blobbista* dice che questo

senso autoironico, proprio ciò che i programmisti cercano normalmente di evitare: che si passi da un canale all'altro" (Preckel 2008: 45).

9 http://www.raiplay.it/programmi/blob/stagione2016-2017/extendedversion, ultimo accesso 01/11/2017.

individuo è caratterizzato da una specie di codice tentacolare fatto di "combinazioni di dissolvenze-dissoluzioni-dissolutezze televisive che era il montaggio stesso di *blob*" (Porcelli 2007: 29); combinazioni che il telespettatore conosce bene perché molto vicine all'uso che lui fa del telecomando con lo *zapping*. A differenza di quest'ultimo però, prosegue Porcelli, "le elaborazioni di *blob* erano comunque legate al *linguaggio di cui era rilevatore*" (id, il corsivo è nostro).

4 Il linguaggio di *blob*: un sistema di scrittura

Come afferma Filippo Porcelli (2007: 29), uno degli autori della trasmissione, *blob* svolge la funzione di un "rilevatore" del linguaggio della comunità televisiva, è un vero e proprio sistema di scrittura che sovrappone modalità iconiche diverse giungendo alla formulazione di messaggi ibridi, che tuttavia sono perfettamente trasparenti e comprensibili da parte dello spettatore. In ogni puntata *blob* propone un montaggio di spezzoni audio e video tratti da diversi programmi televisivi, in particolare dai notiziari delle emittenti italiane ed estere, citazioni di film, documentari, pubblicità, filmati tratti del web. In molti casi gli autori procedono con sovrapposizioni di effetti sonori decontestualizzati rispetto all'immagine e l'inserimento di didascalie, oscuramenti dell'immagine o altre strategie tecniche di commento. In sovrimpressione viene sempre mostrato il titolo della puntata, già questo primo elemento lascia emergere la creatività linguistica degli autori nell'individuare una parola chiave o una frase che sintetizza l'evento principale della giornata, e intorno alla quale ruota poi la selezione dei testi introdotti nel corso della trasmissione. Un esempio sono le due copertine di fine aprile 2017 (Fig. 4), realizzate in occasione dello scandalo delle ONG-trafficanti nel canale di Sicilia: in *IMMIGRANTSONG* il riferimento è la canzone del 1970 dei Led Zeppelin *Immigrant Song*; *WARNERBROS.* rimanda invece alla Warner Brothers Entertainment, casa di produzione statunitense. Ma si potrebbero citare molti altri esempi di questa creatività compositiva: *SENZACONFINE, DI MAIO IN PEGGIO, FUOCOABLOB, BLOBGENTILONE, FRANKENSTEIN, ecc.*

Fig. 4: Le copertine di due puntate della fine di aprile 2017, realizzate in occasione dello scandalo delle Ong-trafficanti nel canale di Sicilia

Enrico Ghezzi e la redazione di *blob* si cimentano nella costruzione di giochi di parole che, insieme alle citazioni filmiche, offrono una lettura in chiave satirica, in alcuni casi addirittura grottesca degli eventi politici più attuali. Il titolo in sovraimpressione condensa molto abilmente in poche battute la critica alla situazione politica italiana su cui verte la trasmissione della durata di circa 10-12 minuti.

Fig. 5: Puntata della fine di aprile 2017, sulla stessa schermata sono leggibili le stratificazioni dei passaggi della citazione nelle varie emittenti: *Rai 3HD, Rai News, MATTEO Secondo ... MATTEO*

Oltre a questo vogliamo però evidenziare anche un altro importante aspetto dalla comunicazione di *blob*, legato all'uso mirato dell'intertestualità come veicolo per suggerire allo spettatore una lettura critico-satirica della simbiosi fra politica viva e mass-media. Sulla stessa schermata (Fig. 5) risultano spesso chiaramente leggibili le stratificazioni di tutti i passaggi della citazione filmica attraverso le varie emittenti televisive: Rai 3HD, Rai News oltre che il titolo, *Matteo Secondo ... Matteo*, e altri elementi che favoriscono la contestualizzazione storica della citazione, come l'ora o il riferimento ad altre notizie della giornata: *Diretta Verona Teatro Gran Guardia.* Nella puntata *MATTEO Secondo ... MATTEO* (Fig. 5), oltre agli elementi casuali ed estemporanei appena evidenziati, si nota la presenza di un certo numero di sovrapposizioni intertestuali implicite nel titolo, deliberatamente scelte, e che sono veicolate dall'ambiguità semantica dei costituenti della frase:

MATTEO Secondo ... MATTEO

- Maiuscolo vs minuscolo
- Tricolore italiano
- Secondo
    - che cosa ci dice Matteo di Matteo
    - Matteo secondo (Matteo Renzi, Matteo Salvini)
    - seconda legislatura di Matteo Renzi
    - *Secondo Matteo. Follia e coraggio per cambiare il paese*, titolo del libro pubblicato da Matteo Salvini nel maggio del 2016
    - dal *Vangelo* secondo Matteo
    - *il Vangelo secondo Matteo* (film di Pierpaolo Pasolini del 1964)

Esse sono frutto di un attento lavoro creativo di ricodificazione semantica dell'immagine: propongono infatti la parodia di uno slogan politico, costruito secondo le migliori strategie di copyright, da cui emergono molto bene sia le criticità del profilo politico di Matteo Renzi – i tratti di narcisismo egocentrico, la retorica profetica, la matrice cattolica della formazione – che quelle legate al momento politico del paese – la discesa in campo del secondo Matteo, Matteo Salvini.

La simbiosi fra politica viva e mass-media, così com'è stata proposta negli ultimi trent'anni da *blob,* ha in un certo senso anticipato la strategia comunicativa ibrida tipica della comunicazione digitale. Fin dall'inizio ha infatti sovrapposto testi disparati e dunque anche codici diversi, non esclusivamente linguistici, identificando a nostro avviso un quarto livello fra quelli normalmente individuati per la presentazione di eventi politici e sociali (Mazzoleni 1998: 28; Dell'Anna 2010: 37; Santulli 2010: 31). E dunque accanto ai discorsi e agli interventi dei politici, e più in generale ai testi prodotti in relazione alle attività politiche e ai fatti elettorali che corrispondono al *primo livello linguistico*; ai testi prodotti da politici e non politici (resoconti dei media ma anche discussioni e commenti): il *secondo livello linguistico*; ai dibattiti della vita sociale: il *terzo livello linguistico*; con *blob* ci troviamo di fronte alla lettura critico-satirica della simbiosi fra politica viva e mass-media: cioè il *quarto livello linguistico*.

Già nelle copertine, di cui abbiamo appena evidenziato l'estrema creatività linguistica, *blob* propone una lettura degli eventi d'attualità basata sul richiamo analogico: esso viene innescato attraverso la creazione di una sequenza di citazioni filmiche che costituiscono un vero e proprio discorso. Il risultato è un prodotto di grande effetto ma anche ben recepito e condiviso dal pubblico[10]. È infatti proprio il richiamo analogico a suggerire agli spettatori il percorso di lettura che prevede la loro partecipazione attiva, basata sulla capacità di riconoscimento puntuale delle numerose citazioni tratte da vari media, sulla lettura integrata di tutte le modalità espressive, simultanea e non solo sequenziale del messaggio, delle ellissi e delle analogie.

Assistiamo dunque alla rottura della logica lineare sequenziale del discorso legata alle singole citazioni e di conseguenza anche della catena di coesione e coerenza dei singoli testi di provenienza. Le citazioni, o meglio i frammenti di testo selezionati, vengono ricomposti e ricodificati in una nuova sequenza che costituisce a tutti gli effetti un testo dotato di coesione e coerenza autonome e molto particolari. Apparentemente si scardina il senso dei testi di provenienza, ma in realtà questa operazione corrisponde a una pratica di economia linguistica che sfrutta le citazioni cariche di significato, memorabili e presenti nell'enciclopedia dello spettatore – analogamente a quanto accade nel caso del linguaggio pubblicitario – per costruire nel montaggio finale un nuovo prodotto ad alta densità semantica, la cui struttura è del tutto simile a quella di una pubblicità, anzi come scrive Enrico Ghezzi (1997: 44) di un'"iperpubblicità".

> *Tutta la comunicazione è pubblicità*, se non è amore. Se non è solo amore, bruciare d'amore, la comunicazione è pubblicità perché vuole convincere, vuole pubblicizzare un pensiero, delle qualità. *blob* è una specie di *iperpubblicità* televisiva, anche in senso tecnico: fa parte dell'ambiguità di *blob*. *blob* visto come ipercritica televisiva, è nello

[10] Un successo confermato dal fatto che questa trasmissione va in onda ormai da trent'anni, dalle numerose edizioni speciali riservate a ricorrenze festive speciali, come Natale o fine anno e alla produzione di altre trasmissioni che si basano sulla stessa strategia comunicativa come *Schegge, Fuori Orario, Cinico TV*, ecc.

> stesso tempo il luogo dove diversi autori, conduttori, attori, protagonisti di televisione sono diventati *più* protagonisti. (Ghezzi 1997: 44)

blob corrisponde dunque a un discorso politico che potremo definire di quarto livello, nel senso che rielabora i discorsi dei politici ma anche i diversi contributi giornalistici, sia di valore informativo, come i notiziari, che di valore critico; e lo fa costruendo un climax ascendente (o discendente, a seconda delle puntate) il cui esito finale consiste nel lasciar emergere attraverso la satira una critica molto radicale ad un evento politico appena accaduto.

5 *blob*: una poetica del montaggio televisivo

> Più che la satira *blob* è satira nel senso tecnico, latino, *satura*, automaticamente, in partenza. Dopodiché è il linguaggio del comico che gioca spessissimo: è una delle nostre carte più forti, ma anche il momento in cui spesso abdichiamo. Già abdichiamo rispetto alla velocità televisiva. (Ghezzi 1997: 53)

In realtà in molti casi l'evento scelto come tema della puntata ha già di per sé quelli che potremmo definire dei tratti "saturi", ha cioè caratteristiche tali da rientrare pienamente nella categoria del grottesco – e da questo punto di vista la realtà politica italiana spesso supera anche la fantasia più fervida. L'intervento critico di *blob* si concentra di solito su un evento la cui traccia mediale in qualche modo ha colpito negativamente la sensibilità del pubblico.

Fig. 6: Puntate del 10 e 11 aprile 2017

Nel caso di *capre&cavoli*[11] e *mal de l'agnel*[12] (Fig. 6), per esempio, il riferimento implicito è all'incapacità dei politici italiani di rinunciare all'autopromozione, persino in un momento di grave crisi politica internazionale, alla malafede con cui i politici in

[11] Il focus della puntata dell'aprile del 2017 riguardava l'adozione a distanza degli agnelli che tradizionalmente sono destinati a essere consumati nel pranzo pasquale. "Salvare capra e cavoli" è un modo di dire, con cui si intende salvaguardare con una decisione gli interessi di due soggetti. Il detto nasce da un gioco di logica, il cui obiettivo è trasportare da una riva all'altra di un fiume un lupo, una capra e dei cavoli.

[12] Canzone tratta dall'album di Daniele Tarantino *Profeta*.

vista fanno proprie le tematiche animaliste per autopromuoversi, in un atto di volontaria miopia nei confronti della realtà politica. L'abilità degli autori di *blob* consiste dunque innanzitutto nel *saper vedere*, nel notare un evento che potremo definire dissonante rispetto al sentire comune e nel metterlo poi in evidenza con uno slogan ad effetto, che lascia emergere in modo lapidario la critica sociale, avvalendosi di soluzioni linguistiche che ricorrono all'idiomatica, a rivisitazioni di slogan pubblicitari, citazioni filmiche, giochi di parole, per poi svilupparne i contenuti con un collage di testi costruiti in forma di climax o anticlimax[13].

L'effetto di *blob* si avvale da un lato di un tipo di intertestualità molto particolare, trasversale ai generi; dall'altro, sul piano diamesico, ha caratteristiche multimodali e multimediali. Una possibile chiave di lettura[14] delle strategie di comunicazione di questa trasmissione televisiva si colloca nella prospettiva teorica dell'iconolinguistica (*Bildlinguistik*[15]), un ambito di ricerca che coniuga pragmatica, linguistica del testo, del discorso e dei media e della linguistica ermeneutica. Essa propone una lettura linguistica dei messaggi ibridi, analizza cioè sia i dati prettamente linguistici che quelli visuali a partire dalla loro complementarità: non a caso una delle definizioni proposte per questo tipo ibrido di comunicati è "conglomerati di testo e immagine", produzioni linguistiche in cui la creatività del parlante riesce a emergere proprio grazie alla sovrapposizione semantica di codici diversi[16].

Nel caso di *blob* la sovrapposizione crossmodale lascia infatti emergere in tutta la sua importanza quella che potremmo definire una poetica del montaggio televisivo. In cui nella determinazione del significato assume un ruolo importantissimo il messaggio verbale *insieme* alle immagini che scorrono sullo schermo, grazie appunto alla capacità evocativa di queste ultime che gioca con la memoria dello spettatore. In buona parte la costruzione del significato di una puntata avviene infatti a livello del montaggio e segue una logica basata sul possibile richiamo analogico fra diverse citazioni filmiche e sulla loro capacità di colpire l'attenzione del pubblico, attraverso una costruzione mirata di climax o anticlimax, e con la satira: una strategia per certi versi analoga a quella adottata dalla pubblicità.

13 Il climax o gradazione ascendente (κλῖμαξ, in greco; *gradatio* in latino) è una figura retorica che consiste nel disporre più elementi del discorso secondo un ordine basato su un crescendo di intensità (*climax ascendente*) mirata al potenziamento dell'espressività del discorso. Nel caso invece l'intensità sia decrescente si parla di anticlimax o di climax discendente. Nel moderno umorismo l'uso del climax e dell'anticlimax consente di accostare con effetti comici un elemento alto, nobile e universale a uno basso, prosaico e particolare. Si presta dunque in modo particolare a essere usato in relazione a *blob*. L'esempio che abbiamo scelto è un caso esemplare di climax o gradazione ascendente.

14 Sarebbe altrettanto interessante tentare alcuni riscontri di matrice sociolinguistica, legati alle modalità espressive multimodali messe in atto nella trasmissione, alla ricezione da parte degli spettatori e agli effetti sulle produzioni linguistiche nell'italiano neo-standard: l'impatto reale del format sul pubblico è documentabile in prospettiva diacronica a partire dal 1989.

15 Cf. Diekmannshenke/Klemm/Stöckl 2011; Siever 2015: 35.

16 Fra i contributi più recenti in ambito italiano cfr.: Prada 2016; Pistolesi 2014; Simone 2012; Tavosanis 2011; Orletti 2004.

Fig. 7: BREVIARIO DEI VINTI puntata del 06/04/17 (1-3:08)[17]

MATTEO secondo ... MATTEO

ADESSO

Renzi – Annuncio ufficialmente la mia, che è la nostra, candidatura alla guida dell'Italia per i prossimi cinque anni.

BREVIARIO DEI VINTI

Germania anno zero (Roberto Rossellini 1948) [rumore metallico, urlo quando cade il bambino]

Clooney – Immagina, puoi. [Slogan Fastweb]

(*BREVIARIO DEI VINTI, citazione:* 1-3:08)

Nell'esempio citato sopra (Fig. 7) la presenza dell'intertestualità si fa sentire sin dal titolo, che è una citazione del *Breviario dei vinti* di Emil Cioran, un testo in forma di aforismi. La puntata è incentrata sull'annuncio ufficiale della candidatura di Matteo Renzi alla guida del paese (*MATTEO Secondo ... MATTEO*), a cui nel montaggio segue la sequenza più drammatica del film di Roberto Rossellini *Germania anno zero* (*BREVIARIO DEI VINTI*) e, a conclusione, lo spot pubblicitario di *Fastweb* con George Clooney che pronuncia una frase diventata virale soprattutto nel contesto della critica politica: «Immagina, puoi». Già da questo brevissimo esempio, emerge chiaramente che il linguaggio verbale funziona in *blob* come attivatore di contesti e di possibili percorsi inferenziali all'interno del nostro mondo, non ha significato se non in riferimento all'enciclopedia degli spettatori e alla loro memoria[18]. La conferma di questa ipotesi viene fornita dallo stesso Enrico Ghezzi (1997, 39) quando dice che la televisione

> *ci eccede*. Ogni immagine ci convoglia, ci butta addosso informazioni che non avremo mai il tempo di leggere, di mettere in sintagma, di selezionare, di gerarchizzare. Le nostre sono gerarchizzazioni immediate che si basano su un'enciclopedia precedente, pregressa, legata alle cose che abbiamo già visto, a cose molto rudimentali. È il tema del subliminale [...]. (Ghezzi 1997, 39)

[17] *Breviario dei vinti* del 06/04/2017; La puntata è disponibile solo sui terminali delle *Teche Rai*, riportiamo la trascrizione delle citazioni 1-3:08 nell'Appendice I.

[18] Riguardo alla persistenza degli slogan pubblicitari nel discorso politico italiano cfr. Verdiani 2017.

A essere qui chiamato in causa è l'effetto subliminale o *criptomnesico* di cui Lorella Cedroni parlava in riferimento alla comunicazione politica proprio negli stessi anni (Cedroni 2014: 62-68). Anche le strategie comunicative della propaganda politica si basano sul principio dell'associazione, un principio che ha poco di argomentativo e razionale e che è in primo luogo emozionale. L'uso di uno slogan noto al pubblico ha la capacità di evocare il mondo a esso associato, è dunque una struttura performativa che sfrutta l'effetto *criptomnesico* per veicolare dei nuovi contenuti[19].

Il ruolo assunto dai testi multimediali nella comunicazione ci porta a riflettere su quanto sia importante tener conto di tutte le

> [...] neue textuelle Inszenierungsformen und deren Einfluss auf den Rezeptionsprozess, in dem sich ein Wandel vom Kommunizieren auf das Wahrnehmen vollzogen hat. Die permanente Zunahme und steigende Komplexität der Zeicheninteraktion in massenmedialen Texten benötigt eine entsprechende wissenschaftliche Exploration. (Antos et al. 2014: 10)[20]

È importante non perdere di vista le "nuove possibilità di mettere in scena il testo", sempre più complesse, e la loro influenza sul processo di ricezione. Il cui incremento e la cui crescente complessità, come evidenziano Gerd Antos e Roman Opiłowski (Antos et al. 2014: 19-41) e Sybille Krämer (2001: 15), richiedono un approfondimento analitico. Chi produce attivamente comunicazione massmediale è ben consapevole di poter contare su un particolare tipo di percezione multisensoriale che mette sullo stesso piano il dire e l'indicare, la parola e l'immagine:

> Das Sagen und das Zeigen haben einen primären Stellenwert in der massenmedialen Kommunikation. Das Wahrnehmen ist ein Schlüsselmoment in der Interaktion von Rezipienten mit Zeichen und Texten, die im Akt des Interpretierens bestimmten Ressourcen voraussetzen, vermitteln und erzeugen. (Antos et al. 2014: 19)[21]

Le relazioni esistenti fra lingua e immagine vengono infatti tematizzate come se fossero un unico testo, un *Gesamttext* (Krämer 2001: 11), e devono essere comprese, ma anche analizzate, nel rispetto di questo legame (Diekmannshenke/Klemm/Stöckl 2011: 9). *blob* resta dunque una delle prime e più interessanti testimonianze nell'ambito dei me-

19 "Die 'Kryptomnesie' schließt ein, dass etwas das wir irgendwo bereits gesehen und gehört haben als 'neu' identifizieren, nachdem wir es vergessen oder verdrängt haben: Dieses Element wirkt auf bereits bestehende Archetypen." "La criptomnesia implica che venga identificato come 'nuovo' qualcosa che in realtà abbiamo già visto da qualche parte e che abbiamo dimenticato o rimosso: questo elemento fa leva su archetipi preesistenti" (Cedroni 2014: 68).

20 "[...] nuove possibilità di mettere in scena il testo e l'influenza che possono avere sui processi di ricezione, in cui si passa dalla comunicazione alla percezione. Il costante aumento e la crescente complessità dell'interazione segnica nei testi massmediali richiede anche un adeguamento dell'approccio da parte della ricerca scientifica" (Antos et al. 2014: 10).

21 "Il dire e l'indicare hanno un ruolo di primaria importanza nella comunicazione massmediale. Il percepire costituisce un momento chiave nell'interazione dei recipienti con i segni e i testi che nell'atto dell'interpretare fa riferimento, trasmette e genera determinate risorse" (Antos et al. 2014: 19).

dia che la multimodalità del contesto comunicativo sia un dato di cui si è tenuto conto ben prima della svolta digitale della comunicazione, e sul piano della ricezione sembra anzi anticiparne le modalità.

6 La costituzione interattiva del significato

Un supporto teorico che consenta di inquadrare le strategie comunicative di *blob* proviene anche dalla teoria della costituzione interattiva del significato (*Bedeutungskonstitution*), un ambito di ricerca di confine che si muove fra filosofia del linguaggio, semantica, lessicologia, pragmatica, linguistica del testo e del discorso. Secondo questa prospettiva teorica le parole, come evidenzia Werner Nothdurft (2006: 60) non sono unità autonome, ma parte di un insieme di pratiche e atti comunicativi nei quali risultano intrecciati fra di loro lingua, gestualità, atti comunicativi espliciti e impliciti, anche non verbali. Sul piano interattivo dunque le parole non si limitano ad avere un valore referenziale, ma sono atti linguistici dotati di una precisa funzione strategica, sono cioè capaci di sfruttare *in tutti i sensi* la "materialità" che evocano.

> "Wörter" sind – interaktionstheoretisch betrachtet – unter vielen Gesichtspunkten relevant, nicht nur unter dem der Referenz des "Wortes" auf einen Gegenstand beziehungsweise Sachverhalt. "Wörter" spielen in verbaler Interaktion eine Rolle:
> - unter dem Gesichtspunkt ihres Handlungscharakters, ihrer strategischen Funktion, ihrer Gesprächsorganisatorischen Leistung,
> - unter dem Gesichtspunkt der Beteiligungsweise von Sprechen, ihrem Auftreten, ihrer Profilierung, ihren Charakterwettkämpfen *et cetera,*
> - unter dem Gesichtspunkt ihrer Materialität, ihrer Klangcharakteristik, ihrer Poetik. (Nothdurft 2006: 60)[22]

Come del resto altre tendenze teoriche della linguistica contemporanea, anche la teoria della costituzione interattiva del significato non può dunque prescindere dalla prassi comunicativa in cui si colloca. Il significato che attribuiamo a una parola è infatti fortemente condizionato dal contesto in cui viene formulata e decodificata; più che un modulo mentale, nel caso del linguaggio, viene evocata una diversa rappresentazione prototipica dell'oggetto, la costituzione del significato poggia dunque anche su basi di tipo

[22] "Le 'parole' – sul piano teorico interattivo – sono rilevanti da diversi punti di vista, non solo per la relazione di referenza esistente fra 'parola' e oggetto o fatto. Le 'parole' hanno un ruolo nell'interazione verbale:
- dal punto di vista del loro carattere di atti, della loro funzione strategica, della loro capacità di organizzare il discorso,
- dal punto di vista del loro modo di rendere possibile la partecipazione al discorso, del loro manifestarsi, del loro mettersi in luce, del loro concorrere alla definizione dei caratteri *et cetera*,
- dal punto di vista della loro materialità, delle loro caratteristiche sonore, della loro poetica." (Nothdurft 2006: 60)

visuale. Come scrive Arnulf Deppermann, in riferimento al significato occorre infatti fare alcune precisazioni:

> - Bedeutung ist nicht vorgegeben (etwa durch ein sprachliches System), sondern sie wird hergestellt;
> - Bedeutung wird nicht einfach aus einem mentalen Lexikon abgerufen, sondern sie wird in Bezug auf den aktuellen sprachlichen und außersprachlichen *Kontext* hergestellt;
> - Bedeutungskonstitution ist ein *Prozess*; daher interessieren die *Prozeduren* und *Ressourcen*, aufgrund deren Bedeutungen zustande kommen. (Deppermann 2006: 12)[23]

Anche nel caso di *blob* la costituzione del significato non avviene secondo la consueta scansione lineare articolata a partire dal significato delle parole, ma emerge a partire da citazioni prese da contesti mediali diversi e che solo attraverso un particolare tipo montaggio televisivo acquistano il loro senso. Non a caso si è parlato di "poetica del montaggio televisivo" (Porcelli 2007: 29). Il discorso di ogni puntata di *blob* singolarmente presa – ma anche di *blob* nel suo complesso – è comprensibile solo a partire dall'interazione con lo spettatore, della capacità ermeneutica di quest'ultimo, che partecipa attivamente con il suo bagaglio di conoscenze precedentemente acquisite alla lettura delle citazioni in tutti i loro tratti espliciti ed impliciti. Dalla trascrizione puntuale dei messaggi di testo verbale presenti nelle puntate emerge chiaramente quale sia la struttura di appello del testo[24], che ricostruita alla moviola e riferita alle citazioni filmiche ci consente poi di comprendere la struttura analogica dei suoi riferimenti.

Secondo Werner Nothdurft (2006: 63-66) sono due i concetti di riferimento utili per la definizione della teoria interattiva del significato: l'*embodiment* e quello che l'autore definisce l'*hantieren mit Wörtern,* "armeggiare con le parole". Secondo la teoria dell'*embodiment* il significato di un enunciato deve essere derivato dalle esperienze corporee e sensoriali e dall'esecuzione di azioni e dagli atti linguistici dei partecipanti alla comunicazione: insomma "da ciò che si fa con una parola". Secondo questa teoria il significato di una parola nell'interazione è legato all'esperienza, emerge dal mondo, dagli atti linguistici che essa attualizza, dall'enciclopedia di fondo che evoca, non dipende dal significato che si pensa essa possa avere.

> The world is (in part) conceptualized as patterns of possible bodily interactions, that is how we can move our hands and fingers [...], to deal with the world that presents itself. That is, to a particular person, the meaning of an object, event, or sentence is what the person can *do* with the object, event, or sentence. [...] Embodied representations do not

23 "Il significato non è predeterminato (da un sistema linguistico), ma invece viene *prodotto*;
- Il significato non viene semplicemente richiamato dal lessico mentale, ma viene prodotto sul momento in riferimento al *contesto* linguistico ed extralinguistico;
- La costituzione del significato è un *processo*; a interessarci sono dunque le *procedure* e le *risorse* a partire dalle quali vengono determinati i significati" (Deppermann 2006: 12).

24 Cf. Appendice I e II.

> need to be mapped onto the world to become meaningful because they arise from the world. (Glenberg 1997: 5 cit. in Nothdurft 2006: 63)

Legato al concetto di *embodiment* e particolarmente appropriato al caso di *blob* è anche il concetto di *hantieren mit Wörtern*:

> Der zentrale Punkt von *'embodiment'*-Konzepten liegt darin, dass darauf aufmerksam gemacht wird, dass in Interaktion Aktivitäten des “Hantierens” mit Wörtern erfolgen und dass dieses “Hantieren” bei den Interaktionsbeteiligten zu kommunikativen Erfahrungen mit diesen Wörtern führt, die diesen sehr wohl ein “Gefühl” für diese Wörter geben, ohne dass die Wörter in ihrer (eigentlichen?) Bedeutung bekannt sein müssten. (Nothdurft 2006: 65)[25]

Questo “armeggiare con le parole” porta i parlanti ad avere esperienze comunicative che mantengono un legame con le parole in questione, ne rendono il *senso*, senza che il loro significato letterale sia necessariamente noto. Carman (1999: 211; in Nothdurft 2006: 65) parla a questo proposito dell'*immediate familiarity* che è inevitabilmente congiunta a questo armeggiare con le parole.

La terminologia descrittiva adottata da Werner Nothdurft (2006 65) per l'*embodiment* in relazione alla parola è dal nostro punto di vista molto interessante:

> Prozesse des *embodiment* werden in einer strikt handlungsbezogenen Terminologie beschrieben, zum Beispiel in Bezug auf ein Wort:
> … setzt es ein als ...
> ... dient ihm zu ...
> ... gewinnt den Status eines ...
> ... wird im Verlauf des Gesprächs zu ...
> ... klingt wie ...
> ... taucht zusammen auf mit ... (Nothdurft 2006: 65)[26]

Il significato delle parole – e delle immagini – con cui si “armeggia” dipende insomma dal ruolo che esse assumono nel contesto, Werner Nothdurft (2006: 66) ha descritto questo *hantieren mit Wörtern* distinguendo fra gesti pragmatici diversi:

[25] “Il punto centrale della teoria dell'*'embodiment'* consiste nel sottolineare che nell'interazione linguistica si verificano delle attività di ‘Hantierens mit Wörtern’ e che questo ‘Hantieren’ porta le persone coinvolte nell'interazione a fare delle esperienze comunicative che danno loro il ‘senso’ di quelle parole senza che necessariamente le parole stesse siano conosciute nel loro (reale?) significato” (Nothdurft 2006: 65).

[26] “I processi di *embodiment* vengono descritti con una terminologia strettamente riferita agli atti, per esempio in relazione a una parola:
... si impiega come ...
... serve a ...
... ottiene lo status di ...
... nel corso della conversazione diventa ...
... suona come ...
... compare insieme a ...” (Nothdurft 2006: 65).

> - den Gestus des Zur-Sache-Sprechens
> - den Gestus des Problemlösens
> - den Gestus des Auf-den-Punkt-Bringens
> - den Gestus des Kanonisierens
> - den Gestus des Reflektierens und Problematisierens
> - den Gestus des Stigmatisierens
> - den Gestus des Tabuisierens.
>
> "Bedeutung" erscheint in einer solchen Perspektive als verkürzte resultathafte Betrachtung des Zusammenwirkens interaktiver Aktivitäten in Bezug auf ein Wort. Diese Aktivitäten machen nicht "die Bedeutung" eines Wortes aus in dem Sinne, dass sie erwähnt wurden, wenn es darum geht, "was dieses Wort bedeutet", aber sie konstituieren seine Bedeutung durch das, was durch sie interaktiv mit diesem Wort getan wird. (Nothdurft 2006: 66)[27]

Visto in questa prospettiva il significato emerge come il risultato finale dell'interagire di attività concrete diverse in relazione alla parola, fortemente ancorate alla dimensione pragmatica (Deppermann 2006: 8). Il concetto di *embodiement* insieme all'attitudine ad "armeggiare con le parole", indicati da Werner Nothdurft (2006: 65) inaugurano dunque una nuova prospettiva di ricerca, funzionale alla costituzione del significato di un enunciato che comprende però anche tutti i contesti e le esperienze sensoriali ed esso connesse, comprese quelle visuali e sonore legate all'uso dei media.

È una prospettiva che sembra particolarmente adatta a descrivere le scelte comunicative di *blob*. Nella puntata *BLOB - BLOBVOILÀ* dell'08/05/17, per esempio, la critica della retorica politica di Matteo Renzi non viene espressa direttamente, ma attraverso la citazione di uno spot pubblicitario sul riciclaggio dei rifiuti: "La plastica riciclata non finisce mai di stupirti" (Fig. 8). Evoca cioè un termine semanticamente denso nell'ambito dell'attuale politica italiana al quale la politica di 'rottamazione' dei funzionari di partito inaugurata da Renzi ha tentato nel corso del suo governo di offrire un'alternativa senza riuscirci.

27 "Il gesto di andare all'argomento essenziale
- il gesto di risolvere i problemi
- il gesto di puntualizzare
- il gesto di canonizzare
- il gesto di riflettere e problematizzare
- il gesto di stigmatizzare
- il gesto di tabuizzare.

Il 'significato' in questa prospettiva emerge dunque come osservazione sintetica finale del concorrere di attività di tipo interattivo legate alla parola. Queste attività non costituiscono 'il significato' di una parola nel senso che viene evocato quando se ne parla, 'ciò che quelle parole vogliono dire', ma costituiscono il loro significato attraverso ciò che viene fatto interattivamente con la parola" (Nothdurft 2006: 66).

Fig. 8: *BLOB – BLOBVOILÀ* puntata del 08/05/17[28]

> *Renzi* – Fermiamoci un secondo come quando uno si slaccia la cravatta si tira su le maniche, magari si sgranchisce le gambe, bevendo uno di quello buono davanti al tavolo e parlando con le persone che riesce a incrociare, che conosce, che ha voglia di vedere negli occhi e di guardare dentro al cuore, diciamoci veramente parole di verità: chi siamo noi oggi in questo momento …
> *Pubblicità* – La plastica riciclata non finisce mai di stupirti, da un imballaggio in plastica raccolto e riciclato nascono un'infinita di nuove idee e nuovi prodotti.
> (*BLOB - BLOBVOILÀ trascrizione della citazione:* 2.22-3.00)

7 Conclusioni

Parallelamente a quanto accade nella comunicazione pubblicitaria, anche nel discorso di *blob* il ricorso all'intertestualità avviene in modo altamente creativo, coinvolgendo tutti i livelli espressivi, e quindi sia le citazioni di testo verbale scritto o parlato, sia quelle visuali o sonore. Nel montaggio i diversi inserti testuali sono assimilabili a un gesto deittico che consente agli autori di spingere all'estremo l'uso delle ellissi nel testo verbale, sia quello in sovraimpressione, che il parlato della citazione filmica. Riprendendo quanto evidenziato già negli anni Novanta da Renate Lachmann e Gerda Haßler potremmo parlare di "gesto semantico dei testi", *semantischer Gestus von Texten* (Lachmann 1990: 7; Haßler 1997: 21). Il senso finale da attribuire a un enunciato in molti casi risulta infatti trasparente solo grazie all'ancoraggio ad immagini particolarmente pregnanti che accompagnano il testo stesso. Un ruolo di rilievo ce l'ha inoltre la capacità di lettura dello spettatore, che attraverso le conoscenze condivise può giungere – come sostiene Wood (2015: 11) e prima di lui la Scuola di Costanza – a una co-comprensione (*joint-understanding*) del discorso. Come hanno evidenziato gli autori della trasmissione, *blob* non è dunque solo un programma, ma un vero e proprio "*sistema di scrittura* […] non è mai chiuso, concluso, è sempre da rivedere, da riscrivere, da

[28] *BLOB – BLOBVOILÀ* del 08/05/17. La puntata è disponibile solo sui terminali delle *Teche Rai*, proponiamo la trascrizione delle citazioni 0-0.57 e 2.22-3.00 nell'Appendice II.

riutilizzare" (Giusti/Ghezzi/Fava 1993: 12). Si tratta di un percorso assai interessante soprattutto per i suoi sviluppi successivi, perché in un certo senso anticipa quanto avviene oggi nel discorso della scrittura partecipata online. *blob* è dunque una delle prime e più interessanti testimonianze nell'ambito dei media che la multimodalità del contesto comunicativo legata all'intertestualità multimediale è una tendenza presente ben prima della svolta digitale della comunicazione e che ha determinato un particolare approccio cognitivo alla lettura dei testi che è particolarmente attuale.

8 Appendice I

BLOB – BREVIARIO DEI VINTI 06/04/17
Trascrizione della citazione: 1-3:08
Bersani – [rumore di fondo] *Farò il leader, però lo farò a modo mio, come uno che pensa che non può esistere il partito di un uomo solo, che un grande partito popolare è un collettivo di protagonisti ...*
MATTEO
Primarie PD 8 dicembre
Renzi - *Come si può non essere ambiziosi quando si ha la fortuna di essere stati chiamati dai propri concittadini, dai propri connazionali a guidare il partito più grande del paese più bello del mondo....*
SECONDO
Renzi - *A noi il compito di realizzare quei sogni, a noi il compito di giocare in grande, a noi il compito di tornare a dare fiducia agli italiani, credibilità alla politica, ricchezza all'Italia .*
MATTEO secondo ... MATTEO
Renzi - *Il meglio deve ancora venire, da domani ci divertiamo insieme ...*
BREVIARIO DEI VINTI
[Voce fuori campo] – *il ... presente, ... il ... presente, il ... presente*
MATTEO secondo ... MATTEO
Renzi – *Io ho un'idea di un partito dove il partito è un mare, non è uno stagno; ora va molto di moda anche sulla Rai e su altre vicende l'idea del partito fatto da oscuri burocrati separato dalla brillante società civile ...*
BREVIARIO DEI VINTI
Germania anno zero (Roberto Rossellini, 1948) [colpi ripetuti fuori campo]
Benigni bacia Berlinguer/D'Alema/Veltroni ma non Renzi.
Benigni scende le scale con Nicoletta Braschi dietro a Renzi. Si asciuga una lacrima?
TRICICLOSTILE
Bonolis (presentatore) su triciclo: citazione di *Shining* (Stanley Kubrick, 1977)
Bersani [voce fuori campo] – *Via dunque, via le incertezze, via le titubanze, via i timori su questo o quel passaggio che ci sta davanti.*
AVANTI UN ALTRO
Bersani [voce fuori campo] – da domani si parte, noi non abbiamo paura. Ma di che cosa mai dovremmo avere paura?
MATTEO secondo ... MATTEO
ADESSO
Renzi – *Annuncio ufficialmente la mia, che è la nostra, candidatura alla guida dell'Italia per i prossimi cinque anni.*

BREVIARIO DEI VINTI
Germania anno zero (Roberto Rossellini 1948) [rumore metallico, urlo quando cade il bambino]
Clooney – *Immagina, puoi.* [Slogan Fastweb]

9 Appendice II

BLOB – BLOBVOILÀ 08/05/17
Trascrizione della citazione: 0-0.57
MACRON
ULTIM'ORA ASSEMBLEA PD. RENZI: HA VINTO IL PAESE CHE NON LITIGA E NON SI SCINDE
Renzi – *Allora vi propongo un gioco tranquillo, visto che abbiamo passato questi cinque mesi un po' complicati e visto che ci ritroviamo qui e che staremo insieme fino al 2021*
PUBBLICITA' CARTIER

Trascrizione della citazione: 2.22-3.00
Renzi – *Fermiamoci un secondo come quando uno si slaccia la cravatta si tira su le maniche, magari si sgranchisce le gambe, bevendo uno di quello buono davanti al tavolo e parlando con le persone che riesce a incrociare, che conosce, che ha voglia di vedere negli occhi e di guardare dentro al cuore, diciamoci veramente parole di verità: chi siamo noi oggi in questo momento ...*
Pubblicità – *La plastica riciclata non finisce mai di stupirti, da un imballaggio in plastica raccolto e riciclato nascono un'infinita di nuove idee e nuovi prodotti.*

10 Bibliografia

Antos, Gerd et al.: *Sprache und Bild im massenmedialen Text: Formen, Funktionen und Perspektiven im deutschen und polnischen Kommunikationsraum*, Dresden 2014.

Cedroni, Lorella: *Politolinguistica. L'analisi del discorso linguistico*, Roma 2014.

Cioran, Emil: *Breviario dei vinti II. 70 frammenti inediti*. Trad. it. a cura di Cristina Fantechi, Voland 2016.

Deppermann, Arnulf: *Von der Kognition zur verbalen Interaktion: Bedeutungskonstitution im Kontext aus Sicht der Kognitionswissenschaften und der Gesprächsforschung*, in Deppermann, Arnulf/Spranz-Fogasy, Thomas (eds.): *Be-deuten: wie Bedeutung im Gespräch entsteht*, Tübingen 2006, p. 11-33.

Diekmannshenke, Hajo/Klemm,Michael/Stöckl, Hartmut (eds.): *Bildlinguistik. Theorien - Methoden – Fallbeispiele*, Berlin 2011.

Gennaro, Gianluca: *Blob, la televisione e il suo doppio*, Salerno 1997.

Ghezzi, Enrico: *Il mezzo è l'aria*, Milano 1997.

Giusti, Marco/Ghezzi, Enrico/Fava, Vladimir: *Il libro di blob*, Roma 1993.

Guglielmi, Angelo/Sgarbi, Elisabetta (a cura di): *Panta. Blob Guglielmi*, Milano 2004.

Haßler, Gerda (ed.): *Texte im Text: Untersuchungen zur Intertextualität und ihren sprachlichen Formen*, Münster 1997.

Krämer, Sybille: *Sprache, Sprechakt, Kommunikation. Sprachtheoretische Positionen des 20. Jahrhunderts*, Frankfurt am Main 2001.

Krämer, Sybille: *Performativität und Medialität*, München 2004.

Lachmann, Renate: *Gedächtnis und Literatur. Intertextualität in der russischen Moderne*. Frankfurt am Main 1990.

Magrì, Antonio: *Di blob in blob. Analisi di semiotica comparata. Cinema Tv e Linguaggio del corpo*, Milano 2009.

Margrit Siever, Christina: *Multimodale Kommunikation im Social Web*, Frankfurt am Main 2015.

Mazzoleni, Gianpietro: *La comunicazione politica*, Roma 2012.

Nothdurft, Werner: *Embodiment und Stabilisierung – Prinzipien interaktiver Bedeutungskonstitution*, in: Deppermann, Arnulf/Spranz-Fogasy, Thomas (eds.): *Be-deuten: wie Bedeutung im Gespräch entsteht*, Tübingen 2006.

Orletti, Francesca (a cura di): *Scrittura e nuovi media. Dalle conversazioni in rete alla Web usability*, Roma 2004.

Pistolesi, Elena: *Scritture digitali*, in: Antonelli, G./Motolese, M./Tomasin, L. (a cura di): *Storia dell'italiano scritto. III. Italiano dell'uso*, Roma 2014, p. 349-75.

Porcelli, Filippo: *Schegge. La Tv dopo la Tv*, Milano 2007.

Prada, Massimo: *L'Italiano in rete. Usi e generi della comunicazione mediata tecnicamente*, Milano 2015.

Preckel, Anne: *Zapping als Fernsehkritik: die italienische Telecollage BLOB*, Berlin 2008.

Rivoltella, Cesare Pier: *TV e minori in Italia: esperienze per insegnare a vedere la televisione* (ADENDA), in: Comunicar 16/31 (2008), p. 311.

Santulli, Francesca: *Le parole del potere, il potere delle parole. Retorica e discorso politico*, Pavia 2010.

Simone, Raffaele: *Presi nella rete. La mente ai tempi del web*, Milano 2012.

Tavosanis, Mirko: *L'italiano del web*, Roma 2011.

Verdiani, Silvia: *Die Kunst des Zitierens: Das Internet als Verbreitungsgebiet der kommerziellen und politischen Werbung in diachroner Perspektive – Wie Werbebotschaften zur politischen Parole werden. Zwei Beispiele aus dem Carosello-Bildfundus in Italien*, in: Hennemann, Anja/Lobin, Antje/Plötner, Kathleen/Schlaak, Claudia (eds.): *Werbesprache pluridisziplinär – Aktuelle Tendenzen in der romanistischen Werbesprachenforschung*. Berlin 2017, p. 43-60.

Verdiani, Silvia: *Online- und Wahl-Werbespot-Archive in Italien*, in: Dotzler, Bernhard J./Reimann, Sandra (eds.): *Mitteilungen des Regensburger Verbunds für Werbeforschung – RVW* 4 (2016), p. 23-28.

Wood, Tahir: *Elements of hermeneutic pragmatics: agency and interpretation*, Oxford et al. 2005.

Sitografia

Ultimo accesso 01/11/2017:

Homepage di blob: https://www.youtube.com/watch?v=wicp2-pu454

Immagine del sito di blob: https://www.youtube.com/watch?v=wicp2-pu454

Prima puntata di blob: https: //www.youtube.com/watch?v=wicp2-pu454

Speciale blob 25 anni: https: //www.youtube.com/watch?v=KsKmBWWGIac

Vota Antonio: https://www.youtube.com/watch?v=brM22EfwMLk

blob - breviario dei vinti 06/04/17 (1-3:08): disponibile sui terminali delle *Teche Rai*. Cfr. Verdiani 2016, 23-28.

blob – blob voilà (2.22-3.00): disponibile sui terminali delle *Teche Rai*. Cfr. Verdiani 2016, 23-28.

Tra compromesso storico e compromesso linguistico: Enrico Berlinguer e la semantica del Cristianesimo

Elisa Manca

1 Introduzione

Lo scopo del seguente contributo è quello di delineare un quadro introduttivo della presenza della semantica del Cristianesimo nei discorsi politici del segretario del Partito Comunista Italiano (PCI) dal 1972 al 1984 Enrico Berlinguer e dunque delle influenze semantiche reciproche tra mondo comunista e mondo cattolico. Le riflessioni che seguiranno rappresentano lo stato embrionale di un progetto di dottorato in fase di elaborazione sul linguaggio del politico sardo, nel quale esse troveranno un approfondimento basato su un corpus strutturato. Per la stesura di questo articolo si è usufruito delle raccolte di discorsi pubblicate in vita e postume: lo scopo di queste riflessioni è di tipo esemplificativo e qualitativo, mentre le riflessioni sistematico-quantitative troveranno ampio spazio nella tesi di dottorato. In queste poche pagine l'ipotesi di ricerca si concentrerà perciò sui legami semantici tra lessico di Berlinguer e riferimenti biblici, con lo scopo a lungo termine di proporre un'analisi articolata non solo sulla semantica, ma anche sulle strutture sintattiche, morfologiche e retoriche che compaiono nei discorsi del segretario comunista.

Si cercherà pertanto di ripercorrere brevemente la storia dei rapporti tra PCI e DC (Democrazia Cristiana) tra gli anni '70 e '80, menzionare alcuni momenti specifici della biografia di Berlinguer, legati al suo rapporto con la religione, e considerare la posizione della Chiesa nei confronti del comunismo italiano e internazionale. L'analisi linguistica si concentrerà su quelli che definiremo "echi biblici" e ritualità cristiana nel lessico berlingueriano.

Resta da spiegare la presenza di questo contributo in questa miscellanea a tema *Kontrolle und Eskalation*. Nelle analisi di queste pagine e nei vari studi dedicati negli anni a Berlinguer emerge il desiderio del segretario di mediare – vedremo sia dal punto di vista politico, sia da quello linguistico – tra le forze politiche in campo, senza lasciarsi trasportare dall'impulsività o da passioni passeggere. La consapevolezza della tragica situazione politica nella quale versava l'Italia negli anni '70, tra terrorismo e crisi economica, e forse anche una personale inclinazione al confronto, lo spinsero ad evitare ogni possibile *escalation*: la ricerca di un linguaggio che si avvicinasse anche alle esigenze dell'elettorato cattolico fa parte di questa presa di coscienza, non solo di Berlinguer, ma di un'intera classe dirigente.

1.1 «E non posso dire 'Dio sa che sono sincero'»

Enrico Berlinguer fu dunque uno dei protagonisti dell'agone politico di quegli anni e dello scontro-incontro tra il Partito Comunista Italiano e la Democrazia Cristiana. I due partiti, seppur con matrici ideologiche differenti, condividevano un comune intento democratico scaturito dalla Resistenza al nazifascismo e dagli anni dell'Assemblea Costituente. Il Paese quindi si divideva tra chi vedeva in maniera ottimistica la continuità dei governi DC sotto "l'ombrello della Nato" e chi invece guardava a un futuro diverso, rivoluzionario, nel quale la società socialista si offrisse come alternativa per offrire soluzioni ai numerosi problemi economici, sociali e politici dell'Italia.

Quelli furono tuttavia anche gli anni della crisi economica, originata dalla crisi energetica del 1973, e in particolare del terrorismo rosso e nero. Il fatto però che modificò la strategia politica del segretario comunista fu il golpe del Cile dell'11 settembre 1973, a causa del quale "la via cilena al socialismo" del presidente Salvador Allende vide la propria fine. Quest'evento rese chiaro a Berlinguer che non era possibile, per un'Italia che aderiva senza se e senza ma al Patto Atlantico, realizzare la via italiana al socialismo senza il rischio del ripetersi di fatti analoghi a quelli del Cile[1]. Per questo motivo la prospettiva di un accordo con la Democrazia Cristiana, unendo quindi le due principali forze democratiche del Paese, era l'unica vera soluzione all'altissimo rischio di una deriva autoritaria. Nacque in questo contesto il cosiddetto "compromesso storico".

> Si tratta, al contrario, di agire perché pesino sempre di più, fino a prevalere, le tendenze che, con realismo storico e politico, riconoscano la necessità e la maturità di un dialogo costruttivo e di un'intesa tra tutte le forze popolari, senza che ciò significhi confusioni o rinuncia alle distinzioni e alle diversità ideali e politiche che contraddistinguono ciascuna di tali forze. (Berlinguer 1973: 638)

Così si espresse Berlinguer la prima volta che si ventilò l'ipotesi di «un'intesa tra tutte le forze popolari». Fu però necessario tornare sull'argomento più volte negli anni successivi: gli stessi militanti del Partito difficilmente capivano la necessità di allearsi con il nemico giurato e temevano la perdita dell'identità comunista in un abbraccio mortale con la DC. Tuttavia proprio quando la strategia del compromesso storico stava per realizzarsi con l'appoggio esterno del PCI al IV governo Andreotti, Aldo Moro, l'interlocutore principale tra le fila della DC per la concretizzazione dell'intesa, venne rapito dalle Brigate Rosse (16 marzo 1978) per poi essere ucciso il 9 maggio 1978. Questo evento segnò non solo la storia del Paese, ma anche quella del PCI, che dovette del tutto cambiare la propria strategia politica: lo stesso Berlinguer rimase intimamente sconvolto per la scomparsa di Moro (Fiori 2004: 362), tanto che persino nei suoi scritti

[1] Fondamentali a tal riguardo sono gli scritti su «Rinascita» del 28 settembre, 5 e 9 ottobre 1973, nei quali la strategia del compromesso storico prende forma, sostituendo l'ipotesi di governo di svolta democratica.

e nei suoi discorsi se ne può rinvenire traccia[2].

Nondimeno i rapporti con il mondo cattolico non si limitavano alla prospettiva del compromesso storico, ma esisteva all'interno del PCI stesso una forte componente che al mondo cattolico faceva grande riferimento. Si tratta dei cosiddetti *cattocomunisti*, ossia di coloro che, pur riconoscendosi nell'ideologia comunista, non rinnegavano la loro appartenenza religiosa al cattolicesimo, sottolineandone invece e mettendone in risalto i molti punti in comune.[3] La partecipazione cattolica alla vita del PCI negli anni '70 era aumentata in maniera evidente, vuoi per un differente atteggiamento della Chiesa e grazie alle nuove correnti postconciliari, vuoi per la reciproca tolleranza e compatibilità presenti sia nelle élite sia nelle masse popolari (Are 1980: 52-54). Inoltre la riflessione sui rapporti tra cattolici e comunisti in Italia nasce con uno dei padri del comunismo italiano, Antonio Gramsci, per continuare anche con Palmiro Togliatti, che sul tema ritornerà più volte. Era chiaro infatti che in un Paese profondamente cattolico come l'Italia, che al suo interno ospita lo Stato Vaticano, fosse impossibile pensare una rivoluzione che non tenesse conto anche di questo elemento[4].

Queste le influenze politiche esterne e interne al Partito, ma, se vogliamo svolgere delle riflessioni sulla presenza di una semantica cattolica nel linguaggio berlingueriano, dobbiamo tener conto anche degli aspetti privati della biografia e della posizione di Berlinguer per quanto riguarda la religione. In una delle prime interviste rilasciata a Enzo Biagi qualche tempo dopo la sua elezione a segretario e pubblicata su «La Stampa» il 24 ottobre 1972, Berlinguer, commentando la situazione politica e l'eterno scontro tra PCI e DC, affermò: «Noi chiediamo una leale intesa con gli altri, e non posso dire 'Dio sa che sono sincero'». A questa affermazione seguì la pronta domanda di Biagi: «Lo dica, perché no?» «Perché non sono credente». Apertamente quindi il segretario si dichiara non credente, elemento che già emerse negli anni adolescenziali quando si fece esonerare dalle lezioni scolastiche di religione (Valentini 2014: 39). La

2 Nei miei studi dedicati al linguaggio politico di Berlinguer sta progressivamente emergendo una sostanziale differenza linguistico-discorsiva tra le diverse fasi politiche, in particolare una vera e propria crisi stilistica corrispondente proprio alla fase successiva al sequestro Moro. Si rimandano tuttavia ulteriori riflessioni specifiche sull'argomento a una fase di ulteriore approfondimento dei dati finora in mio possesso.

3 Cattocomunismo e cattocomunista rientrano nella categoria delle parole composte (cattolicesimo/cattolico e comunismo/comunista), nascono il primo nel 1978 e il secondo nel 1979 (cfr. GDIU, vol.1, s.v. cattocomunismo e cattocomunista; GDLI, suppl. 2004, s.v. cattocomunismo e cattocomunista; DizEtGar, s.v. cattocomunismo e cattocomunista). Sostanzialmente nel GDIU vengono indicati come termini spregiativi, probabilmente proprio a segnalare la difficoltà di coniugare le due diverse appartenenze. Interessante poi è che il termine cattocomunismo venga coniato proprio sotto la segreteria di Berlinguer e nel periodo di maggiore crisi dei rapporti tra comunisti e cattolici, in seguito alla morte di Aldo Moro.

4 Un interessante volume a cura di Pietro Valenza pubblicato nel 1975 dal titolo Il *compromesso storico*, raccoglie i principali interventi di Gramsci, Togliatti, Longo, Berlinguer e di altri eminenti esponenti del PCI appunto sul rapporto con il mondo cattolico. Lo scopo era probabilmente quello di riportare le citazioni delle maggiori *auctoritates* comuniste, per supportare la strategia del compromesso storico, tanto osteggiata anche all'interno dello stesso Partito.

sua infanzia e l'adolescenza poi furono segnate dalla morte prematura della madre Mariuccia e dalla presenza fondamentale dello zio Ettorino Berlinguer, anarchico e dotato di una vasta biblioteca, ereditata dal padre Enrico (nonno del "nostro" Enrico), che gli fornì le letture che indirizzarono il suo pensiero politico, tra i quali *Il Manifesto* di Marx (Fiori 2004: 40-41; Barbagallo 2006: 10; Valentini 2014: 38-39), e della domestica Mariangela Rassu, per influenza della quale ricevette all'età di dodici anni la prima comunione e la cresima (Fiori 2004: 39). Enrico quindi, pur crescendo con un padre socialista, perlopiù assente in realtà, e uno zio anarchico, venne naturalmente a contatto con la cultura cattolica, frequentando la chiesa. Vi sono inoltre testimonianze di un Berlinguer appena ventiduenne, già nel 1944 tra i principali esponenti della sezione sassarese del PCI, ben consapevole dell'influenza del cattolicesimo sulle masse italiane (Fiori 2004: 49). Una consapevolezza che rimarrà al centro dell'azione politica del futuro segretario.

1.2 La posizione della Chiesa

Agli anni del boom economico corrisponde uno svecchiamento senza precedenti delle strutture e dei linguaggi della Chiesa cattolica. Con Giovanni XXIII (1958-1963) prima e Paolo VI (1963-1978) poi cambia in maniera radicale il ruolo del papa. Con essi la Chiesa stessa comincia a riflettere sulla modernità, rinnovandosi al suo interno tramite il Concilio Vaticano II, la rivoluzionaria introduzione delle lingue "volgari" per la celebrazione dei riti e la traduzione dei testi sacri (finora permessa solo in ambito protestante), e sul rapporto con le classi lavoratrici (Crainz 2003: 175-179; Sabbatucci/Vidotto 2008: 538).

In una monografia sullo sviluppo del linguaggio papale da Gregorio VII a Francesco, Alessandro Barbero evidenzia il modo in cui i papi Roncalli e Montini si pongono nuovamente come delle vere e proprie autorità politiche, rinnovando l'autorevolezza del ruolo della Chiesa nella comunicazione con il mondo intero con l'utilizzo del linguaggio della modernità, che già era stato introdotto da Leone XIII attraverso l'enciclica *Rerum Novarum* (1891)[5]. Lo studioso cita in particolare due encicliche, le più emblematiche di quegli anni: la *Pacem in Terris* (1963) di Giovanni XXIII e la *Populorum Progressio* (1967) di Paolo VI. Entrambe riscoprono il linguaggio e le tematiche del socialismo. Così Papa Giovanni XXIII parla di diritti dell'uomo, di movimento operaio, di liberazione della donna e di fine del colonialismo, seguendo quelli che sono i temi dei suoi tempi e uscendo, fisicamente e metaforicamente, dalle mura del Vaticano. Ancora di più fa Paolo VI che adopera il linguaggio dell'economia e della politica, fino a spingersi a parlare di questioni sociali, progresso, sviluppo dei popoli e sfruttamento

[5] È infatti proprio Leone XIII a parlare per la prima volta di proletariato e operai, seppur mantenendo una decisa opposizione all'ideologia socialista e a qualsiasi messa in discussione della proprietà privata (Barbero 2016: 67-68): in questo modo il papa stesso incoraggia l'associazionismo cattolico e l'impegno sociale che sfoceranno poi nel partecipazionismo politico (Sabbatucci/Vidotto 2008: 186).

dei lavoratori, impadronendosi di fatto di alcuni argomenti e termini chiave del comunismo (Barbero 2016: 85-103).

Su questo nuovo indirizzo della Chiesa, lo stesso Palmiro Togliatti si espresse nel Memoriale di Yalta, noto anche come suo vero e proprio testamento politico, aprendo quindi implicitamente al dialogo.

> Nel mondo cattolico organizzato e nelle masse cattoliche vi è stato uno spostamento evidente a sinistra al tempo di papa Giovanni. Ora vi è, al centro, un riflusso a destra. Permangono però, alla base, le condizioni e la spinta per uno spostamento a sinistra, che noi dobbiamo comprendere e aiutare. A questo scopo non ci serve a niente la vecchia propaganda ateistica. (Togliatti 1964)

In queste poche righe è evidente una presa di coscienza della linea inaugurata da papa Giovanni XXIII, che Togliatti ritiene fondamentale per l'avvicinamento all'elettorato cattolico. È necessario però archiviare l'ateismo e così accogliere, o cercare di farlo, le masse cattoliche che nel messaggio di papa Roncalli si riconoscevano.

L'importanza di queste encicliche fu tale che lo stesso Berlinguer nella relazione al XV Congresso del PCI le cita, parlando del comune orientamento pacifico che

> ha trovato un altro centro di irradiazione nella Chiesa cattolica. Chi non ricorda la *Pacem in terris* di Giovanni XXIII e la *Populorum progressio* di Paolo VI? (Berlinguer 1979: 23)

Era ovvio che il segretario del secondo partito politico del Paese, pur dichiarandosi non credente, tenesse presenti – sicuramente anche da prima del 1979 – le posizioni di apertura della Chiesa cattolica. Questi due papi, sicuramente più di Giovanni Paolo II, notoriamente e convintamente anticomunista, avevano cercato un dialogo tra i due blocchi non solo a livello nazionale, ma anche internazionale (si pensi ad esempio al ruolo di Giovanni XXIII nella risoluzione della crisi dei missili di Cuba).

Una Chiesa pertanto che da una parte cerca il dialogo e utilizza un linguaggio non del tutto proprio, ma che dall'altra guarda ancora con scetticismo al comunismo e all'intesa con esso[6]. Tanto che Giuseppe De Rosa, padre gesuita per decenni tra le firme principali della rivista «La Civiltà Cattolica» e membro influente della classe intellettuale cattolica, nel 1964 pubblica, qualche tempo dopo la diffusione del Memoriale di Yalta di Togliatti, un articolo nel quale sostiene che «non è possibile un dialogo tra cattolici e comunisti» e che «cattolici e comunisti non parlano lo stesso linguaggio»:

> Si dirà che tra cattolici e comunisti ci sono dei punti comuni: per esempio, l'aspirazione e la lotta per la giustizia sociale, l'aspirazione alla pace. Ma, a questo proposito, bisogna dissipare un equivoco. Esso nasce dal fatto che le stesse parole – pace, giustizia libertà, democrazia – non hanno per i cattolici e i comunisti lo stesso significato, ma significati

6 Sui rapporti tra comunisti e cattolici, in particolare sulla produzione scritta degli intellettuali di entrambe le parti sull'argomento si consulti il volume dello storico Guido Crainz (2003: 175-184).

> profondamente diversi ed opposti. Cioè, cattolici e comunisti non parlano lo stesso linguaggio. Come potrebbero, allora, dialogare? (De Rosa 1964: 597)

Un'opposizione pertanto, quella proposta dal padre gesuita De Rosa, di tipo non solo ideologico e politico ma anche linguistico, senza nessuna possibilità di collaborazione o "compromesso".

Cinque anni dopo Berlinguer sarebbe diventato vicesegretario e segretario *in pectore* del PCI e nove anni dopo avrebbe cominciato sistematicamente a teorizzare un'ipotesi di compromesso, basandosi – anche linguisticamente – sull'eredità dei padri del comunismo italiano e sull'apertura della parte progressista della Chiesa cattolica.

2 Semantica e lessico: echi biblici nella parola del segretario comunista

Viste queste premesse, si può procedere a un'analisi semantico-lessicale di alcuni elementi particolarmente frequenti o significativi presenti nel linguaggio berlingueriano.

Come già alcuni studiosi hanno notato (Cortelazzo 2016: 51-53; Dell'Anna 2010: 76), Berlinguer imposta i suoi discorsi su un impianto fortemente tradizionale, sia nelle strutture argomentativo-retoriche, sia nell'uso lessicale. L'influenza della tradizione comunista, specialmente nei primi anni della segreteria, spinge Berlinguer a utilizzare lessico e strutture sintattiche ispirate per la maggior parte dagli usi linguistici di Palmiro Togliatti. Si pensi ad esempio al ricorrere frequente del cosiddetto "modello x ma anche y" (Paradisi 1982: 195-212) che rappresenta anche uno schema testuale che permette di dare spazio nei propri discorsi a diversi punti di vista e in un certo qual modo di conciliare posizioni talvolta opposte. Tale influenza, a mio avviso, va poi ad affievolirsi – ma non a sparire del tutto – proprio con il fallimento del compromesso storico e con la proposta dell'alternativa democratica, fase che è stata definita non a caso "secondo Berlinguer" (Liguori 2014: 112) alla fine degli anni '70-inizio anni '80, si impose un nuovo linguaggio – anche nella politica –, che persino Berlinguer, a suo modo, cercò di realizzare. Berlinguer sviluppa quindi un proprio linguaggio nel segno della continuità, non solo politica ma anche linguistica, con i predecessori e in particolare con l'ultimo Togliatti.

Pertanto prima di intraprendere le analisi dei paragrafi successivi è necessario fare alcune ulteriori precisazioni sul sottile confine sul quale ci troveremo a condurre le nostre riflessioni sulla semantica del cristianesimo nel linguaggio di Berlinguer. Un punto sul quale chi scrive si è spesso interrogata è quanto ci sia di italiano standard nella frequenza dell'utilizzo di un determinato lessico in Berlinguer: il fatto che il cristianesimo abbia impregnato la cultura e di conseguenza il linguaggio degli italiani è un elemento assodato e dell'importanza della Chiesa abbiamo già reso conto nelle pagine precedenti. Tuttavia la sensazione è che la presenza di un determinato lessico, che sembra poi affievolirsi negli anni successivi al fallimento della strategia del compromesso storico, sia più voluta che dovuta all'influenza dello standard e degli archetipi culturali occidentali: Berlinguer, sulla scia dei suoi predecessori, era consapevole della necessità di rivolgersi anche alle masse cattoliche, pertanto anche la scelta di inserire un lessico più vicino alla semantica cristiana, senza dimenticare le proprie origini marxiste, entrava a far parte della realizzazione pratica di quella via italiana al socialismo che da Togliatti in poi rappresenta lo scopo comune dei comunisti italiani.

2.1 Via, Cammino, Strada

Il concetto di percorso[7] ha una lunga storia nel linguaggio del comunismo internazionale: la *via italiana al socialismo* è solo una delle tante soluzioni che nel mondo sono state proposte come alternativa per la realizzazione del comunismo nei diversi contesti nazionali. La *via italiana* trova il suo fondamento ideologico nella riflessione postbellica di Palmiro Togliatti, che propone, nel rispetto della Costituzione nata dalla Costituente, l'idea di un socialismo rispettoso della base democratica sulla quale si fondava la neonata Repubblica. Berlinguer accoglie questo principio e lo fa suo, utilizzandolo spesso nei suoi discorsi e nella sua teorizzazione politica. Tuttavia il vocabolo in sé trova un'ampia realizzazione anche al di fuori dell'espressione *via italiana al socialismo*. Frequenti sono ad esempio le espressioni "indicare la via" e "seguire la via".

> La *via* che noi abbiamo *indicato* per superare la questione del referendum era *giusta* e *corretta* [...]
> È stato a questo punto che il nostro partito ha *indicato* come unica *via corretta* la consultazione del paese. (Berlinguer 1972: 13-15)

> [questo] è, al contrario, un reale processo di avanzata verso di esso [il socialismo, *nda*], in quanto *indica* una *via* generale di lotta [...]. (Berlinguer 1975: 101)

> E tutti sanno, del resto, per quali particolarità si distingua la *via* che noi abbiamo *seguito* e *seguiamo* per il rinnovamento democratico e socialista dell'Italia. (Berlinguer 1975: 42)

Sostanzialmente entrambe le espressioni sono le formule più frequenti nelle quali il termine 'via' compare nei discorsi di Berlinguer. Per chiarire il rapporto con la semantica del cristianesimo si sono voluti mettere a confronto alcuni passi della Bibbia:

7 I tre termini hanno significati tendenzialmente sinonimici, anche se fondamentale nelle nostre riflessioni è la polisemia, che li contraddistingue. Tra i tre quello che ha una più forte caratterizzazione semantica di tipo morale e religioso è *via*, che in GDLI (vol. XXI, s.v. *via*, 835) e VocTrec (vol. V: 868) viene associata anche a Cristo, esplicitandone dunque la sua valenza religiosa. Anche per il *cammino* e la *strada* il riferimento alla condotta e al modo di vivere è presente in quanto significato metaforico (cfr. GDLI, vol. II, s.v. *cammino*: 590; GDIU, vol. I, s.v. *cammino*: 869; GDLI, vol. XX, s.v. *strada*: 260; GDIU, vol. VI, s.v. *strada*: 418), ma senza un'accezione apertamente legata alla semantica cristiana. Certo, il cammino richiama anche il *cammin di nostra vita* dantesco, che come sottolinea VocTrec (vol. I, s.v. *cammino*: 601) sta a indicare il "corso della vita terrena". Il legame con il lessico religioso, che nei vocabolari non viene testimoniato, trova però nel linguaggio biblico una certa rappresentazione. È tuttavia sintomatico che solo la *via* venga esplicitamente segnalata in quanto termine del cristianesimo.

> A loro spiegherai i decreti e le leggi; *indicherai* loro la *via* per la quale devono camminare e le opere che devono compiere. (Esodo 18,20)
>
> Poi il Signore mi disse: Scendi in fretta di qui, perché il tuo popolo, che hai fatto uscire dall'Egitto, si è traviato; presto si sono allontanati dalla *via* che io avevo loro *indicata*: si sono fatti un idolo di metallo fuso. (Deuteronomio 9,12)
>
> Quanto a me, non sia mai che io pecchi contro il Signore, tralasciando di supplicare per voi e di *indicarvi la via buona e retta*. (1Samuele 12,23)
>
> Abbandonò il Signore, Dio dei suoi padri, e non *seguì la via* del Signore. (2Re 21,22)
>
> Ti farò saggio, *t'indicherò la via da seguire*; con gli occhi su di te, ti darò consiglio. (Salmi 31,8)

Si nota subito dunque come nei passi biblici l'indicazione della via da seguire derivi sempre da Dio, così come nei discorsi di Berlinguer questo concetto viene associato ai comunisti. Quindi, come il Dio biblico, anche i comunisti si propongono come le uniche guide capaci di indicare e proporre le soluzioni ai problemi del Paese. Persino le dittologie, collegate alla via, riecheggiano il linguaggio biblico: nel primo Libro di Samuele la via è *buona* e *retta*, mentre nel XIII Congresso del PCI Berlinguer parla di via *giusta* e *corretta*. I quattro aggettivi fanno parte della stessa area semantica, rievocano la bontà del percorso che si è intrapreso e specialmente la bontà delle sue intenzioni. Chi la indica vuole solo il bene di coloro a cui si rivolge, sia esso un Dio o un partito comunista.

Segue poi il termine *cammino*, anch'esso assai presente nella tradizione cristiana come realizzazione concreta o astratta della ricerca di Dio. Un esempio celebre è presente nel libro dell'Esodo con il cammino di Mosè e del popolo ebraico nel deserto oppure nel Vangelo con il cammino di Gesù attraverso le terre di Israele. Anche Berlinguer ne fa uso. In un estratto dal rapporto al XIII Congresso del PCI afferma:

> E di qui il *cammino* compiuto in questi anni dal movimento sindacale. È per noi assai significativo il fatto che l'avvio dell'unità sindacale non ha determinato, come si poteva anche temere, una chiusura del sindacato nel tradunionismo. Anzi – per i contenuti rivendicativi che si affermavano nelle lotte – i sindacati sono stati sempre più sospinti ad intervenire anche fuori della fabbrica, nella sfera dell'assetto sociale e dello Stato […]. (Berlinguer 1972: 45)

Un *cammino* di sviluppo e miglioramento quello delineato per il mondo sindacale, molto vicino al PCI. È infatti interessante la scelta di un termine essenzialmente concreto per una realizzazione metaforica: si tratta infatti di un cammino di sviluppo che assume i tratti messianici di condurre, in questo caso il movimento sindacale anche se è sottinteso un intento di unità dei popoli della sinistra, verso un obiettivo comune più alto. E la realizzazione di un obiettivo comune, più alto, è presente anche negli scritti pubblicati su «Rinascita», nei quali per la prima volta Berlinguer concretizza la proposta del compromesso storico:

> Certo, noi per primi comprendiamo che il *cammino* verso questa prospettiva non è facile né può essere frettoloso. (Berlinguer 1973: 638)

L'uso del cammino rievoca toni solenni, come nel passo tratto dall'ultimo capitolo del rapporto al XIII Congresso del PCI.

> Quali che siano gli errori e anche le tragedie di cui è stato disseminato ed è disseminato il *cammino* della costruzione delle prime società socialiste, nessuno può dimenticare che, dalla vittoria della Rivoluzione d'ottobre, paesi immensi e masse sterminate di uomini sono stati tratti in pochi decenni dal fondo dell'arretratezza e della disperazione per elevarsi a protagonisti della storia del mondo, costruttori di società nuove le cui conquiste sono un fattore determinante del *cammino* di tutta l'umanità. (Berlinguer 1972: 89)

Passiamo ora alla *strada*, presente sia nelle Sacre Scritture, sia nel lessico berlingueriano in chiave più neutra, tendente al negativo:

> La Resistenza fu una svolta nella storia italiana, non solo perché restituì al paese la sua dignità, ma perché aprì la possibilità di costruire un'Italia nuova trasformando quelle strutture economiche e quella struttura statale che avevano reso possibile il fascismo. Per *camminare* su questa *strada* occorreva però l'unità di quelle forze popolari e democratiche che avevano lottato assieme contro il fascismo ed elaborato insieme la Costituzione repubblicana.
> La *strada seguita* è stata diversa: è stata quella del ripristino del potere delle vecchie classi dominanti, di uno sviluppo economico costruito sul sacrificio e sullo sfruttamento dei lavoratori, di un regime politico che escludeva ancora una volta le masse lavoratrici dalla direzione dello Stato.
> Sappiamo perché è stata *seguita* questa *strada*: per l'intervento pesante dell'imperialismo americano e per responsabilità della Democrazia Cristiana che volle rompere l'unità delle forze popolari antifasciste. (Berlinguer 1972: 34)

Come si può notare in questo passo la strada è la scelta sbagliata, compiuta dalla DC, di non seguire l'unità nazionale e i valori della Resistenza e della Costituzione, rendendo così impossibile la modernizzazione del paese. Inoltre si potrà notare anche in questo caso l'associazione con il verbo al participio passato *seguita* in contrapposizione alla *via da seguire*, analizzata precedentemente. È stata infatti scelta (o meglio, *seguita*) dai democristiani la strada sbagliata che ha portato a conseguenze gravissime, ossia alla rovina del Paese. E così ancora successivamente, pur con alcune eccezioni la strada sarà contrapposta alla via: la prima conduce all'errore, la seconda alla *salvezza*.

2.2 Salvezza

La *salvezza*, in maniera più evidente rispetto al lessico del percorso, richiama un mondo escatologico-messianico, legato al linguaggio delle Sacre Scritture. Presentiamo dunque alcuni esempi:

> Io spero nella tua *salvezza*, Signore! (Genesi, 49,18)

> Chi offre il sacrificio di lode, questi mi onora,
> a chi *cammina* per la *retta via*
> mostrerò la *salvezza* di Dio. (Salmi 49,23)

> Essa seguiva Paolo e noi gridando: «Questi uomini sono servi del Dio Altissimo e vi annunziano la *via della salvezza*». (Atti 16,17)

> Così dice il Signore:
> «Osservate il diritto e praticate la giustizia,
> perché prossima a venire è la mia *salvezza*;
> la mia giustizia sta per rivelarsi». (Isaia 56, 1)

Ma che cosa si intende per salvezza nel mondo cristiano? Antonio Bonora (NDTB 1988: 1285-86) propone un confronto con la cultura marxista e in particolare con l'eroe rosso di Ernst Bloch, che, nichilista, non aspetta che la salvezza giunga dall'esterno, ma la ottiene da sé. Questo tipo di salvezza, sostiene Bonora, è assai diversa dalla speranza di San Paolo e dei cristiani in generale verso la prospettiva della vita eterna, che Cristo soltanto può assicurare. Entrano quindi in gioco due aspetti: il perdono che solo il Dio cristiano accorda ai suoi fedeli e la redenzione attraverso la morte e resurrezione di Cristo. Tutti grazie a questi due elementi possono essere salvati.

Eppure la prospettiva della salvezza non è, a giudicare da quanto si può evincere dal marxismo in generale e dalla produzione togliattiana prima e da quella berlingueriana poi, appannaggio esclusivo del cristianesimo. La salvezza di Berlinguer (e Togliatti) pone la propria fiducia verso l'uomo e la sua capacità di costruire un avvenire pacifico e giusto, che possa risolvere la situazione di crisi italiana. L'impressione è che il termine venga utilizzato con maggiore frequenza nei primi anni di segreteria, come ad esempio durante il XIV Congresso del PCI, quello del compromesso storico, dove la salvezza è presente sin dal titolo del rapporto ("Intesa e lotta di tutte le forze democratiche e popolari per la *salvezza* e la rinascita dell'Italia"), interpretata dunque come scopo complessivo dei lavori congressuali e dell'azione politica comunista. Interessante è anche che spesso la salvezza compaia accostata alla rinascita e al rinnovamento, proponendo una possibile interpretazione in chiave terrena dalla prospettiva di salvezza e resurrezione della semantica cristiana.

> Ed è evidente che nessuna *opera di salvezza* e di rinnovamento generale del paese può andare avanti senza superare questa crisi [...]. (Berlinguer 1977: 167)

Perciò se per il mondo cristiano la salvezza sta in Dio e nella vita dopo la morte, qui il concetto viene rielaborato per proporre, come si diceva prima, una *via per la salvezza* e la "resurrezione" dell'Italia e della società in generale con una prospettiva del tutto terrena e perciò tangibile.

2.3 Secondo giustizia

Nel discorso biblico la *giustizia* va di pari passo con la salvezza (cfr. NDTB 1988: 1286), tramite la quale Dio costruisce una comunità di credenti e giusti, uniti dal comune dono della giustizia (NDTB 1988: 725). In senso cristiano moderno la giustizia è, secondo la definizione di Antonio Bonora, «la prima esigenza della carità quale riconoscimento della dignità e dei diritti del prossimo» (NDTB 1988: 714). Traspaiono dunque il senso di comunità e quello di cooperazione al suo interno per realizzare dei valori comuni.

In Berlinguer la presenza della giustizia si manifesta con il singolo termine e con l'espressione "operare secondo giustizia".

> I sacrifici necessari per il duro sforzo di ripresa e di rinnovamento devono essere ripartiti *secondo giustizia*. [...] Non è vero che in tempi duri e in presenza di una situazione economica pesante non sia possibile *fare opera di giustizia* sociale. Anzi, proprio quando a tutti si deve chiedere qualcosa in più, è indispensabile dare la prova che *si opera secondo giustizia*. (Berlinguer 1974: 48)

L'espressione "secondo giustizia" è piuttosto consueta nei testi biblici e si riferisce all'azione di qualcuno che agisce secondo il volere di Dio o secondo i suoi precetti, oppure a Dio stesso che "giudica", "rende" e "tratta" secondo giustizia. In Berlinguer la giustizia sembra invece essere più vicina all'idea di equità: un'equità a livello economico con la ripartizione dei sacrifici, un'equità sociale che faccia fronte alle difficoltà che il Paese deve affrontare e un'equità morale di chi richiede i suddetti sacrifici. Sempre in questo senso viene usato il termine giustizia nella citazione che segue:

> C'è poi un secondo aspetto della nostra politica verso il mondo cattolico: ed è quello che riguarda la ricerca di una più ampia comprensione reciproca e di un'intesa operante con quei movimenti e organizzazioni di cattolici che avvertono la necessità di una trasformazione della società, di una più alta *giustizia* e moralità, e alcuni dei quali si orientano in senso anticapitalistico. (Berlinguer 1979: 139)

Qui sì, Berlinguer strizza l'occhio al concetto cristiano di giustizia, cerca volutamente dei punti in comune con l'elettorato cattolico, offrendo pertanto un ampliamento della prospettiva d'azione dei comunisti. Non a caso la giustizia è in questo passo *più alta*, con il riferimento laico a una superiore altezza morale, ma anche probabilmente con il suggerimento di un'altezza di tipo più prettamente spirituale.

Nel passo successivo il concetto di giustizia si universalizza ulteriormente, puntando sulla realizzazione della pace mondiale: un comune sogno condiviso che vuole diffondersi al di là dei confini e delle differenze.

> A favore della distensione non gioca soltanto la paura della catastrofe atomica, ma anche [...] l'aspirazione incontenibile di centinaia di milioni di uomini semplici a un avvenire di pace, di *giustizia* e di serenità. [...] Il compito è oggi quello di portare tale corso a una nuova fase caratterizzata dall'attiva costruzione di un solido e sicuro assetto mondiale di coesistenza pacifica e di cooperazione per lo sviluppo dell'intera umanità e per la *giustizia* in ogni parte della Terra. (Berlinguer 1972: 23)

La rievocazione del mondo linguistico biblico è qui molto chiara, in particolare nell'idea di diffusione della giustizia sulla Terra, che però nel mondo cristiano può avere luogo solo attraverso l'azione divina; nel mondo linguistico berlingueriano invece l'aspirazione alla giustizia, così come lo è per la salvezza, può essere realizzata esclusivamente dall'umanità.

> Gli uomini diranno: «C'è un premio per il giusto,
> c'è Dio che fa *giustizia sulla Terra*!». (Salmi 57,12)
>
> «Ma chi vuol gloriarsi si vanti di questo,
> di avere senno e di conoscere me,
> perché io sono il Signore che agisce con misericordia,
> con diritto e con *giustizia sulla Terra*;
> di queste cose mi compiaccio.»
> Parola del Signore. (Geremia 9,23)

Ma ancora più emblematici sono i punti in comune con la già citata *Pacem in terris* di Giovanni XXIII: è comune il richiamo universale alla pace, nonché la condivisione di valori comuni o affini e una certa similarità discorsiva.

> È evidente, o almeno dovrebbe esserlo per tutti, che i rapporti fra le comunità politiche, come quelli fra i singoli esseri umani, vanno regolati non facendo ricorso alla forza delle armi, ma nella luce della ragione; e cioè nella verità, nella *giustizia*, nella solidarietà operante. (Giovanni XXIII 1963, §62)

La similarità dei due passi è rilevante: vi è un comune rifiuto della violenza, rappresentato dalla rinuncia alla *forza delle armi* di Giovanni XXIII e della *paura per la catastrofe atomica* di Berlinguer; è presente poi il richiamo a una gestione condivisa del governo mondiale basata su rapporti pacifici; infine l'utilizzo di tre sostantivi in maniera enumerativa che indicano quelli che potremo definire "valori universali dell'umanità" (*pace*, *giustizia* e *serenità* per Berlinguer e *verità*, *giustizia* e *solidarietà* per Giovanni XXIII), che, pur avendo significati differenti, possono essere associati in un'unica area semantica in quanto appartenenti a un comune sistema valoriale. Come si diceva quindi nel par.1.2, l'interscambio tra i due diversi complessi ideologici è reciproco sin dalla *Rerum Novarum* e diventa sempre più intenso con Giovanni XXIII e Paolo VI: i papi rimettono piede nella politica e il comunismo afferma sempre più convintamente la propria universalità.

3 Ironia

Finora abbiamo analizzato soltanto alcuni degli elementi semantici del cristianesimo presenti nel linguaggio del segretario comunista: essi sono infatti ben più numerosi dei pochi esempi qui riportati. L'evoluzione della mia ricerca permetterà però in seguito di aggiungere e, perché no, anche modificare ciò che finora è emerso.

Un altro aspetto non marginale per il lettore assiduo dei testi berlingueriani è la presenza di una certa ironia sagace e pungente[8] che il segretario indirizza verso i suoi diversi avversari politici. L'elaborazione del lessico del cristianesimo avviene anche in questa direzione. Il riutilizzo di tutto un mondo culturale cristiano, evidentemente parte dell'immaginario del parlante Berlinguer, compare solitamente per rivolgersi alla Democrazia Cristiana, facendo sarcasticamente riferimento al suo sostrato cattolico.

> Ma guardiamo alla condotta politica di chi ha diretto in questo ultimo periodo il partito democristiano. Si pensi al caparbio rifiuto di un accordo per evitare il referendum sul divorzio, con il risultato che l'attenzione del paese e la lotta politica si sono concentrate per vari mesi attorno alla prova sul divorzio nella quale, per fortuna, la coscienza civile del popolo italiano ha inflitto una salutare lezione ai *crociati* dell'intolleranza e dell'integralismo. (Berlinguer 1975: 55)

> A quanto vedo ci sono dei *farisei* che oggi strillano contro di noi perché verremmo meno a una ispirazione unitaria. È incredibile. Unità con chi? Con chi ha portato oggi il paese in questo vicolo cieco? (Berlinguer 1980: 216)

Nel primo esempio abbiamo un riferimento alla storia del cristianesimo: interessante è infatti che alla lotta della DC contro il divorzio, Berlinguer scelga di accostare le guerre di religione. Inoltre il termine viene associato a intolleranza e integralismo, entrambe accuse generalmente rivolte al cristianesimo più oltranzista. I *crociati* della DC quindi hanno combattuto per una causa destinata alla sconfitta, non spinti da motivazioni razionali, ma dalla cieca obbedienza ai dettami della Chiesa. Speriamo abbiano imparato la lezione, dice Berlinguer. Nel secondo esempio invece il riferimento torna ai testi biblici e in particolare al Vangelo, a quei farisei nemici giurati del Gesù evangelico. I farisei di Berlinguer sono proprio i democristiani che, dopo il fallimento della strategia del compromesso storico, vorrebbero comunque l'appoggio comunista in nome dell'unità di fronte alle difficoltà del Paese. Berlinguer non accetta di farsi accusare di non collaborare: ormai la collaborazione è impossibile, è impossibile collaborare con coloro che hanno causato le difficoltà stesse della nazione. La scelta quindi dell'immagine dei farisei che strillano, un po' come i farisei che giudicano gli atteggiamenti anticonformisti di Gesù, vuole suggerire la purezza della scelta dei comunisti di non allearsi con coloro che ritengono colpevoli dei mali dell'Italia.

Immagini del cristianesimo ritornano anche nella proposizione ironica di riti e usanze tipiche, facenti anch'essi parte dell'immaginario comune.

[8] Metto in nota, perché necessito ancora di dati e riflessioni ulteriori, un aspetto che riguarda l'appartenenza regionale di Berlinguer: quella cosiddetta "sardità" che lo distingueva dagli altri politici e dagli stessi compagni di partito. È infatti comunemente riconosciuta tra i sardi una certa ironia che gli altri italiani non comprendono a pieno. Similmente la mia impressione è che l'uso dell'ironia in Berlinguer abbia origini che affondano le proprie radici non solo nel suo carattere, ma proprio in quel modo di essere comune alla maggior parte dei sardi (la sardità appunto), che li rende – e specialmente li fa sentire – diversi dagli altri italiani.

> Anche per quanto riguarda i rapporti politici, *esorcismi* e *anatemi* non sono certo valsi a impedire l'estendersi del confronto, del dialogo, di un clima di comprensione reciproca [...]. (Berlinguer 1975: 58)

> Le nostre critiche non coincidono neppure con quelle di esponenti di altri partiti, gruppi e organi di stampa che avrebbero voluto che, in questo partito e dopo l'uscita dalla maggioranza, noi ci fossimo presentati *battendoci il petto e col capo cosparso di cenere* per la politica che abbiamo seguito in questi ultimi due anni e mezzo. (Berlinguer 1979: 175)

Anche qui la scelta delle parole non è casuale e ha un forte impatto ironico. Chiaro che nessuno ha realmente lanciato *esorcismi e anatemi* contro i comunisti e la loro politica, ma qui Berlinguer si riferisce a quelli che Matteo Renzi ai nostri giorni chiama – molto più banalmente – "gufi". L'esorcismo e l'anatema perdono il loro significato di base per assumere quello di "maledizione" e "malaugurio". Anche l'idea di battersi il petto e col capo cosparso di cenere richiama la ritualità cattolica, in questo caso in un contesto di pentimento. Pentimento che non è avvenuto e che, anzi, con queste espressioni ci conferma che non avverrà.

L'uso ironico della semantica del cristianesimo avviene dunque principalmente in due contesti: quello di critica nei confronti degli avversari democristiani e quello di rappresentazione metaforica di atteggiamenti e gesti attraverso la ritualità cristiana, entrambi con un forte intento polemico.

4 Conclusioni

Cerchiamo ora di fare il punto. Il lessico che si è analizzato fa senza dubbio parte del linguaggio del parlante Berlinguer, ed è pertanto insito nell'italiano standard degli anni '70, e contemporaneo. Ogni riflessione che finora abbiamo fatto non sarebbe corretta senza partire da quest'idea di fondo. Quello però che in questo contributo si è sostenuto è la specificità con la quale tale lessico viene utilizzato: affermare che si tratti banalmente di linguaggio standard sarebbe quantomeno riduttivo. Berlinguer non lasciava niente al caso, scriveva egli stesso i suoi discorsi e conosceva la situazione politica interna ed esterna al partito: la strategia del compromesso storico, la presenza dei catto-comunisti nel partito e la condivisione di alcuni ideali comuni tra comunisti e cattolici sono i motivi principali che spingono il segretario comunista, seguendo il modello indicato da Togliatti, a dare un'impronta semanticamente connessa al mondo cristiano. Certo, quest'impronta non cancella né l'universo ideologico comunista né l'opposizione netta del PCI alla gestione del Paese da parte della Democrazia Cristiana, però suggerisce quella che era una necessità storica e sociale della quale i comunisti erano consapevoli: senza i cattolici in Italia non si fa la rivoluzione, né si può anche solo lontanamente pensare di salire al governo. Un compromesso per quanto riguarda le strategie politiche diventa necessario e necessario diventa assecondare il linguaggio a questa linea politica: bisognava parlare alle masse e parlare con loro un linguaggio che potessero capire e recepire a pieno. Per questo parlare di *salvezza*, di *giustizia*, di *via corretta* e *giusta* aiutava i comunisti di Berlinguer a trasmettere a più persone possibili il loro messaggio.

Uno degli obiettivi che mi sono posta, nel cominciare la mia ricerca sul linguaggio di Enrico Berlinguer, è proprio cercare di capire perché e in che misura un uomo schivo e dall'ironia laconica – il "sardo muto" appunto – sia riuscito a far arrivare le proprie idee a milioni di suoi contemporanei e anche straordinariamente ai posteri che, come chi scrive, ancora non erano nati. Il riutilizzo della semantica del cristianesimo rappresenta solo una delle soluzioni possibili. Perché, giocando con ciò che lo stesso Berlinguer ironicamente affermò:

> Le vie del socialismo, se non sono infinite, sono però certamente tante e sempre più numerose. (Berlinguer 1979: 38)

5 Bibliografia

Marina Addis Saba: *Berlinguer non era triste. Così ricordo Enrico Berlinguer,* Roma 2013.

Giuseppe Are: *Radiografia di un partito. Il PCI negli anni '70: struttura ed evoluzione*, Milano 1980.

Francesco Barbagallo: *Enrico Berlinguer,* Roma 2006.

Alessandro Barbero: *Le parole del papa. Da Gregorio VII a Francesco,* Bari-Roma 2016.

Michele A. Cortelazzo: *Il linguaggio della politica,* Roma 2016.

Guido Crainz: *Il paese mancato. Dal miracolo economico agli anni ottanta,* Roma 2003.

Vittoria Dell'Anna: *Lingua italiana e politica,* Roma 2010.

Giuseppe De Rosa: *L'impossibile dialogo tra cattolici e comunisti,* in: *Rivista di Studi Politici Internazionali* 31-4 (Ottobre-Dicembre 1964), p. 587-600.

Giuseppe Fiori: *Vita di Enrico Berlinguer* (Nuova edizione), Roma-Bari 2004.

Guido Liguori: *Berlinguer rivoluzionario. Il pensiero politico di un comunista democratico,* Roma 2014.

Enrico Paradisi: *Il discorso comunista del secondo dopoguerra,* in: AA.VV., *La lingua italiana in movimento.* Firenze, Palazzo Strozzi 26 febbraio – 4 giugno 1982.

Giovanni Sabbatucci/Vittorio Vidotto: *Il mondo contemporaneo. Dal 1848 ad oggi,* (Nuova edizione aggiornata), Roma-Bari 2008.

Chiara Valentini: *Enrico Berlinguer*, Nuova edizione, Milano 2014.

5.1 Fonti[9]

Berlinguer, Enrico: *Per un governo di svolta democratica. Il testo integrale del rapporto tenuto al XIII Congresso nazionale del Partito comunista italiano,* Roma 1972.

Berlinguer, Enrico: *Riflessione sull'Italia dopo i fatti del Cile*, in: *La "questione comunista" (1969-1975)*, Roma 1975, p. 609-639.

Berlinguer, Enrico: *La proposta comunista. Relazione al Comitato centrale e alla Commissione centrale di controllo del Partito comunista italiano in preparazione del XIV Congresso. 10 dicembre 1974,* Torino 1975.

Berlinguer, Enrico: *Unità del popolo per salvare l'Italia. Il testo integrale del rapporto tenuto al XIV Congresso nazionale del Partito comunista italiano,* Roma 1975.

Berlinguer, Enrico: *Conclusioni al convegno degli intellettuali*, Roma 15 gennaio 1977, in: *Enrico Berlinguer. Un'altra idea del mondo. Antologia 1969-1984,* Roma 2014, p.154-168.

Berlinguer, Enrico: *Per il socialismo nella pace e nella democrazia in Italia e in Europa. La linea strategica e programmatica dei comunisti italiani nella relazione e nelle conclusioni al XV Congresso nazionale del PCI,* Roma 1979.

Berlinguer, Enrico: *L'alternativa democratica*, Intervista a cura di Alfredo Reichlin, L'Unità, 7 dicembre 1980, in: *Conversazioni con Berlinguer,* Roma 1985, p. 215-223.

Giovanni XXIII (1963): *Lettera Enciclica Pacem in Terris del Sommo Pontefice Giovanni PP.* XXIII ai venerabili fratelli patriarchi primati Arcivescovi e agli altri ordinari locali che sono in pace e comunione con la Sede Apostolica, al clero e ai fedeli di tutto il mondo nonché a tutti gli uomini di buona volontà: Sulla pace fra tutte le genti nella verità, bella giustizia, nell'Amore e nella Libertà, in: http://w2.vatican.va/content/john-xxiii/it/encyclicals/documents/hf_j-xxiii_enc_11041963_pacem.html.

Togliatti, Palmiro: *Dal promemoria di Yalta*, in: Gramsci/Togliatti/Longo/Berlinguer (eds.): *Il compromesso storico,* Roma 1975, p.127-134.

5.2 Dizionari

DizEtGar	De Mauro, Tullio/Mancini, Marco: *Dizionario etimologico*, Cernusco (Milano) 2000.
GDIU	De Mauro, Tullio: *Grande Dizionario Italiano dell'Uso*, Torino 2000.
GDLI	AA.VV.: *Grande Dizionario della Lingua italiana*, Torino.
NDTB	Rossano, Pietro/Ravasi, Gianfranco/Girlanda, Antonio: *Nuovo Dizionario di Teologia Biblica*, Cinisello Balsamo, Milano 1988.
VocTrec	Duro, Aldo: *Il Vocabolario Treccani (II Edizione),* Milano-Trento 1997.

[9] Alcuni testi sono tratti da raccolte postume o successive alla loro pubblicazione: pertanto si è deciso di citarli con la data della loro prima uscita e di citare in bibliografia il testo dalle quali sono stati tratti. Per quanto riguarda Giovanni XXIII, si cita la versione online dell'enciclica, vidimata dallo Stato Vaticano. Per i testi biblici invece, che qui non vengono elencati, si è utilizzata la versione della C.E.I.